本书受到安徽省哲学社会科学规划一般项目"安徽防控重大疫情中社会组织的参与实践及经验研究"（AHSKY2020D94）、安徽省高等学校高峰学科安徽师范大学马克思主义理论学科的经费资助

中国之治

与应急管理现代化

孔卫拿 ◎ 著

安徽师范大学出版社
ANHUI NORMAL UNIVERSITY PRESS

·芜湖·

图书在版编目(CIP)数据

中国之治与应急管理现代化 / 孔卫拿著. -- 芜湖：
安徽师范大学出版社, 2024.11

ISBN 978-7-5676-6604-7

Ⅰ.①中… Ⅱ.①孔… Ⅲ.①突发事件－公共管理－
研究－中国 Ⅳ.①D63

中国国家版本馆 CIP 数据核字(2024)第 004417 号

中国之治与应急管理现代化

ZHONGGUO ZHI ZHI YU YINGJI GUANLI XIANDAIHUA

孔卫拿◎著

责任编辑：陈贻云 　　　　　　　责任校对：夏珊珊

装帧设计：王晴晴　冯君君 　　　责任印制：桑国磊

出版发行：安徽师范大学出版社

　　　　　芜湖市北京中路2号安徽师范大学赭山校区

网　　址：http://www.ahnupress.com/

发 行 部：0553-3883578　5910327　5910310(传真)

印　　刷：苏州市古得堡数码印刷有限公司

版　　次：2024年11月第1版

印　　次：2024年11月第1次印刷

规　　格：700 mm×1000 mm　1/16

印　　张：18　　　插页：1

字　　数：274千字

书　　号：978-7-5676-6604-7

定　　价：78.00元

凡发现图书有质量问题,请与我社联系(联系电话:0553-5910315)

目　录

第一章 风险社会、国家治理与应急管理

第一节　从风险社会到应急管理现代化

一、风险社会的政治重塑："贝克-吉登斯"制度主义范式的启迪

马克思在《〈政治经济学批判〉序言》中指出："人们的社会存在决定人们的意识……无论哪一个社会形态，在它所能容纳的全部生产力发挥出来以前，是决不会灭亡的；而新的更高的生产关系，在它的物质存在条件在旧社会的胎胞里成熟以前，是决不会出现的。"①20世纪70年代，在新技术革命浪潮以及全球性产业结构调整的冲击下，人类社会形态再次发生变化且复杂性不断增加。从这个时候开始，西方发达国家开始率先向后工业社会转变，1973年，丹尼尔·贝尔出版了《后工业社会的来临》一书，对这一"巨变"的结构特征及中轴原理等，做了迄今为止最为权威和详细的预测性描述②。随着现代性的野蛮生长和全球性扩张，当人类还未来得及对后工业社会技术-经济系统、政治系统、文化系统进行全面了解和审思时，一个特征逐渐明显、日益引起人类焦虑的社会形态又同时席卷而来，即德国社会学家乌尔里希·贝克所说的"风险

---

① 《马克思恩格斯文集》（第二卷），北京：人民出版社，2009年版，第591—592页。

② 《后工业社会的来临》在1973年首版，并于1976年、1990年分别推出第二、三版，丹尼尔·贝尔运用概念性图式即中轴原理加中轴结构的方法，根据其一如既往的对社会的看法，从技术-经济、政治、文化三个领域分别阐述了前工业社会、工业社会和后工业社会的差别，并以美国为观察案例，对后工业社会的社会结构与政治影响等做了诸多惊人的预测和详细分析。此书是第二次世界大战以后未来研究方面的代表作，与托夫勒的《第三次浪潮》和奈斯比特的《大趋势》并称"未来学三大经典"。参见[美]丹尼尔·贝尔：《后工业社会的来临》，高铦、王宏周、魏章玲译，南昌：江西人民出版社，2018年版。

社会"，他指出："现代性从经典工业社会的轮廓中获得了解放，并缔造了一种新的形态，也就是这里所称的（工业化的）'风险社会'。"①

风险社会实际上是现代性转捩到"盛期现代性"②一种特殊的社会形态，与早期现代性面临和所要克服的风险不可同日而语，这就涉及人类不同社会发展阶段的风险差异问题，大体而言，农业社会、工业社会和后工业社会（风险社会）人类所面临的轴心危机及发展解决之道，是存有较大差异的（见表1-1）。因此，风险其实在各种人类社会形态都是客观存在的，但为什么20世纪晚期以来继工业社会之后的社会形态却被表述为风险社会？这跟人类面对的风险类型及风险术语变迁高度相关。在传统社会或农业社会时期，产生了风险的原初内涵，风险这个词"可能来源于一个西班牙的航海术语，意思是遇到危险或者是触礁"③。也就是说，当时的风险主要意味着来自大自然的危险或威胁，概念内涵具有较强的空间维度。随着近代商业的发展和资本主义制度的建立，由资本和市场带来的经济风险日益成为突出的新风险，风险内涵开始转向时间方面，例如，"它被使用在银行和投资方面主要是用来计算投资决策对借者和贷者可能带来的结果"④。风险与保险研究高度相联，逐渐成为一个理性主义色彩浓厚的统计概念，工业社会也相应发展出诸如保险制度、福利国家等基于概率计算与预测的风险防控机制。步入发达现代性阶段，"财富的社会化生产与风险的社会化生产系统相伴……稀缺社会的财富分

---

① [德]乌尔里希·贝克：《风险社会：新的现代性之路》，张文杰、何博闻译，南京：译林出版社，2018年版，前言第2页。

② 根据安东尼·吉登斯的理解，所谓"盛期现代性"是说"我们实际上并没有迈入一个所谓的后现代性时期，而是正在进入这样一个阶段，在其中现代性的后果比从前任何一个时期都更加剧烈化更加普遍化了"。参见[英]安东尼·吉登斯：《现代性的后果》，田禾译，南京：译林出版社，2011年版，第3页。

③ [英]安东尼·吉登斯：《现代性的后果》，田禾译，南京：译林出版社，2011年版，第27页。

④ [英]安东尼·吉登斯：《失控的世界》，周红云译，南昌：江西人民出版社，2001年版，第18页。

配逻辑开始向发达现代性的风险分配逻辑转变"①。工业社会的确为人类创造了巨大财富，但"财富源泉被日益增多的'有害副作用''污染'"②，技术–经济的发展反而释放出大量让人类惊愕不已的威胁和风险，人类文明甚至面临自陷危机的可能性。如果说工业社会的发展动力与平等理念相联，驱动力是"我饿"，那么风险社会对应的规范蓝图则是安全，驱动力可以表述为"我怕"③。在这种情境下，风险内涵实现了从统计学概念向社会学概念的转型，即"由于人类某些发展模式决策从而导致人类自身面临一种极度危险的状态，而这些危险爆发的概率不能按照时间序列予以估算"④。

表1-1　三类社会形态及逻辑比较

农业社会 （16—18世纪）	工业社会 （18世纪晚期—20世纪中期）	风险社会 （20世纪晚期—21世纪）
统治	财富	风险
暴力	贫困	危险
国家	经济/产业	生态
秩序	生产/增长	安全/可持续
宪政	社会	自然
权利	正义	责任
法律	金钱	知识

资料来源：Strydom, P.: *Risk, Environment and Society*, Buckingham: Open University Press, 2002, p.82.

　　现代性扩张带来的风险是多种多样的，在秉持生态主义视角的贝克那里，风险"首先是指完全脱离人类感知能力的放射现象，此外还包括

---

①［德］乌尔里希·贝克：《风险社会：新的现代性之路》，张文杰、何博闻译，南京：译林出版社，2018年版，第3页。

②［德］乌尔里希·贝克：《风险社会：新的现代性之路》，张文杰、何博闻译，南京：译林出版社，2018年版，第5页。

③［德］乌尔里希·贝克：《风险社会：新的现代性之路》，张文杰、何博闻译，南京：译林出版社，2018年版，第48页。

④李瑞昌：《社会变迁中的风险话语：发展的视角》，《人文杂志》2005年第5期。

空气、水、食品中的有毒物和污染物，以及由此对动植物和人所造成的短期或长期的影响"①。在侧重制度主义视角的吉登斯那里，风险与现代性的制度化建构及其后果有关，吉登斯认为，"现代性在制度性的层面上是多维的，每一个被各种传统详细说明的要素都发挥着自己的作用"②。根据他一贯的看法，现代性存在四大基本制度性维度，分别是：第一，资本主义，是指"一个商品生产的体系，它以对资本的私人占有和无产者的雇佣劳动之间的关系为中心，这种关系构成了阶级体系的主轴线。资本主义企业依赖于面向市场竞争的生产，在这里，价格成了对投资者、生产者和消费者来说都颇具意义的信号"③。第二，工业主义，其主要特征是"在商品生产过程中对物质世界的非生命资源的利用，这种利用体现了生产过程中机械化的关键作用。'机械'可以被定义为以某种运作方式使用物质资源来完成具体任务的人工制品……工业主义不仅影响着工作场所，而且也影响着交通、通讯和家庭生活"④。第三，监督，是指"在政治领域中，对被管辖人口的行为的指导……监督可以是直接的……但更重要的特征是，监督是间接的，并且是建立在对信息控制的基础之上的"⑤。第四，军事力量，它是对暴力工具的控制，"对现代国家来说，在领土明确的边界之内对暴力工具实行成功的垄断，意义就非同一般了。同样有意义的，是暴力工具与工业主义之间存在着特殊关联……'战争的工业化'急剧地改变了战争的性质，使其进入了'全面战争'以及后

① [德]乌尔里希·贝克：《风险社会：新的现代性之路》，张文杰、何博闻译，南京：译林出版社，2018年版，第8页。

② [英]安东尼·吉登斯：《现代性的后果》，田禾译，南京：译林出版社，2011年版，第10页。

③ [英]安东尼·吉登斯：《现代性的后果》，田禾译，南京：译林出版社，2011年版，第49页。

④ [英]安东尼·吉登斯：《现代性的后果》，田禾译，南京：译林出版社，2011年版，第49—50页。

⑤ [英]安东尼·吉登斯：《现代性的后果》，田禾译，南京：译林出版社，2011年版，第51页。

来的核战时代"①。现代性四大制度之间相互联系，并内在地经历着全球化的过程。由于可获得资源的有限性及可能扩大全球不平等，资本主义面临"经济增长机制的崩溃"风险；监督增加了垄断暴力手段并把它作为恐怖工具的利益集团支配政治权力的可能性，从而产生"极权的增长"风险；战争工业化增加了核冲突和大规模战争的可能；工业主义产生了生态灾难和不可逆转的环境破坏。②吉登斯大声疾呼，"当事实上地球上再也没有神志清醒的人的时候，剩下的就只能是'昆虫与青草的王国'了，或者，是一组破败不堪和外部受到严重伤害的人类社区"③。

贝克和吉登斯的思考和警示值得我们高度关注，笔者认为，以传染性疾病为代表的突发公共卫生危机，同样也属此列。一部人类社会成长史，就是与疾病进行顽强斗争的历史，"那些危害文明人的病痛与对它的预防、治疗一样，都是文明的组成部分"④。地球上任何一个国家或族群的疾病治理成效，都关乎本国或本族群的生存与发展。虽然在过去的几个世纪人类在医学领域取得了长足的进步，但人类社会并未消除卫生问题的侵扰，"对某种病完全征服的例子仍然很少"⑤。当今世界正处于大发展、大变革、大调整的时期，突发公共卫生事件日益增多，据统计，"全球每年大约有1300万人死于传染性疾病，主要是麻疹、肺炎、霍乱、艾滋病、肺结核以及疟疾等。此外，传染性疾病还可能引发癌症等其他疾病……除了这些常见的传染病以外，引起公众健康危机的另一个重要

①[英]安东尼·吉登斯：《现代性的后果》，田禾译，南京：译林出版社，2011年版，第51—52页。

②[英]安东尼·吉登斯：《现代性的后果》，田禾译，南京：译林出版社，2011年版，第150—151页。

③[英]安东尼·吉登斯：《现代性的后果》，田禾译，南京：译林出版社，2011年版，第151页。

④[英]弗雷德里克·F.卡特赖特、迈克尔·比迪斯：《疾病改变历史》（第2版），陈仲丹译，北京：华夏出版社有限公司，2020年版，第1页。

⑤[英]弗雷德里克·F.卡特赖特、迈克尔·比迪斯：《疾病改变历史》（第2版），陈仲丹译，北京：华夏出版社有限公司，2020年版，第247页。

来源是'生物危机'"①。现代性的意外后果或悖论现象，在医学和卫生治理领域同样有所体现，随着科技的日新月异和"人化自然"程度的加深，医学界用更先进的药物替代危险的制剂以满足公众需要、给生活增添便利，但有的药物却带来了想象不到的更严重的危险，例如，20世纪50年代一种叫萨立多胺的安眠药因其更安全、不易上瘾而在西德流行，但20世纪60年代西德开始出现大批的婴儿断肢畸形（又称"海豹肢畸形"），很快被证明与孩子的妈妈在怀孕早期服用萨立多胺有关。②医学现代性悖反更经典的例子表现在病毒或细菌的抗药性上，"近几十年来，那些引发传染病的很多病原体已经对传统药物产生了抗药性，这就使得这些疾病更难被治愈。更严重的是，在最常见的疾病传播媒介中，各种各样的蚊子也正在表现出对现有杀虫剂的抗药性，结果，如何控制疟疾、登革热和西尼罗河脑炎等疾病的传播就成为一个愈发艰难的任务"③。

新型冠状病毒（简称"新冠"）感染是近百年来人类遭遇的影响范围最广的全球性大流行病，使得人类生命安全和健康面临重大威胁。④2020年1月30日，世界卫生组织（WHO）宣布新冠疫情为国际关注的突发公共卫生事件。根据世界卫生组织发布的报告，截至2023年1月1日，全球累计确诊新冠患者超过6亿5600万人，累计死亡超过660万人。⑤这一全球性公共卫生危机给世界各地经济社会发展和人类的生命健康造成

① 闪淳昌、薛澜：《应急管理概论：理论与实践》（第2版），北京：高等教育出版社，2020年版，第4—5页。

② 这一案例参见[英]弗雷德里克·F.卡特赖特、迈克尔·比迪斯：《疾病改变历史》（第2版），陈仲丹译，北京：华夏出版社有限公司，2020年版，第249页。

③ [加]马克·扎克、塔尼亚·科菲：《因病相连：卫生治理与全球政治》，晋继勇译，杭州：浙江大学出版社，2011年版，第15—16页。

④ 中华人民共和国国务院新闻办公室：《抗击新冠肺炎疫情的中国行动》，北京：人民出版社，2020年版，第1页。

⑤ COVID-19 Weekly Epidemiological Update，载世界卫生组织官网（https://www.who.int/publications/m/item/weekly-epidemiological-update-on-covid-19---4-january-2023）。要特别说明的是，随着疫情防控形势转变和新型冠状病毒感染逐步纳入"乙类乙管"，国家卫健委宣布，自2022年12月25日起不再发布每日疫情信息，本书中涉及的数据也与此合拍，对于此后的有关情况不作评论和分析。

巨大冲击。新冠疫情虽具有风险暴发的非技术选择性、风险跌宕的社会体制性以及风险外延的跨区域性等较以往技术性风险不同的独特特征[①]，但在总体上看，它仍然是全球风险社会时代具有现代意义特征的一种重大风险。特别是在当今这样一个全球化背景下，新冠疫情让全人类在危机面前形成"风险共同体"的意识，从而促进全球团结和合作。但现实似乎让人大跌眼镜，西方一些国家和政客往往还停留在工业社会的政治对抗思维里，不愿意抛弃传统政治的偏见[②]，这就进一步加剧了瘟疫的社会危机，不仅给他们本国造成了灾难，还给世界抗疫的合作带来了困境，这突出地反映了现代性的"自反性"特征，也突出地表明了，风险社会情境下政治发展模式和应对风险的治理模式，迫切需要转型和变革。

那么，面对风险社会中的危机或危险，人类社会是否真的手足无措而要坐以待毙呢？当然不是，贝克和吉登斯的制度主义范式[③]就充分展现了驾驭现代性危机的雄心和策略。从政治学和社会治理的话语谱系来看[④]，贝克驾驭现代性、应对风险社会的思路是"再造政治"或"亚政治"，之所以要对政治进行再造，是因为工业社会形成的政治治理模式已难以适应其自身带来的各类风险与危机，这与贝克的"自反性现代化"理论有关，在他看来，工业社会代表的是简单现代性，它在创造出巨大生产力、积累资本价值和释放科技效能的同时，却打开了诸如核污染、变异病毒、生态危机等现代性副作用的"潘多拉之盒"，并由于全球化的作用风险也全球化了，即"从总体上考虑，风险社会指的是世界风险社会"[⑤]。简单现代性因无法克服这些危机而遭遇自身基础的日渐瓦解，现

---

① 刘成斌、黄宁：《风险社会的新向度：新冠肺炎疫情的理论透视》，《吉林大学社会科学学报》2020年第6期。

② 张康之：《论风险社会中的政治》，《江苏行政学院学报》2020年第4期。

③ 西方风险研究的理论主要有现实主义、建构主义和制度主义三种范式，述评文献可参见杨雪冬：《风险社会理论述评》，《国家行政学院学报》2005年第1期。

④ 基于笔者的学术训练和有限视野，这里主要从政治学理论视角进行分析。

⑤ [德]乌尔里希·贝克：《世界风险社会》，吴英姿、孙淑敏译，南京：南京大学出版社，2004年版，第24页。

代化因而逐步变得具有自反性，"社会发展的自反性和不可控制性因此侵入了个人的分区，打破了地区的、特定阶级的、国家的、政治的和科学的控制范围和疆界"①。"亚政治"不断成长起来，受"亚政治"的影响，政治体系和法团主义体系之外的代理人也可以出现在社会设计的舞台上，社会和个人都可以与传统政治的集体代理人相互竞争，争夺新兴的政治塑形权。②风险社会下的人类，当然"希望不再接受产生副作用和危险的'命运'因而希望强逼出与之相关联的技术工业发展的合法性的丧失"③，这种新的矛盾情感如想实现，在贝克看来，必须要建构一种"圆桌会议"模式：

"首先，人们必须告别这样的错误观念，即行政机构和专家总能够准确地了解对每一个人来说什么是正确的和有益的，或者说他们至少了解得更多；这是破除专门知识的垄断。

"第二，团体所能够参与的范围不能再根据专家的内在考虑而封闭，必须根据社会的相关标准而开放；这是管辖权的信息化。

"第三，所有参与者都必须意识到，决策并不是已经作出，只等着'卖出'或从外部实施；这是决策结构的开放。

"第四，专家和决策者的闭门协商必须传达到或转化为多种多样的代理人之间的公共对话，此中可能会导致额外的不可控制性；这是创造一种部分的公开性。

"第五，这个过程中的规范——讨论方式、协议、辩论、对面试的评价、选举和批准的形式——必须达成一致；这是自我立法和自我

①[德]乌尔里希·贝克、[英]安东尼·吉登斯、斯科特·拉什：《自反性现代化：现代社会秩序中的政治、传统与美学》，赵文书译，北京：商务印书馆，2014年版，第15—16页。

②[德]乌尔里希·贝克、[英]安东尼·吉登斯、斯科特·拉什：《自反性现代化：现代社会秩序中的政治、传统与美学》，赵文书译，北京：商务印书馆，2014年版，第29页。

③[德]乌尔里希·贝克、[英]安东尼·吉登斯、斯科特·拉什：《自反性现代化：现代社会秩序中的政治、传统与美学》，赵文书译，北京：商务印书馆，2014年版，第37页。

约束。"①

从科学层面来看，"圆桌会议"模式是要在旧的实验科学与庞杂的公众经验之间发起对话、讨论和协商，不过它的政治意义更加重大，它意味着简单政治（受规则控制的政治）与自反性政治（改变规则的政治）的区分逐渐明朗，回应风险社会的政治再造，是从简单政治向自反性政治转变，是"丢开现存的政治框架或者至少应该对此进行展开、重构和修改"②，从而迈向政治的新发明，设计创造出新内容、新形式和新联盟。

吉登斯的政治应对之道则是从"解放政治"转换到"生活政治"，在吉登斯那里，解放政治是"一种力图将个体和群体从对其生活机遇有不良影响的束缚中解放出来的一种观点。解放政治包含了两个主要的因素，一个是力图打破过去的枷锁，因而也是一种面向未来的改造态度，另一个是力图克服某些个人或群体支配另一些个人或群体的非合法性统治"③。解放政治当然是人类社会的一场伟大政治变迁，解放政治的"这些设想首要的一点就是鼓励现代性的正向动力策动"④，充分彰显了现代性的特征性倾向，因而，吉登斯又说它是"现代性内部指涉系统的一种政治"⑤，是现代性的核心动力。但正如前所述，在吉登斯看来，当现代性发展到了反身性现代化阶段，现代性逐渐遭遇自身基础的瓦解，现代

①[德]乌尔里希·贝克、[英]安东尼·吉登斯、斯科特·拉什：《自反性现代化：现代社会秩序中的政治、传统与美学》，赵文书译，北京：商务印书馆，2014年版，第38页。

②[德]乌尔里希·贝克、[英]安东尼·吉登斯、斯科特·拉什：《自反性现代化：现代社会秩序中的政治、传统与美学》，赵文书译，北京：商务印书馆，2014年版，第48页。

③[英]安东尼·吉登斯：《现代性与自我认同：现代晚期的自我与社会》，赵旭东、方文译，北京：生活·读书·新知三联书店，1998年版，第247—248页。

④[英]安东尼·吉登斯：《现代性与自我认同：现代晚期的自我与社会》，赵旭东、方文译，北京：生活·读书·新知三联书店，1998年版，第248页。

⑤[英]安东尼·吉登斯：《亲密关系的变革：现代社会中的性、爱和爱欲》，陈永国、汪民安等译，北京：社会科学文献出版社，2001年版，第251页。

性的主要制度之维均会滋生让人类社会难以承受的巨大风险甚至灾难。

现代性的多重困境及现代化的反思性，消解了解放政治的绝对合法性，虽然解放政治不会走向死路，但在人类日益步入晚期现代性的背景下，"生活政治会要求获得更多的整体政治议事日程"①，生活政治的问题相应会渗透社会生活的各个领域。那么究竟什么是生活政治呢？吉登斯指出，"生活政治关涉的是来自于后传统背景下，在自我实现过程中所引发的政治问题，在那里全球化的影响深深地侵入到自我的反思性投射中，反过来自我实现的过程又会影响到全球化的策略"②。在《现代性与自我认同：现代晚期的自我与社会》这本著作中，吉登斯用一张表展现了二者的不同（见表1-2）。通过这种对比可以发现，生活政治的兴起，是对解放政治的一种矫正，它根源于"晚期现代性中核心性的自我反思性投射，并与现代性的内在参考系统扩展的矛盾本性相伴随"③。因此，生活政治是一种积极的、关乎人类生活方式的政治，是人类在晚期现代性阶段对现代性风险与生存焦虑的主动性回应。④

表1-2　解放政治与生活政治对比

解放政治	生活政治
1.把社会生活从传统和习俗的僵化生活中解脱出来。	1.从选择的自由和产生式权力（作为转换性能力的权力）中得来的政治决策。

---

①[英]安东尼·吉登斯：《现代性与自我认同：现代晚期的自我与社会》，赵旭东、方文译，北京：生活·读书·新知三联书店，1998年版，第267页。

②[英]安东尼·吉登斯：《现代性与自我认同：现代晚期的自我与社会》，赵旭东、方文译，北京：生活·读书·新知三联书店，1998年版，第252页。

③[英]安东尼·吉登斯：《现代性与自我认同：现代晚期的自我与社会》，赵旭东、方文译，北京：生活·读书·新知三联书店，1998年版，第270页。

④当然，这里不是说吉登斯对现代性危机与风险开列的应对清单仅限于生活政治这一个方案，在比较和剖析左右之争无法解决晚期现代性社会问题的基础上，他曾重构了激进政治的框架，这些思想和方案被视为吉登斯改造当代西方社会的理论构想的阐发。感兴趣的读者可参见[英]安东尼·吉登斯：《超越左与右：激进政治的未来》，李惠斌、杨雪冬译，北京：社会科学文献出版社，2000年版，第11—19页。

解放政治	生活政治
2.减轻或消灭剥削、不平等或压迫。所关心的是权力与资源的差异性分配。	2.在全球化背景下创造能够促进自我实现的道德上无可厚非的生活方式。
3.服从于由正义、平等与参与的伦理所具有的独断。	3.在一种后传统秩序中提出有关"我们应该怎样生活?"这样的问题伦理,并抗拒存在性问题的背景。

资料来源：[英]安东尼·吉登斯：《现代性与自我认同：现代晚期的自我与社会》,赵旭东、方文译,北京：生活·读书·新知三联书店,1998年版,第252页。

　　不管是贝克的"再造政治"抑或吉登斯的"生活政治",说到底还是思想家对人类置身全球风险社会时代社会治理模式的探索。把政治学视野中的"政治"置换为这里的社会治理可能会引起误会,其实若从广义来看,治理当然亦属于政治学研究内容,政治本身也有治理模式之内涵,例如,政治学者庞顿和吉尔就认为,政治是"与社会事务的治理以及个人和群体对这种治理所具有的控制力相关的安排"①。只不过治理理论对传统的统治这一概念发起了冲击,特别是20世纪90年代以来,治理的有关研究逐渐流行乃至膨胀起来,在学者们看来,"人类的政治生活正在发生重大的变革,其中最引人注目的变化之一便是人类政治过程的重心正在从统治走向治理,从善政(good government)走向善治"②。风险社会甚至高风险社会的到来,正在催生着公共治理的巨大变革,陈振明指出："今天,不确定性、脆弱性、风险社会、危机和应急管理一类的概念与主题在公共治理研究中的地位和重要性与日俱增;底线思维、忧患意识与风险观念必须贯穿公共治理的全过程;逆境中的政策制定与执行、风险防控与应急管理已成为常规或常态化的决策和管理方式,而不仅仅是非

---

　　①[美]杰弗里·庞顿、彼得·吉尔：《政治学导论》,张定淮、黄卫平、夏家驷等译,北京：社会科学文献出版社,2003年版,第9页。

　　②俞可平：《论国家治理现代化》,北京：社会科学文献出版社,2014年版,第15页。

常态时期之所需。"①

全球抗击新冠疫情过程中暴露出的问题，其实一再地确证了全球风险时代坚持传统的政治观念和社会治理模式的弊端，面对当今全球化时代人类的共生共在这一根本问题，传统政治观念和社会治理模式"不仅不能发挥积极作用，反而导致风险和危机的加重"②，在风险社会的高度复杂性和高度不确定性情境下，"社会治理的变革已经成为一个不可回避的时代主题"③。

二、治理能力的体系根源：重思弗朗西斯·福山之迷思

政治学者弗朗西斯·福山因其深厚的功底、精巧的构思、宽广的视野、多产的作品而蜚声国际学界，更因其在苏东剧变后推出《历史的终结与最后的人》一书而被推上争议的风口浪尖。④新冠疫情在全球暴发后，福山针对全球疫情治理发表了一系列评论文章或访谈实录，由于福山的影响力，相关文章或评论传播较广。综合福山的系列评论可以发现，他的思考和评论当然有其深刻和睿智之处，但也明显存在两个问题，值得细致剖析和反思。

（一）问题之一：福山避开国家治理体系谈国家能力

避开民主或专制此类传统现代化理论中的二元假定，看重政治发展中的有效国家能力，这是现代化理论的重要拓展，福山的导师塞缪尔·

①陈振明：《关注高风险社会下的公共治理研究》，《中国社会科学评价》2021年第2期。

②张康之：《论风险社会中的政治》，《江苏行政学院学报》2020年第4期。

③张康之：《为了人的共生共在》，北京：人民出版社，2016年版，第57页。

④学者刘瑜评价说："很少有一本书的命运，像福山的《历史的终结与最后的人》一样'坎坷'。自1992年出版以来，它穿越了无数掌声和同样多的臭鸡蛋。"参见[美]弗朗西斯·福山：《历史的终结与最后的人》，陈高华译，桂林：广西师范大学出版社，2014年版，导读第i页。

亨廷顿在探究转型国家的政治秩序问题时曾表达过类似观点①。福山在"历史终结"理论之后其实也有所微调，微调的一个重要方面就是不断强调国家建设和国家能力的重要性。例如，在《国家构建：21世纪的国家治理与世界秩序》一书中，他区分了国家职能范围和国家力量强度两个概念，划分出四类不同国家，并深刻地指出，21世纪"全球政治的首要问题将不是如何淡化国家概念而是如何重建这个概念……贫困国家之所以无法发展经济，关键是它们的制度发展水平不适当。它们不需要什么都管的国家，但它们需要在有限范围之内具有必要功能的、强有力并且有效的国家"②。在《政治秩序的起源：从前人类时代到法国大革命》这一巨著中，他提出了政治制度和政治发展的三大基本构件③，其中国家建设占据重要的一极。针对疫情抗击效果问题，福山认为，决定疫情抗击成效的并非自由民主抑或专制集权等政体形式，而主要是三个方面因素：能胜任的国家机构或国家能力、民众对政府的信任以及具有效能的领袖④，其中，国家能力主要指的是政府面对卫生紧急状况时的应对能力和高效的卫生政策，与卫生工作者、应急人员、基础设施和现有资源数量等有关。从形式上看，福山避开意识形态的体制争论并强调国家能力因素在公共危机应对中的重要性，这本无可厚非，但国家治理能力的来源又是什么呢？能绕开国家治理体系吗？这些疑问牵扯到国家治理体系与

---

① 亨廷顿认为，"各国之间最重要的政治分野，不在于它们政府的形式，而在于它们政府的有效程度。有的国家政通人和，具有合法性、组织性、有效性和稳定性，另一些国家在政治上则缺乏这些素质；这两类国家之间的差异比民主国家和独裁国家之间的差异更大"。参见[美]塞缪尔·P.亨廷顿：《变化社会中的政治秩序》，王冠华、刘为等译，上海：上海人民出版社，2008年版，第1页。

② [美]弗朗西斯·福山：《国家构建：21世纪的国家治理与世界秩序》，黄胜强、许铭原译，北京：中国社会科学出版社，2007年版，第114—115页。

③ 福山所说的政治制度三大基本构件分别是国家、法治和负责制政府，参见[美]弗朗西斯·福山：《政治秩序的起源：从前人类时代到法国大革命》，毛俊杰译，桂林：广西师范大学出版社，2014年版，第21页、第395页。

④ F.Fukuyama: The Thing That Determines a Country's Resistance to the Coronavirus(https://www. theatlantic. com/ideas/archive/2020/03/thing-determines-how-well-countries-respond-coronavirus/609025/).

治理能力之间关系的理论问题。

　　总体来看，国家治理体系与治理能力是相辅相成、有机互动的关系。习近平总书记对此有过深刻阐述，他在党的十八届三中全会第二次全体会议上明确指出："国家治理体系和治理能力是一个国家制度和制度执行能力的集中体现。国家治理体系是在党领导下管理国家的制度体系，包括经济、政治、文化、社会、生态文明和党的建设等各领域体制机制、法律法规安排，也就是一整套紧密相连、相互协调的国家制度；国家治理能力则是运用国家制度管理社会各方面事务的能力，包括改革发展稳定、内政外交国防、治党治国治军等各个方面。国家治理体系和治理能力是一个有机整体，相辅相成，有了好的国家治理体系才能提高治理能力，提高国家治理能力才能充分发挥国家治理体系的效能。"[①]对于国家治理现代化这一宏图伟业、伟大征程而言，体系与能力是有机联系、互为支撑、不可分割的两根大柱，治理体系是治理能力的基础与依凭，治理能力是治理体系的目标与归宿。[②]统筹推进国家治理体系与治理能力现代化，"追求体系与能力的相互统一、相互促进与相互强化，是新时代国家治理现代化战略的重要特征"[③]。因此，在重大突发公共危机面前，如果单讲国家能力而不深究其背后的治理体系，很容易纠结于一些细枝末节或表象问题，而忽视影响治理能力的一些根本性、制度性和深层次问题。以公共卫生危机中的资源动员和重大项目建设决策为例，为什么中国在危机中展现的社会动员能力和应急决策效力要远超美国？如果不结合国家治理体系来谈，则很难解释清楚。其实，福山在自己另一本著作《政治秩序与政治衰败：从工业革命到民主全球化》中对美国政治制度的这一问题有所阐发，他不无忧虑地指出，美国政治体制中"否决者"数量过多，可被称作否决制的体制，它在某些领域有太多制衡，以致集体

---

　　① 《习近平谈治国理政》（第一卷），北京：外文出版社，2018年版，第91页。

　　② 张小劲、于晓红主编：《推进国家治理体系和治理能力现代化六讲》，北京：人民出版社，2014年版，第182页。

　　③ 刘建军：《体系与能力：国家治理现代化的二重维度》，《行政论坛》2020年第4期。

行动的成本大大增加，有时甚至寸步难行。①否决式政治的背后实际上是"对抗式制度体系"②，容易滋生治理赤字、政治空转和效率低下等问题③。与美国政治体制彰显分权制衡的原则和逻辑不同，中国是"七权分工"型政治体制④，在国家政权整全的前提下实行治权分工，其各权力分支相互配合、相互协调，并设立严密的权力监督体系。而正是这种权力分工、职能协同的制度运行原则和匹配逻辑，对发挥社会主义制度集中力量办大事的显著优势具有重要作用。

因此，福山的思考虽然深邃，但在国家治理体系与治理能力二元间失去了平衡，陷入了一种迷信美国政治体制的迷思。那么，福山为什么会产生这样一种明显的思想漏洞呢？其实，这与他的"历史终结"理论和对自由民主制的倾向有关，这二者又是密切联系的。正如学者陈培永在批驳福山观点时指出的那样："福山宣称应对疫情要破除唯体制论所暗含的一个目的或可推导出来的观点，就是不要因为这次疫情应对的糟糕表现，就怀疑美国的国家制度有问题。通过这项操作，福山就为美国的国家制度做了'无罪辩护'，保全了美国国家制度的名声。"⑤甚至可以说，福山并没有脱离他原先所谓"历史终结"的论断，因为一旦承认体系与能力的相互支撑和加持效应，美国疫情防控效果不佳的案例在某种程度上会直接危及其构建的"历史终结"理论大厦。由于福山刻意回避了行政能力背后的国家体系，这就极大地遮掩了一个民族国家抗疫成功的结构之源，失去了开拓抗疫政治学的丰富空间。

①［美］弗朗西斯·福山：《政治秩序与政治衰败：从工业革命到民主全球化》，毛俊杰译，桂林：广西师范大学出版社，2015年版，第449页。

②苏长和：《对抗式制度体系导致西方之乱》，《理论导报》2018年第1期。

③王洪树、郭玲丽：《"中国之治"与"西方之乱"的民主政治根源解析》，《河南社会科学》2020年第10期。

④鄢一龙：《中美政治体制比较："七权分工"vs."三权分立"》，《东方学刊》2020年第3期。

⑤陈培永：《国家制度、国家能力与民众信任的关系考量——驳福山的"应对新冠肺炎疫情成效决定因素论"》，《北京行政学院学报》2020年第6期。

（二）问题之二：福山残缺式解读"中国故事"

纵观福山的系列政治著作可以感受到，他对中国历史及国家建设等问题有着深刻的洞察，在《政治秩序的起源：从前人类时代到法国大革命》这本著作中，中国占据了不少章节。福山通过梳理中国自秦统一以来的历史，认为中国很早就建构了一个成熟的官僚行政体系，这种传统使得中国一直都具备较强的中央集权和国家行政能力，"中国国家早熟的现代化，使之成为社会中最强大的社会组织"①。不过由于拘泥于国家能力因素，在记者和访谈者的反复追问下，福山对中国抗击新冠疫情的成功之道或治理精髓，总是归因于中国的儒家传统和贤能政治，并且指出，这种历史传统和惯性是很多其他国家不具备的，因此很难得到复制。笔者认为，这种解读实际上稍显简单化，存在多重模糊和缺憾，福山对中国公共卫生应急管理故事的解读是残缺的，以下我们逐一分析之。

第一，国家能力分析方面的缺憾。上面已讲到，福山所说的疫情抗击中的国家能力，主要指有效的卫生应急政策，涉及卫生工作者、应急人员、基础设施和现有资源数量等。综合这些要素，似可以概括为国家卫生政策制定与执行能力。福山将危机状态的国家能力局限于此一种，恐怕是不完整的，有两点有待商榷和补充。一方面，福山对抗击疫情中的国家能力的阐述过于简略。在政治学界，国家能力是与国家自主性这一理论息息相关的，国家自主性是指国家可能会确立并追求一些并非仅仅反映社会集团、阶级或社团之需求或利益的目标，而国家能力则是国家实施这种官方目标的能力。②国家能力其实是一系列能力的集合，它不仅指福山说的"国家制定并实施政策和执法的能力特别是干净的、透明

---

① [美]弗朗西斯·福山：《政治秩序的起源：从前人类时代到法国大革命》，毛俊杰译，桂林：广西师范大学出版社，2014年版，第136页。

② [美]彼得·埃文斯、迪特里希·鲁施迈耶、西达·斯考克波：《找回国家》，方力维、莫宜端、黄琪轩等译，北京：生活·读书·新知三联书店，2009年版，第10页。

的执法能力"①，还涉及国家其他的广泛多重功能，如阿尔蒙德和鲍威尔所说的政治体系在提取、分配、规制和象征四个方面的表现②，米格代尔所说的国家渗入社会的能力、调节社会关系、提取资源，以及以特定方式配置或运用资源的能力③，王绍光、胡鞍钢所说的汲取能力、调控能力、合法化能力、强制能力④，等等。试想，中国在应对疫情过程中，短时间内能够建起雷神山和火神山医院，需要何等的动员能力？为所有新冠患者提供免费诊治，如果没有强大的财政汲取能力和卫生财政支出能力，能够实现吗？封一城而保全整体国家、统筹推进疫情防控和经济社会发展，又需要何等的协调能力与合法化能力？有学者发现，大流行社会背景下公共卫生危机时刻的国家治理至少需要反应能力、强制能力、领导能力、组织能力和宣传能力等五种关键能力。⑤因此，仅凭一个卫生政策制度与执行能力这种单变量，是很难全面揭示超大国家的国家能力的。⑥另一方面，福山对国家能力的阐述有浓厚的国家中心主义色彩。严格意义上来说，国家能力与国家治理能力虽有联系但并非一个意思，前者更多是基于国家统治机器并为完成其目标任务的能力，但"治理比政

---

① [美]弗朗西斯·福山：《国家构建：21世纪的国家治理与世界秩序》，黄胜强、许铭原译，北京：中国社会科学出版社，2007年版，第7页。

② [美]加布里埃尔·A.阿尔蒙德、小G.宾厄姆·鲍威尔：《比较政治学——体系、过程和政策》，曹沛霖、郑世平、公婷等译，北京：东方出版社，2007年版，第299—302页。

③ [美]乔尔·S.米格代尔：《强社会与弱国家：第三世界的国家社会关系及国家能力》，张长东、朱海雷、隋春波等译，南京：江苏人民出版社，2009年版，第5页。

④ 王绍光、胡鞍钢：《中国国家能力报告》，沈阳：辽宁人民出版社，1993年版，第6页。

⑤ 刘炳辉、郭晓琳：《大流动社会危机时刻的关键国家治理能力——以新冠肺炎疫情的应对为例》，《华东理工大学学报》（社会科学版）2020年第2期。

⑥ 当然，这里如此阐发可能有吹毛求疵之嫌，我们这么做不是为了批判而批判，而是为了凸显国家在公共卫生危机中的能力并非简单的卫生应急政策能力，而应该是更广泛的国家能力在公共卫生应急状态下的集聚和运用。

府管理范围更广，包括了非国家的行为者"①，由于治理的嵌入，国家治理能力概念在目标、主体、内容、权力运行方向等方面与国家能力概念就有较大差异，它是基于国家治理体系（而不仅仅是国家机器）的能力，是国家治理体系在运作过程中的能力表现，往往"取决于国家治理体系的设计和构建，即分工、协调和控制等机制的设计和安排状况"②。因此，在迈向国家治理现代化的征程中，保持治理体系概念的开放性、多样性和包容度，对深入理解国家治理能力具有重要意义。

第二，对自己建构模型的遮蔽。即便不考虑政体形式等重要政治背景，福山在评述中国的疫情应对效果时，始终指向一个强政府，对自己所说的另外两个因素，即民众对政府的信任和领袖的领导力往往闭口不谈，并一再强调由于强国家传统并非每个国家所具备的，因而中国模式难以复制。国家治理模式不能随意复制当然有其道理，但刻意淡化中国治理实践中的民众信任、领袖领导力则是令人奇怪的。我们先来看民众的政治信任，中国其实一直都是一个高政治信任国家，在大的公共危机关头，这种信任变得程度更深更有黏性。高政治信任为国家在危机时刻的行动提供了强大的合法性支持，为危机中的社会动员提供了精神基础，并且在这一过程中，"中国人民和中华民族以敢于斗争、敢于胜利的大无畏气概，铸就了生命至上、举国同心、舍生忘死、尊重科学、命运与共的伟大抗疫精神"③，这与西方国家特别是美国的政治极化反映出的社会撕裂形成了强烈对比。再来看领导人的领导力，与美国前总统特朗普相比，我国的领导人无论在危机应对理念还是危机中的政治领悟力、决策力、判断力等方面，均展现出高超的水准。在习近平总书记亲自挂帅、亲自督战的坚强领导下，中国政府和中国人民取得了抗疫的诸多重大战略成果。政治信任、领导力是福山自己构建的理论模型的构成，但在运

---

① 俞可平主编：《治理与善治》，北京：社会科学文献出版社，2000年版，第96页。

② 古洪能：《论基于国家治理体系的国家治理能力观》，《理论与改革》2020年第5期。

③ 《习近平谈治国理政》（第四卷），北京：外文出版社，2022年版，第98页。

用到中国时就被刻意淡化了，这种解释路径当然是无法令人满意的。

福山为何出现这种残缺式解读呢？笔者认为，其根源还在于福山一直颇为得意的现代政治制度三分模型——国家、法治与负责制政府。在福山的国家比较视野和理论观念中，中国国家建设发达，但比较缺失法治和负责制政府。①因此，当把问题移到各国抗击疫情的比较时，他自然就会启动这一恒定观念并得出上述评论中的观点，王绍光先生曾评论说这类论调是一种非常典型的"政体思维"，这种思维只关注政治秩序的形式和一两个简单指标，认为政权的形式决定政权的实质，并用静止的眼光看变化的现实。②其实，中国有着灵活坚韧的国家治理体系，犹如一只"红天鹅"，不断地挑战着比较政治学中的传统理念和模式③，只不过这种政治韧性和社会治理的"中国智慧"一直未得到很好的理论阐释。历经革命、建设、改革的不断洗礼和持续奋斗，中国共产党和中国人民在长期实践探索中逐步摸索形成了中国特色社会主义制度和国家治理体系，在此基础上，中国政治和执政党的治国理政经验都发生了巨大的变化。如果依然如福山那样采用"政体思维"剪裁现实，无异于刻舟求剑。仅以社会治理的思路和路径而言，我们就经历了一个从全能统治、维稳管控、社会建设、社会管理到社会治理的不断试错、勇于完善、深入拓展和逐步升华的过程，党的十九届四中全会将新时代社会治理体系的建设格局提炼为"党委领导、政府负责、民主协商、社会协同、公众参与、法治保障、科技支撑"，如将其投射到疫情抗击过程中就可以发现，这一治理格局是中国人民取得伟大的抗疫成就的制度性、体系性、结构性保障。总而言之，探究中国人民在中国共产党的带领下如何取得抗疫的伟大胜利，实际上就是在解读治国理政的"中国方案"，实际上就是对中国

①[美]弗朗西斯·福山：《政治秩序的起源：从前人类时代到法国大革命》，毛俊杰译，桂林：广西师范大学出版社，2014年版，第429—437页。

②王绍光：《中国·政道》，北京：中国人民大学出版社，2014年版，第28—31页。

③[德]韩博天：《红天鹅：中国独特的治理和制度创新》，石磊译，北京：中信出版社，2018年版，第15—18页。

共产党为什么能、中国特色社会主义为什么好的重要诠释。

三、研究的基本目标

通过以上风险社会的政治重塑、治理能力的体系根源两部分的论述，我们可以发现，风险社会呼唤新的政治发展形态和社会治理模式，以便应对风险社会极大的不确定性和诸如公共卫生事件等激进现代性时期的复合性危机，但应对危机的效能不会凭空产生，其密码和基因深藏在国家治理体系与治理实践中。本书将基层公共卫生应急管理与中国特色社会主义制度相结合，并侧重在中国之治视野下探讨地方公共卫生应急管理，拟达到如下研究目标。在实现这些研究目标过程中，期待在一定程度上推进公共卫生应急管理领域的理论和实证研究。

（一）聚焦党的坚强领导，探究优势根源

习近平总书记指出："中国特色社会主义最本质的特征是中国共产党领导，中国特色社会主义制度的最大优势是中国共产党领导，中国共产党是最高政治领导力量，坚持党中央集中统一领导是最高政治原则。"[①]中国共产党的领导是全部治国理政制度体系的核心和基石，深入了解和认识党的领导，是探究中国政治发展与社会治理的基础。以新中国成立以来的我国应急管理为例，这一公共事业在很多的研究者那里陷入了技术主义的泥淖，似乎应急管理就是预防与应急准备、监测与预警、处置与救援、事后恢复与重建等几个技术环节的紧凑联结。技术主义观点当然有其合理性，但它未能看到，应急管理的历史、变迁以及最新实践，实际上都是深深附着于不断发展的党政体制的，我国独具特色的党政体制，是型塑中国应急管理的结构基因，研究应急管理不能对这一领导体制的理念、体系、特色等视而不见。党的十八大之后，中国应急管理体制发生了巨大变化，在总体国家安全观的指导下，应急管理理念和思维也出现了诸多新变化。这些体制的既有优势、积累、特色和最新变化，

---

① 《习近平著作选读》（第一卷），北京：人民出版社，2023年版，第6页。

都对当今的应急管理和社会治理产生着深远的影响。笔者遵循党领导应急管理的逻辑和主线，将描述党的领导理念、体制、机制如何贯穿于应急管理全过程，在有关章节阐述党组织在基层抗疫行动中的先锋性与组织性，探讨党组织与党员对社会组织的引领作用，还将研究党政体制对公民参与行动的影响。这对探究中国应急管理体系的特色和底色、公共卫生应急管理的组织根源和优势来源，具有一定的理论意义。

（二）梳理社会治理体系，阐释中国之治

现代化进程是一个充满变数的复杂过程，由于社会变迁动力和现代化起源的差异，各国通往现代化的道路不尽一致也不可能完全一致，进而"各国现代化的社会变革顺序与发展模式也就各异"①。国家治理同样如此，在遵循人类社会政治发展规律、互相借鉴先进治理文明的同时，"每个国家的成长路径、治理体系和演进过程以及导致国家与社会革命的动力都具有鲜明的国别色彩"②。社会治理同样存在着"中国智慧""中国道路"，这源于中国长期历史积累的底气和底色③，改革开放以来，中国共产党根据不断变换的情况及时灵活地调整社会治理理念、方略和政策，党的十九届四中全会更是将容纳社会治理的中国之治画卷进行了全景式勾描和阐释，而富有中国特色的国家应急管理体系，便是这幅画卷中的重要构成。进一步来说，常态管理与应急管理是针对社会进入不同时态而供给的不同治理模式，二者是相互联系、相互促进的，如果一个国家只能治理常态社会，那么它仍然是低治理能力国家。而如果没有常态时期社会治理的沉淀，提升重大突发公共事件的应急管理能力也只能是空谈。中共中央、国务院印发的《关于加强基层治理体系和治理能力

---

① 罗荣渠：《现代化新论：中国的现代化之路》，上海：华东师范大学出版社，2013年版，第101页。

② 刘世军等：《中国之治：国家治理体系与治理能力现代化》，上海：上海人民出版社，2020年版，第15页。

③ 徐勇：《国家治理的中国底色与路径》，北京：中国社会科学出版社，2018年版，第27—28页。

现代化建设的意见》中提出，要"健全常态化管理和应急管理动态衔接的基层治理机制"。这表明，常态阶段社会管理与非常态阶段应急管理的有机动态衔接，是新时代中国社会治理不可分割、互为补充的两大重要领域和重要内容。本书系统性地将中国社会治理体系及其构成板块与公共卫生应急管理相结合，依托应急管理体系、社区防控、智能治理、社会组织等若干重要方面或重要建设领域，分章节但并非完全对应式地分析政党、政府、社会力量、公民、智能技术等各类要素在公共卫生应急管理中的作用逻辑、作用过程和作用机理。这实际上是以疫情抗击为个案，观察中国社会治理体系在这一个案中的实践，以小见大、管中窥豹，从而达到对中国之治相对系统和完整的解读和透视。

（三）考察政社协调互动，透视治理根基

马克思主义国家观认为，国家是社会发展到一定阶段的产物，恩格斯指出："国家是承认：这个社会陷入了不可解决的自我矛盾，分裂为不可调和的对立面而又无力摆脱这些对立面。而为了使这些对立面，这些经济利益互相冲突的阶级，不致在无谓的斗争中把自己和社会消灭，就需要有一种表面上凌驾于社会之上的力量，这种力量应当缓和冲突，把冲突保持在'秩序'的范围以内；这种从社会中产生但又自居于社会之上并且日益同社会相异化的力量，就是国家。"①因此，国家的根基乃是社会，虽然国家在某种程度上作为一个独立的行为主体具有自主性，但国家与社会其实是互有渗透、相互影响的关系，国家能力也要受到置身其中的社会结构和环境的重要影响，米格代尔为此提出了"社会中的国家"理念，强调"国家的自主性、政策倾向、国家领导者的当务之急，以及国家的凝聚力都极大地受到其管理的社会的影响"②。因此，国家的力量不仅仅局限于国家机器的自主力量，同时也深藏在国家与社会的交

①《马克思恩格斯文集》（第四卷），北京：人民出版社，2009年版，第189页。

②[美]乔尔·S.米格代尔：《社会中的国家：国家与社会如何相互改变与相互构成》，李杨、郭一聪译，南京：江苏人民出版社，2013年版，第58页。

叉、共生与合作地带。对此，一些理论作品高度重视国家的"协调能力"，认为"强国家通过使用同国内社会合作的战略提高了国家和有组织的社会团体的办事能力"[①]，进而有望实现国家和社会的正和博弈。改革开放以来，随着市场经济的发展和公民社会的成长，以社会组织为支撑和表现的社会公共领域得以生成并逐步扩张，特别是党的十八大以来，政府与社会组织之间逐步形成一种"党委领导下的新型协同合作关系"[②]。党的二十大报告强调，要"健全共建共治共享的社会治理制度，提升社会治理效能"。构建共建共治共享的社会治理格局，迫切要求发挥社会组织的参与和协同作用，推动政府治理和社会调节、居民自治良性互动。为观察和透视新时代应急管理体系之社会根基，本书高度重视来自社会领域的各类组织主体或力量，如社区组织、社会组织、企业、居民群众等，考察他们在公共卫生应急管理中的行动、与国家的互动及其产生应急管理效能的机理。

（四）展示卫生应急过程，解析制度逻辑

"制度是为约束在谋求财富或本人效用最大化中个人行为而制定的一组规章、依循程序和伦理道德行为准则。"[③]新制度主义理论认为，制度从本质上说是社会的结构化因素或环境，能够约束个体和组织行为，具有一定的稳定性。因此，"解释社会现象时有必要将焦点放在这些结构化因素上"[④]。我国应急管理的制度体系常常被置于应急管理规范这个广义语境下讨论，后者是指"以法律规范为统领，包括了国家法律规范、技

---

① [澳]琳达·维斯、约翰·M.霍布森：《国家与经济发展：一个比较及历史性的分析》，黄兆辉、廖志强译，长春：吉林出版集团有限责任公司，2009年版，第6页。

② 王名等：《中国社会组织（1978~2018）社会共治：正在生成的未来》，北京：社会科学文献出版社，2018年版，第55页。

③ [美]道格拉斯·诺思：《经济史上的结构和变革》，厉以平译，北京：商务印书馆，1992年版，第227—228页。

④ [韩]河连燮：《制度分析：理论与争议：第2版》，李秀峰、柴宝勇译，北京：中国人民大学出版社，2014年版，第160页。

术规范，以及各类组织内部的各种应急管理制度"①。作为制度化逻辑较强的应急管理规范（包含"一案三制"，即应急预案和应急体制、机制、法制），当然对应急管理主体、客体、过程、绩效等具有重要作用。不过，再好的制度和规范也需要人去有效执行，并在执行中检验制度优劣和效果，钱穆先生在《中国历代政治得失》一书中就指出，制度必须与人事密切配合，"每一项制度之推行与继续，也必待有一种与之相当的道德意志与服务忠诚之贯注"②，一时有效的制度后来发生崩溃，很多时候源于人事的逐步松懈和颓废。中国之治不仅仅是一堆静态的制度条文和应然伦理，而主要是活的制度和规则的实然状态，正如党的十九届四中全会报告所说的，"制度的生命力在于执行……加强对制度执行的监督，坚决杜绝做选择、搞变通、打折扣的现象"③。本书以公共卫生应急管理过程为分析对象，在各章节中结合应急管理的不同议题，不仅关注了制度体系和背景对治理主体及行动的重要影响，更主要的是呈现了"体系-过程"或"实践化制度"的思维路径，解析公共卫生应急管理的制度性实践逻辑。

---

① 李雪峰等：《应急管理通论》，北京：中国人民大学出版社，2018年版，第109页。

② 钱穆：《中国历代政治得失》，北京：生活·读书·新知三联书店，2001年版，第55页。

③ 《中共中央关于坚持和完善中国特色社会主义制度 推进国家治理体系和治理能力现代化若干重大问题的决定》，《人民日报》，2019年11月6日。

第二节　公共卫生应急管理文献的可视化分析与评论

近三十年来，公共卫生危机席卷国内外。1997 年，香港发生 H5N1 禽流感；2003 年，广东暴发"非典"疫情；2004 年，广西确诊首例禽流感。2009 年，墨西哥发生甲型 H1N1 流感；2013 年，我国发生 H7N9 禽流感；2014 年，非洲暴发埃博拉病毒；2015 年，韩国暴发 MERS 病毒。2020 年，新冠流行于全世界，严重损害各国人民的生命财产安全。重大公共卫生危机也进一步诱发了政治危机。在重大突发性公共卫生事件背景下，国际关系变得紧张，对抗程度加重，中国面临疫情与舆情双重冲击，形成了"软战"格局。①《中共中央关于制定国民经济和社会发展第十四个五年规划和二〇三五年远景目标的建议》提出了"全面推进健康中国建设"，"统筹发展和安全，建设更高水平的平安中国"等战略。现实需求推动理论研究，特别是"非典"疫情后，伴随着公共卫生风险的复杂变化和城市安全管理工作的不断推进，中国相关理论研究领域的专家学者对中国的城市风险治理问题开展了多元化研究，取得了不少有价值的研究成果，我们需要对其进行全面梳理，总结当前研究的总体脉络和重要议题，以判定后续研究的核心领域与探究方向。因此，笔者选取 2001—2020 年中国社会科学领域对公共卫生事件研究的文献作为研究样本，分析该阶段突发公共卫生事件研究的基本情况、热点趋势和主题演进，指明后续研究的前进路径，为公共卫生风险治理研究提供参考。

---

① 赵可金：《"软战"及其根源——全球新冠肺炎疫情危机下中美关系相处之道》，《美国研究》2020 年第 3 期。

一、数据来源与研究方法

（一）数据来源

我们将中国知网（CNKI）作为数据来源，同时仅采纳中文社会科学引文索引（CSSCI）期刊上发表的学术论文，以确保研究对象的较高质量。首先，为全面精准综述社会科学领域公共卫生安全管理的研究现状，在进行主题检索时，学术代表性、概念准确性、范畴全面性、检索便利性是选取关键词的衡量标准。在详细思考中国公共卫生之治的同义词与类似表述后，我们将"突发公共卫生事件""疫情""传染病"分别与"管理"或"治理"进行配对，共形成了"突发公共卫生事件"并含"管理"等六对组合，以这六对关键词为主题进行检索，检索时间为2001—2020年共20年①，文献检索目录仅限于"哲学与人文科学""社会科学Ⅰ辑""社会科学Ⅱ辑""信息科技""经济与管理科学"。基于上述检索方法，再对收集到的文献数据进行人工清理，剔除年会综述、研讨会简讯、无作者、期刊征稿、与主题不符的文献、专栏简介、书评等，在转换数据格式后，我们借助CiteSpace软件对数据进行预处理，最终获得了1128篇国内公共卫生管理与治理研究的高质量文献，作为文献述评的数据来源。

（二）研究方法

本研究依托CiteSpace软件，综合了文献计量法、内容分析法与信息可视化分析方法的优势。文献可视化分析软件——CiteSpace被用于识别并预示科学文献潜在的新趋势与动态，其理论基础包括库恩的科学发展范式理论、普赖斯的科学前沿理论、社会网络分析的结构洞理论、科学

---

① 这里特别要交代的是，笔者开启这项研究是在2020年，问题意识直接来源于2019年末暴发的新冠疫情，因而从开启研究的2020年回溯此前20年学界相关研究状况，对于2021年及以后的学界动态，本章没有进行梳理和评论。

传播的信息觅食理论、知识单元离散与重组理论等。文献计量法是指对文献外部特征数量进行量化分析，通过数学与统计学的方法描述学科现状，预测发展趋势的研究方法。内容分析法是一种通过编码等方式，量化分析研究对象的内容的研究方法。[①]近年来，CiteSpace软件已经被用于分析安全生产、社会风险和公共卫生应急管理等领域的学术发展情况。基于此软件，我们可以对文献的发文量、作者、发文机构、关键词进行深入分析，形成科学知识图谱，揭示国内公共卫生应急管理相关领域的概况、研究热点与发展趋势。

二、数据分析与研究现状

（一）公共卫生应急管理相关文献数量分析

通过统计2001—2020年间我国公共卫生应急管理文献的数量（见图1-1）可知，国内公共卫生应急管理相关研究呈现由平稳到骤然上升的特点。整体发展过程可以具体分为三个阶段：第一，2001—2002年为萌芽期。这两年间没有发表在CSSCI的相关学术论文，但是有系列相关文章发表在核心期刊与普通期刊，表明在这一阶段学界对公共卫生安全危机关注度不足，相关理论研究较少。第二，2003—2019年是探索期。这一阶段，"非典"疫情的暴发冲击了学术界，相关论文数量快速上升。随后，国内外陆续出现的甲型H1N1流感、H7N9禽流感、埃博拉病毒、MERS病毒反复触动学者的神经，但这些疫情在较短时间内得到了较为理想的控制。因此，这一阶段的文献只出现了小幅度的波动。第三，2020年为暴发期。作为百年来全球发生的最严重的传染病，新冠疫情无疑成为相关学术成果急速增长的直接原因。在这一年间，党政紧急部署与动员、社区防控、居家隔离等实践行动引起了学者们的高度关注。由此可见，我国公共卫生应急管理研究具有追逐热点的特点。

---

① 郑文晖：《文献计量法与内容分析法的比较研究》，《情报杂志》2006年第5期。

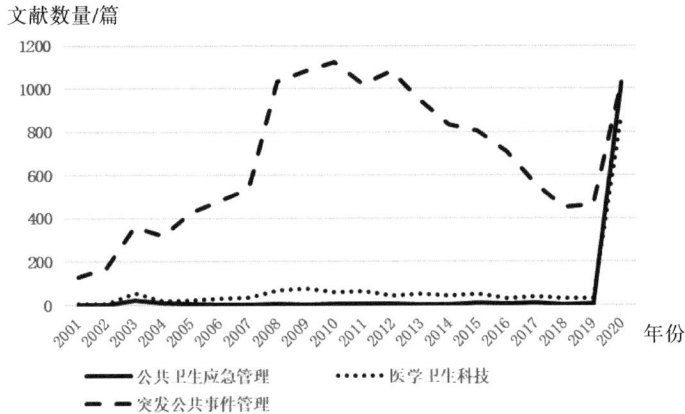

图 1-1　2001—2020 年中国公共卫生应急管理研究文献数量分布

为了将我国公共卫生应急管理研究与医学卫生科技、突发公共事件管理研究进行比较，笔者同样以 CNKI 作为数据来源，仅搜寻 CSSCI 期刊上发表的学术论文，首先，以"公共卫生""疫情""传染病"为主题词，文献检索目录仅限于"医药卫生科技"，共收集到 1628 篇文献。其次，再以"应急管理""应急治理""突发公共事件""危机管理""危机治理""突发事件""风险管理"或"非常规突发事件"为主题词，文献检索目录不限，获取了 13542 篇文献。可见，公共卫生应急管理研究高质量文献总体数量远远少于突发公共事件管理研究文献，总数上略低于医学卫生科技研究文献。

（二）公共卫生应急管理文献关键词共现知识图谱分析

关键词是文献核心内容的缩影，高频关键词能呈现出该领域的研究热点[1]。笔者使用 CiteSpace 软件对筛选出来的 1128 篇国内公共卫生管理与治理研究的文献进行关键词共现分析，以反映 20 年来国内公共卫生应急管理领域的研究前沿。在关键词的选取标准与阈值设置上，本研究时间区间选择 2001—2020 年，时间切片设置为 1 年。节点数据选择 Top 200

---

① 傅柱、王曰芬、陈必坤：《国内外知识流研究热点：基于词频的统计分析》，《图书馆学研究》2016 年第 14 期。

per slice，节点出现频次的阈值为 2，2，20；节点共现频次的阈值为 4，
3，20；余弦相关系数的阈值为 3，3，20。被引频次区间为 5—10。为更
加清晰简洁地展示图谱，笔者选择最小生成树算法和修建切片网算法。

关键词频次能代表相关领域的学术热点分布概况。基于上述操作基
础，为保证图谱的清晰度，笔者将阈值设为 16，即筛选出共现频次≥16
次的关键词。最终，获得 2001—2020 年国内公共卫生应急管理研究的关
键词共现知识图谱（见图 1-2）与频次处于前 20 位的关键词（见表 1-3）。
关键词共现知识图谱中的圆节点的大小表示此关键词出现频次的高低，
节点之间连线的粗细程度显示了关键词共现强度。

图 1-2 中国公共卫生应急管理研究文献关键词共现知识图谱（2001—2020 年）

表 1-3 中国公共卫生应急管理研究文献中频次与
中介中心度位居前 20 的关键词（2001—2020 年）

序号	频次	关键词	序号	频次	关键词
1	172	新冠肺炎疫情	3	85	突发公共卫生事件
2	137	疫情防控	4	77	新冠肺炎

序号	频次	关键词	序号	频次	关键词
5	71	应急管理	13	23	突发事件
6	54	新冠疫情	14	22	全球卫生治理
7	41	全球治理、重大疫情	15	21	制度优势、后疫情时代
8	35	公共卫生、社会治理	16	20	公共卫生事件
9	34	新型冠状病毒肺炎	17	19	公共危机
10	27	国家治理	18	18	治理能力
11	26	危机管理、疫情	19	17	大数据、全球化
12	25	人类命运共同体	20	16	社区治理

根据图1-2与表1-3可知，高频关键词依次是：新冠肺炎疫情（172次）、疫情防控（137次）、突发公共卫生事件（85次）、新冠肺炎（77次）、应急管理（71次）等。由于本研究的文献样本是以"突发公共卫生事件""疫情""传染病"分别并含"管理"或"治理"为主题进行检索的，因而，"新冠肺炎疫情""疫情防控""突发公共卫生事件"等词难以避免地成为图谱中最大的节点。如果排除"新冠肺炎疫情""疫情防控"等代表突发公共卫生事件的研究对象限定词，同时结合图1-2与表1-3中其他主要关键词统计结果可知，频次与中介中心度都较高的节点分别为"应急管理""全球治理""危机管理"等关键词。由此可见，国内公共卫生应急管理研究主要集中在国家应急管理、全球治理两个方面。原因可能在于：2003年后，伴随着"一案三制"为基本框架的应急管理体系的推进，更多的国内学者关注应急管理的构建。同时，在传染病全球大流行的背景下，重大突发公共卫生事件中的跨国协同治理得到了理论界的重视。

（三）公共卫生应急管理文献关键词共现知识图谱的聚类分析

CiteSpace提供的聚类分析对具有多项指标的数据进行多元统计分析，

根据层级聚类的原则（即相似性从大到小）将联系紧密的关键词节点进行聚类，形成相对独立的类团，有助于读者客观清晰地判断某领域的核心主题与内容。依据网络结构和聚类的清晰度，CiteSpace提供了模块值（Q值）和平均轮廓值（S值）两个指标，这是衡量图谱绘制效果的重要依据。Q值与S值越大，聚类效果越好，当Q值>0.3时，意味着划分出来的社团结构是显著的；当S值>0.5时，意味着聚类是合理的。[①]本研究通过LLR算法进行聚类分析，获得中国公共卫生应急管理研究的关键词聚类图谱（见图1-3）。观察相应的检验值，可知聚类效果是令人信服的。本研究共生成14个聚类：#0网络舆情、#1习近平、#2新冠疫情、#3后疫情时代、#4全周期管理、#5世界卫生组织、#6应急管理、#7公共卫生安全、#8应急服务、#9全球治理、#10疫情防控、#11危机管理、#12疫情应对、#13制度优势。为了更清晰地展示聚类情况，笔者对各聚类的详细节点信息进行了整理（见表1-4）

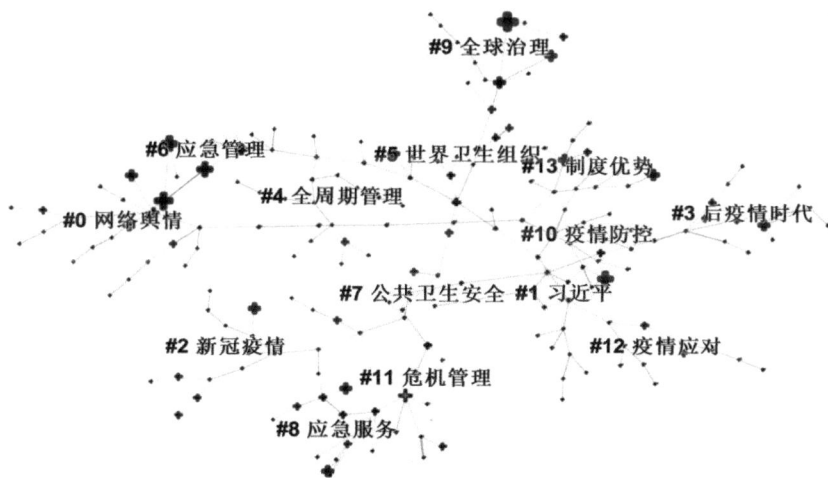

图1-3　中国公共卫生应急管理研究关键词聚类图谱（2001—2020年）

---

① 陈悦、陈超美、刘则渊等：《CiteSpace知识图谱的方法论功能》，《科学学研究》2015年第2期。

表1-4 中国公共卫生应急管理研究关键词聚类节点明细（2001—2020年）

序号	聚类标签（LLR）	所含节点（按频次多少排列）
#0	网络舆情	重大疫情、网络舆情、治理、信息治理、舆情治理、应急响应、公共治理、社会风险、社会心态、生命政治、健康码、信息公开、高校、新媒体、多元主体、信息疫情、世界秩序
#1	习近平	乡村治理、健康中国、习近平、党的领导、应急治理、新冠肺炎疫情防控、法治、传染病、空间治理、新冠肺炎防控、人民健康、理念、整体性治理、新型举国体制、时代价值
#2	新冠疫情	新冠疫情、治理能力、治理体系、人类卫生健康共同体、国家治理体系、美国、公共卫生治理、应急信息服务、欧洲一体化、欧盟、中欧关系、区域治理、新冠病毒肺炎疫情、公共风险、治理能力现代化
#3	后疫情时代	后疫情时代、社区治理、风险社会、公共卫生危机、现代化、社区防控、数字化转型、数字经济、紧急状态、数字治理、社区参与、社会组织、策略、实践路径、传染病防治法
#4	全周期管理	治理现代化、社区、城市治理、区块链、网格化管理、创新、安全治理、特大城市、风险管理、全周期管理、不确定性、公共卫生突发事件、疫情防治、现代性、总体国家安全观
#5	世界卫生组织	疫情、全球卫生治理、风险治理、世界卫生组织、国际合作、重大突发公共卫生事件、公共图书馆、谣言、虚假信息、依法防控、"一带一路"、机制、以人民为中心、大数据治理、治理策略
#6	应急管理	突发公共卫生事件、新冠肺炎、应急管理、公共卫生、新型冠状病毒肺炎、新型冠状病毒肺炎疫情、体育治理、重大突发公共事件、对策、东京奥运会、应急情报、人才培养、体育产业、城市社区、影响
#7	公共卫生安全	公共卫生安全、基层治理、公共危机治理、应急管理体系、非传统安全、公共卫生体系、社会工作、防控措施、突发疫情、基层社会治理、底线思维、国家能力、社会韧性、疫情风险
#8	应急服务	社会治理、突发事件、高校图书馆、应急服务、新型冠状病毒、突发公共事件、危机治理、图书馆、数据治理、制度创新、主流媒体、重大突发事件、危机传播、图书馆管理
#9	全球治理	新冠肺炎疫情、全球治理、人类命运共同体、公共危机、全球化、危机应对、日本、地方政府、多边主义、群体免疫、属地管理原则、传染病防治、全球公共卫生治理、投资

续　表

序号	聚类标签（LLR）	所含节点（按频次多少排列）
#10	疫情防控	疫情防控、国家治理现代化、生物安全、习近平总书记、中国共产党、疫情治理、国家治理能力、重大风险、新冠病毒、生态文明、党中央、方法论、人民性、社会治理共同体
#11	危机管理	危机管理、公共卫生事件、大数据、在线教学、网络谣言、复工复产、人工智能、谣言治理、应急机制、"新冠肺炎"疫情防控、国际公共卫生紧急事件、重大公共卫生事件、延期开学、SARS疫情
#12	疫情应对	协同治理、高质量发展、在线教育、疫情应对、经济全球化、疫情冲击、全球经济治理、教育治理、中国经济、数字技术、二十国集团
#13	制度优势	国家治理、制度优势、治理效能、社会动员、抗击疫情、中国特色社会主义制度、中国特色社会主义、慈善组织、集中力量办大事、合作治理、化危为机

关键词聚类图谱和聚类节点明细列表能为观察中国公共卫生之治研究概况提供可靠的依据，然而聚类之间可能具有交叉与重复，因而仅作为分析核心内容分布的线索之一，还需要人工进行二次梳理与整合。总体而言，2001—2020年国内公共卫生安全管理研究热点主要聚焦于五大趋向。

1.国家治理体系中的卫生之治。这一维度的关键词包含"应急管理""危机管理""国家治理""习近平""党的领导""制度优势""治理效能""中国特色社会主义制度""应急机制"等。面对公共卫生危机，习近平总书记亲自部署与指挥抗疫斗争，在联防联控机制与群防群治防线中，举国抗疫取得了卓越成效。对此，大多研究关注政党与国家的战疫理念与经验，在大力赞颂体制优势的同时，也致力于完善应急管理体系。有学者研究习近平总书记防范化解重大风险重要论述的方法论特点，将其总结为底线思维、防控机制等多个方面。①还有部分学者探究中国制度体

---

① 杨海：《习近平防范化解重大风险重要论述方法论特点及其现实启示》，《中国人民大学学报》2020年第2期。

系优势，强调党的领导是中国应急管理模式最大的特征与优势①，充分肯定坚持全国一盘棋、坚持党的领导等中国特色治理体系在重大疫情治理中的巨大优势和作用。②当然，国家在公共卫生治理中难免有不足，有学者就如何健全国家应急管理体系，从法治、体制、机制等方面提出了一系列对策。③

2.全球视域下的协同治理。关键词包含"全球治理""人类卫生健康共同体""美国""人类命运共同体""全球化""多边主义""群体免疫"等。重大突发公共卫生事件在全世界流行蔓延，严重威胁了人类的生命健康与经济社会的发展，是彻底的全球性公共卫生危机。严峻复杂的防控形势引发了学者的深入思考。学界通过分析全球公共卫生治理现状，深入思考改进策略。有学者认为世界卫生组织在全球公共卫生治理中发挥关键作用，肯定了中国等部分东亚国家、非国家行为体为抗疫作出的贡献。④与此不同的是，还有学者探析国际合作的困境与缘由，指出由于"治理机制设计存在赤字"，缺乏调动国内医疗资源的国际机制，各国仍局限于"国家主义的框架"。⑤对此，有研究探讨中国在全球卫生治理体系中的角色，提出了促进G20等多边机制、改革全球卫生治理体系等多项提议。⑥

3.后疫情时代的恢复重建。其关键词如"应急响应""紧急状态""危机应对""疫情应对""后疫情时代"等。部分学者从各个角度纵观抗

---

① 龚维斌：《应急管理的中国模式——基于结构、过程与功能的视角》，《社会学研究》2020年第4期。

② 刘勇、董静：《重大疫情治理中的中国制度优势》，《学校党建与思想教育》2020年第3期。

③ 李雪峰：《健全国家突发公共卫生事件应急管理体系的对策研究》，《行政管理改革》2020年第4期。

④ 张清敏：《新冠疫情考验全球公共卫生治理》，《东北亚论坛》2020年第4期。

⑤ 赵可金：《疫情冲击下的全球治理困境及其根源》，《东北亚论坛》2020年第4期。

⑥ 史本叶、马晓丽：《后疫情时代的全球治理体系重构与中国角色》，《东北亚论坛》2020年第4期。

疫过程，在反思中提出优化策略与战略方向。重大突发公共卫生事件具有阶段性，不少研究着重思考常态化防控下医疗卫生体系、社会治理体系的发展。例如，有研究在深刻剖析我国城市的分级诊疗体系问题后，从短期与中长期两个阶段提出改革策略与治理方向。[①]此外，基层社会治理也成为学者们的重要研究对象。有学者从制度、法治、技术和效能四大层面提炼后疫情时代基层社会治理的优化路径。[②]也有研究从应急保障角度提出，后疫情时代应进一步加强生态、粮食、居住与产业四大安全之治。[③]

4.公共卫生危机中的数据治理。其关键词包括"健康码""数字化转型""数字经济""大数据治理""区块链""人工智能"等。以健康码为代表的技术产品被广泛运用于数字化公共卫生治理，引起了学界重视。在此视角下，研究者主要分析大数据技术创新的形成机制、风险及其改进建议。有学者认为政府在数据治理中扮演着政策制定者与数据使用者两种角色。[④]也有学者思索技术创新的条件，认为弹性化制度、高超的应变能力与领导能力促成了应急管理中的创新。[⑤]不同的是，有的学者关注的是技术治理带来的风险与挑战，指出其存在的最大隐患是"被动监管俘获"[⑥]，提出了加快政府数字化转型与产业互联网建设等政策建议。[⑦]

[①] 张录法：《后疫情时代城市分级诊疗体系：改革方向与治理策略》，《南京社会科学》2020年第4期。

[②] 范和生、郭阳：《标准化治理：后疫情时代基层社会治理的实践转向》，《学术界》2020年第11期。

[③] 严金明、赵哲、夏方舟：《后疫情时代中国"自然资源安全之治"的战略思考》，《中国土地科学》2020年第7期。

[④] 郑磊：《政府在数据治理中的两种角色：政策的制定者和数据的使用者》，《探索与争鸣》2020年第11期。

[⑤] 史晨、耿曙、钟灿涛：《应急管理中的敏捷创新：基于健康码的案例研究》，《科技进步与对策》2020年第16期。

[⑥] 方兴东、严峰：《"健康码"背后的数字社会治理挑战研究》，《人民论坛·学术前沿》2020年第16期。

[⑦] 吴静、张凤、孙翊等：《抗疫情助推我国数字化转型：机遇与挑战》，《中国科学院院刊》2020年第3期。

5.基层社区中的卫生治理。关键词包括"社区治理""社区防控""社区参与""网格化管理""基层治理"等。城乡社区是防范卫生风险与阻止传染源扩散的基础防线，处于公共卫生危机治理的第一线。针对社区公共安全治理，学者们提出了不少见解。有学者认为社区能否控制传染病取决于主体参与、制度机制与资源配置是否有效。[①]也有学者探索社区应急治理的问题与挑战，从社区人员流动、物资供应、特殊弱势群体等视角提出优化途径。[②]还有学者专注于社区重点人群管控研究，例如，有研究将流动人口分为建筑业从业人口、商业服务业从业人口以及制造业从业人口，分别提出不同的管控策略。[③]

三、基本结论与研究展望

健康中国是社会发展的主要目标之一，健全完善卫生健康体系、增强应对突发公共卫生事件能力、防范化解重大卫生风险的需求，促使公共卫生治理现代化研究成为近年来备受关注的社会科学研究主题。笔者借助中国知网文献数据和CiteSpace软件，总体描述了公共卫生管理的研究轨迹，得知此领域的核心内容包括应急管理、全球治理、后疫情时代反思等，展现了已有研究的整体景象，期待成为后续相关研究的指南针。为进一步织密突发公共卫生事件管理研究网络，在进一步提高公共卫生管理学术研究领域的系统性与持续性的同时，未来应从以下两方面深入推进：一方面，公共卫生事件不仅是一个医学问题，更是一个国家的应急管理制度体系问题与社会治理问题。抗疫是一场面向治国者的大考。纵观习近平总书记亲自部署、亲自指挥下的举国战疫过程可知，公共危机的精准阻截和防控、医疗物资资源的高效调配以及群体抗疫防线的及

---

① 易外庚、方芳、程秀敏：《重大疫情防控中社区治理有效性观察与思考》，《江西社会科学》2020年第3期。

② 唐燕：《新冠肺炎疫情防控中的社区治理挑战应对：基于城乡规划与公共卫生视角》，《南京社会科学》2020年第3期。

③ 吴晓、张莹：《新冠肺炎疫情下结合社区治理的流动人口管控》，《南京社会科学》2020年第3期。

时搭建等战略成果都离不开政党主导、属地为主、上下协作、复合联动、政社共治的应急组织体制，离不开依法防控，离不开基层社区的科学施策与精细管理，也离不开中华民族长期形成的特质禀赋和文化基因，是爱国主义、集体主义、社会主义精神的传承和发展。因此，应更多从政治学、管理学、社会学视角看待与研究公共卫生危机，丰富公共卫生管理在整个应急管理领域中的研究成果，为社会贡献有关公共安全治理的良策。另一方面，重大突发公共卫生事件的应对不能局限于技术管理逻辑，更应深入常态化社会治理之中，将常态化治理与非常态化治理相互衔接、相互转换，特别是当进入统筹疫情防控与经济社会发展的常态化时期，非常态化的社区管控需要转向常态化社区治理，应当挖掘和承继非常时期的治理经验并转化为常态化时期的制度化机制，形成常规治理能力。具体而言，应促进社会治理现代化，坚持党的全面领导，统筹推进应急处置与风险防范，处理好社区精控与社区自治的关系，推动社区团结。总之，后续研究应从医药科技、应急管理与社会治理等综合视角剖析重大公共卫生危机，从理论角度回应实践需求，共同织牢国家公共卫生防护网。

第三节 "体系-过程-效能"的分析框架与方法进路

一、分析框架："体系-过程-效能"

党的十九届四中全会提出，要"构建系统完备、科学规范、运行有效的制度体系，加强系统治理、依法治理、综合治理、源头治理，把我国制度优势更好转化为国家治理效能"①。这看似简单的一句表述，实则蕴含着深刻的治国智慧，它实际上道明了一种"体系-过程-效能"的制度运作逻辑，即只有通过一系列复杂的治理运作、制度运转过程，才能将制度体系的优势转化为实实在在的治理效能。应急管理作为国家治理的组成部分，同样需要在科学健全的应急管理体系下，通过应急管理全过程积累经验、发挥优势、释放效能、克服危机，因此，本书在总体上遵循"体系-过程-效能"的分析框架，支撑后续各章节的基本分析理路②，以下对这一框架中的三元构成进行简要的理论性分析。

（一）体系与制度逻辑

在国家治理实践中，"治理体系呈现为一系列具体的关于规范政府行为、社会举措、市场行动以及个体表现的制度、规则与程序，是一个涉及经济、政治、文化、社会、生态等诸多方面的整体性运行系统"③。因此，治理体系的本质是制度，国家治理事实上是制度治理，治理体系及其对治理效能作用的分析和解释效度，主要源自制度的逻辑。我们认为，从制度入手进行治理体系的分析，主要体现在三个方面，分别是制度本身体现的正当性逻辑、制度对国家治理的功能逻辑和制度分析引发的延伸逻辑。

其一，制度本身体现的正当性逻辑。制度"是一套基于既有的规则、程序来调节个人和（或）群体的行为的持久而稳定的安排"④，因此，政治制度经常作为国家机器的构成，采取具有强制性、明确性、正式性的

---

① 《中共中央关于坚持和完善中国特色社会主义制度 推进国家治理体系和治理能力现代化若干重大问题的决定》，《人民日报》，2019年11月6日。

② 当然，每章研究的问题有其特殊性，研究过程中纳入分析的主体、要素等结构会有相应的调整，不可能完全死板地套用这一分析框架，该框架更多是一种伸缩性、包容性较强的指导性分析思路。

③ 陈进华：《治理体系现代化的国家逻辑》，《中国社会科学》2019年第5期。

④ [英]安德鲁·海伍德：《政治的密码》，吴勇译，北京：中国人民大学出版社，2016年版，第88页。

规则和决策程序，对公民个人和社会组织产生影响。制度特别是政治制度之所以能产生这种"持久而稳定"的影响，是因其彰显的是马克斯·韦伯所说的法制型支配或称法理型正当性，相对于传统型支配和卡里斯玛型支配，法制型支配依赖的是"人对法规成文条款之妥当性的信任、对于按照合理性方式制定的规则所界定的事务性（sachliche）'职权'的妥当性有其信任"①。国家形态从传统国家向现代国家转变的过程，其实也是一个权威或正当性形态不断变换的过程，现代民主和法治国家一般都把法理型正当性作为统治的合法性类型，而不再"基于人治，不是基于皇权、神权，或者全能的领导者"②，推进国家治理体系现代化，实际上就是在推动国家支配正当性上的根本性转捩。在这一"除魅"和建设过程中，必须高度重视治理体系的合法性或正当性，如治理体系的形式正当性、实质正当性和认同正当性。③

其二，制度对国家治理的功能逻辑。马克思认为，作为上层建筑，国家制度是建立在经济基础之上的，"生产关系的总和构成社会的经济结构，即有法律的和政治的上层建筑竖立其上并有一定的社会意识形式与之相适应的现实基础"④。而国家制度的建构和不断完善，反过来也会对社会经济产生重要影响，这就是恩格斯所说的经济运动"也必定要经受它自己所确立的并且具有相对独立性的政治运动的反作用，即国家权力的以及和它同时产生的反对派的运动的反作用"⑤。制度的这种能动作用是多方面的，制度经济学认为，有效率的经济组织是经济增长的关键，这种有效率的经济组织在西欧的发展是西方兴起的原因所在，而这个有

①[德]马克斯·韦伯：《学术与政治》，钱永祥等译，桂林：广西师范大学出版社，2010年版，第201页。

②杨开峰等：《中国之治：国家治理体系和治理能力现代化十五讲》，北京：中国人民大学出版社，2020年版，第4页。

③刘建军：《和而不同：现代国家治理体系的三重属性》，《复旦学报》（社会科学版）2014年第3期。

④《马克思恩格斯文集》（第二卷），北京：人民出版社，2009年版，第591页。

⑤《马克思恩格斯文集》（第十卷），北京：人民出版社，2009年版，第597页。

效率的经济组织的支撑，就是"在制度上作出安排和确立所有权以便造成一种刺激，将个人的经济努力变成私人收益率接近社会收益率的活动"①。政治学者更是对制度研究情有独钟，马奇、奥尔森就批判性地指出，那种认为政治行为无关乎制度的观点是错误的，"政治生活中的组织机构至关紧要，制度影响到历史的进程……对政治制度作用的认同促成了积极的政治学理论，对政治制度的理解促成了政治制度的规范化评价和设计"②。党的十八届三中全会提出国家治理现代化理念与目标后，制度之作用得到国内学界广泛重视，现代国家制度建设被视为中国国家治理能力现代化的首要前提和国家治理现代化的基本路径③，国家治理现代化的实质和根本是"制度现代化"④。

其三，制度分析引发的延伸逻辑。制度的合法性及其功能只是从规范和宏观层面证明了制度对国家治理的价值，但制度支撑的治理体系的外延是什么？体系内部如何自洽？治理体系又如何发挥制度优势并将其转化为治理效能？这些是制度分析必然的逻辑延伸。这方面学者们的分析较多，分析视角呈现多样化态势，例如，治理体系的构成逻辑，这取决于研究者自己的界定和划分，比较常见的是采取政府-市场-社会系统三分的方式，并在此划分基础上不断增加治理体系内部的复杂性和多面性。⑤又比如，制度系统的环节逻辑，学者黄建军就聚焦了这一延伸逻辑，他认为制度建

① [美]道格拉斯·诺斯、罗伯斯·托马斯：《西方世界的兴起》，厉以平、蔡磊译，北京：华夏出版社，2009年版，第4页。

② [美]詹姆斯·G·马奇、[挪]约翰·P·奥尔森：《重新发现制度：政治的组织基础》，张伟译，北京：生活·读书·新知三联书店，2011年版，第159页。

③ 李放：《现代国家制度建设：中国国家治理能力现代化的战略选择》，《新疆师范大学学报》（哲学社会科学版）2014年第4期。

④ 包心鉴：《制度现代化：国家治理现代化的实质与指向》，《社会科学研究》2015年第2期。

⑤ 这方面文献非常丰富，可参见俞可平：《论国家治理现代化》，北京：社会科学文献出版社，2014年版，第3页；许耀桐、刘祺：《当代中国国家治理体系分析》，《理论探索》2014年第1期；陈顺伟：《论国家治理体系结构的现代化》，《学术论坛》2015年第8期；郑吉峰：《国家治理体系的基本结构与层次》，《重庆社会科学》2014年第4期。

构、制度权威、制度执行和制度自信四个环节相互渗透，形成螺旋式上升的延伸逻辑体系，与制度功能共同构成国家治理现代化的制度逻辑。[①]再比如，制度的层次逻辑，国家治理体系是一套"制度丛结"，制度丛或制度群中不同制度处于不同层次和位阶，对国家治理的支撑和影响权重也是有差异的。[②]由于党的十九届四中全会有"突出坚持和完善支撑中国特色社会主义制度的根本制度、基本制度、重要制度"的明确表述，因而有关国家治理的制度体系层次，在后续研究的表述上逐渐趋于一致。当然，制度分析的延伸逻辑还有很多，限于篇幅，这里不再赘述。

（二）过程与机制阐释

近代以来，我国就被拉入世界现代化的进程中，追寻现代化成为中华民族复兴道路上始终不渝的主题。继追求工业、农业、国防和科学技术"四个现代化"后，党的十八届三中全会适时提出了"推进国家治理体系与治理能力现代化"的目标，被学界称为中国的"第五个现代化"[③]。党的十九届四中全会则更是专题研究坚持和完善中国特色社会主

---

① 黄建军：《中国国家治理体系和治理能力现代化的制度逻辑》，《马克思主义研究》2020年第8期。

② 例如，赵宇峰、林尚立采取的是根本制度与基础制度的二分法，燕继荣采取的是基础制度、基本制度和具体制度的三分法，后者与党的十九届四中全会的相关表述有差异，不过内涵大体一致。参见赵宇峰、林尚立：《国家制度与国家治理：中国的逻辑》，《中国行政管理》2015年第5期；燕继荣：《现代国家治理与制度建设》，《中国行政管理》2014年第5期。

③ 参见罗平汉、方涛：《从"四个现代化"到"第五个现代化"——中国共产党现代化思想的演进轨迹》，《探索》2014年第5期；李景鹏：《关于推进国家治理体系和治理能力现代化——"四个现代化"之后的第五个"现代化"》，《天津社会科学》2014年第2期；许耀桐：《法治 德治 共治 自治 "第五个现代化"独特内涵与历史轨迹》，《人民论坛》2014年第10期；景跃进、孙柏瑛、何增科等：《专家圆桌："第五个现代化"启程》，《人民论坛》2014年第10期；贾立政、陈阳波、魏爱云等：《关于"第五个现代化"的讨论 国家治理现代化——马克思主义国家理论的重大创新、重大突破》，《人民论坛》2014年第10期；虞崇胜、唐皇凤：《第五个现代化：国家治理体系和治理能力现代化》，武汉：湖北人民出版社，2015年版；俞可平：《国家治理的中国特色和普遍趋势》，《公共管理评论》2019年第1期。

义制度、推进国家治理体系和治理能力现代化问题，深刻回答了"坚持和巩固什么""完善和发展什么"的重大政治问题。但国家治理现代化各项要求和目标的实现，需要一个加强"综合治理、系统治理、依法治理、源头治理"的过程，这个过程也是"把我国制度优势更好转化为国家治理效能"的过程。这表明，治理体系现代化需要通过系统化过程来实现，没有对制度体系的有序、有机和有力的执行过程，治理体系就会成为虚空和摆设，制度优势就无法发挥，治理效能也就无法释放。前文所述制度分析的延伸逻辑其实已经引出治理体系产生治理效能的问题，这在某种程度上是一个打开政治系统之箱的过程，过程研究已成为治理现代化研究不可或缺的一环。就本书而言，过程研究和机制阐释主要体现为侧重应急管理流程的"过程-机制"、侧重治理主体互动的"过程-机制"以及侧重作为研究方法的"过程-机制"，当然，这三类过程与机制不是绝然分开的，而是在分析中紧密联系、相互支持的。

其一，侧重应急管理流程的"过程-机制"。应急管理是一项从风险预警到危机缓解再到灾后评估的全过程管理活动，根据《中华人民共和国突发事件应对法》，突发事件应对过程分为预防与应急准备、监测与预警、应急处置与救援、事后恢复与重建四大环节。基于应急管理的全周期特征，理论界在界定应急管理机制时倾向于以过程为主线，例如，钟开斌将应急管理机制界定为"突发事件预防与应急准备、监测与预警、应急处置与救援以及善后回（恢）复与重建等全过程中各种制度化、程序化的应急管理方法与措施"①。张海波基于应急管理全过程均衡的思路，提出"6+1"全过程应急机制框架，即同时强调准备、预防、减缓、响应、恢复、学习六项分阶段机制和监测这一跨阶段机制。②因此，这里的机制是紧密附着在应急管理流程上的机制，特指在特定环节应急管理

---

① 钟开斌：《"一案三制"：中国应急管理体系建设的基本框架》，《南京社会科学》2009年第11期。

② 张海波：《应急管理的全过程均衡：一个新议题》，《中国行政管理》2020年第3期。

主体实施应急政策、开展应急活动的相对制度化的方法。这种界定和理解方式，与应急管理实践结合较紧密，运用于案例分析中能更好地展示地方应急管理经验与过程。

其二，侧重治理主体互动的"过程-机制"。"总体性社会"治理模式在改革开放的冲击下逐渐瓦解，随着市场经济快速发展、公共领域日渐增长且影响力不断扩大，包括应急管理在内的国家治理已不再是党政机构单一管控的传统模式，治理系统内的参与主体不断多元化，党委和政府的管理方式也在悄然发生变化，党领导下的多元主体协同共治的格局正在不断迈开步伐。这种治理的变革自然就会带来不同于应急管理过程性机制的另一种机制——多元主体互动机制。互动式治理认为，现代治理应当是等级机制、市场机制、社会机制等多重机制的融合互动①，当然这是一种理想类型，研究者理应回到问题和现实，观察治理链条上的各类主体是否契合这种理想以及接近的程度。因此，这里的机制是基于现实情况而在理论上进行归纳和提炼的，需要一定的想象力和归纳能力。

其三，侧重作为研究方法的"过程-机制"。需要特别说明的是，在社会科学研究领域，过程研究通常是与机制的解释性分析紧密结合在一起的。赵鼎新教授认为："理想的社会科学研究状态应是一个以机制为基础的，在带有一定哲学色彩的理论指导下的实证研究。"②这里的机制指的是"联结起始条件与最终结果之间的一系列因果关联的事件与过程"③，机制解释离不开对特定关系作用过程的记述和分析。因此，作为方法的"过程-机制"带有浓厚的实证解释色彩，即弥补量化研究只能研究变量关系而无法探究变量间作用机制的漏洞，通过质性方法探寻变量间作用的具体过程与机制，揭开特定现象何以发生的"黑箱"。以国家治

---

① 顾昕：《走向互动式治理：国家治理体系创新中"国家-市场-社会关系"的变革》，《学术月刊》2019年第1期。

② 赵鼎新：《社会与政治运动讲义》，北京：社会科学文献出版社，2012年版，第13页。

③ 魏海涛：《社会学中的机制解释——兼评〈儒法国家：中国历史的新理论〉》，《社会学评论》2017年第6期。

理效能为例，影响因素当然很多，但特定因素的作用机制则需要认真观察和分析，正如王浦劬、汤彬所说："国家能力的资源要素只有经过特定机制的加工和转化，才能被整合、形构为国家治理能力本身。"①对于应急管理效能而言，不仅是通过数据找寻影响应急效能的因素，更重要的是要找到这些关系如何发生的机制，从而为更好地掌握应急管理规律提供科学认知。

（三）效能与政治责任

治理效能是国家能力的一部分，或者说是国家能力施于特定客观事务或环节的最终绩效表现。新冠疫情这一人类百年来的全球性疾病大流行，考验的是国家公共危机应对能力。弗朗西斯·福山在《政治秩序的起源：从前人类时代到法国大革命》中提出了现代政治制度的三大重要组件：国家、法治、负责制政府。②对于最后一个组件——负责制政府，福山主要是从程序民主的视野和意义来探讨的，他指出："正式的负责制只是程序上的：政府愿意屈服于限制其随心所欲的机制……今天，程序上负责制的主要形式是选举，其中最好的是成人普选的多党选举。"③不过福山自己也承认，"负责制也可是实质性的：统治者没有受制于程序性负责制，仍可对广泛的社会利益做出回应"④。真正的民主制必然是程序民主与实质民主的统一，特别是后者，它关乎民主的真实性和分配结果的正义性。正如习近平总书记一针见血地指出的那样，"民主不是装饰品，不是用来做摆设的，而是要用来解决人民需要解决的问题的……如

---

① 王浦劬、汤彬：《论国家治理能力生产机制的三重维度》，《学术月刊》2019年第4期。

② [美]弗朗西斯·福山：《政治秩序的起源：从前人类时代到法国大革命》，毛俊杰译，桂林：广西师范大学出版社，2014年版，第395页。

③ [美]弗朗西斯·福山：《政治秩序的起源：从前人类时代到法国大革命》，毛俊杰译，桂林：广西师范大学出版社，2014年版，第289页。

④ [美]弗朗西斯·福山：《政治秩序与政治衰败：从工业革命到民主全球化》，毛俊杰译，桂林：广西师范大学出版社，2015年版，第20页。

果人民只有在投票时被唤醒、投票后就进入休眠期，只有竞选时聆听天花乱坠的口号、竞选后就毫无发言权，只有拉票时受宠、选举后就被冷落，这样的民主不是真正的民主"①。

因此，负责制政府或民主责任制不仅仅体现为选举民主的程序性权力授予，还体现为反映人民诉求、关心人民疾苦、表达人民利益、全力为人民服务等实质性负责。王绍光把前一种称为政体思维，把后一种称为政道思维，他指出："民主既可以从政体的角度看，也可以从政道的角度看。从政体的角度看，民主的关键在于，政府是否由竞争性的选举产生。从政道的角度看，民主的关键在于，政府能在多大程度上回应人民的需求。从这个意义上说，中国的体制对于人民的需求具有回应性，就是政道思维所理解的民主。"②中国共产党带领全国各族人民抗击新冠疫情，发起抗击疫情的人民战争、总体战和阻击战，始终坚持以人民为中心的新发展理念，以保障人民生命安全和身体健康为最大追求和目标，充分彰显了我们党和政府的人民至上的政治责任观念。防控效能不仅体现为对疫情的阻断和疾病的有效诊治，还体现为疫情期间和后疫情时代经济社会的有序发展。因此，本书后续各章节中均有不同维度、层面和环节的有关防控效能的内容，目的是展现治理体系和过程的最终绩效。当然，对于治理绩效，有的我们利用间接资料的内容分析展现，有的则是直接运用问卷调查法搜集第一手数据并进行数理统计分析呈现。

二、研究方法

本书既采用了实证主义方法，通过具体、客观的观察得出相关结论，同时，还运用了人文主义方法，发挥笔者在研究过程中的主观能动性，对复杂应急管理现象作探索性研究。

在资料收集环节，笔者主要运用了如下研究方法：

---

① 《习近平谈治国理政》（第四卷），北京：外文出版社，2022年版，第258—259页。

② 王绍光：《中国·政道》，北京：中国人民大学出版社，2014年版，第109页。

一是文献法。基于此研究方法，笔者需要地毯式地收集以下三类文献：政府公布的法律法规、政策文件和指导意见等资料，与研究主题相关的论文、著作等学术成果，发表于大众传播媒体上的材料。在本书的多个章节中，读者都能看到这三类文献。我们收集了大量应急管理相关的政策文本，研读了其他学者的研究成果，从报纸、网络报道中挖掘应急主体的行动轨迹，寻找研究的创新点，总结应急行动规律。

二是访谈法。访谈法是实地研究中一个非常重要的方法，它是"根据大致的研究计划在访问者和受访者之间的互动，而不是一组特定的、必须使用一定的字眼和顺序来询问的问题"①。访谈法具有独特的优点，可以帮助研究者探析较为复杂的问题，特别是隐藏在变量关系背后的发生机制问题。疫情防控的过程特别是基层的具体运作过程，需要贴近实地展开调查，深度访谈就是一种比较实用的方法。我们针对社区防疫中的经验及问题、疫情期间公民参与等内容的研究，运用了访谈法，设计了半开放式访谈提纲，对社区"两委"（社区党委和社区居委会）干部、党员、楼栋长、志愿者、居民等，展开了深度访谈，搜集质化研究资料并进行整理分析。

三是观察法。欲达到对研究对象实际运作过程的解密，必须对研究对象进行整体观察和深度解剖，参与式观察法能起到这种作用。我们针对社区抗疫、社会组织助力抗疫、社会救助推进抗疫等内容的研究，运用了参与式观察法。笔者经常利用政策咨询、能力培训等机会，深入社区、社会组织和民政等部门疫情防控现场，观察和记录这些主体和场域中抗击疫情的重要内容和过程。

四是问卷调查法。作为社会研究中最为常见的一种研究方式，"调查研究指的是一种采用自填式问卷或结构式访问的方法，系统地、直接地从一个取自某种社会群体的样本那里收集资料，并通过对资料的统计分

---

① [美]艾尔·巴比：《社会研究方法》，邱泽奇译，北京：华夏出版社，2009年版，第304页。

析来认识社会现象及其规律的社会研究方式"①。社会科学研究在很大程度上是要追求对客观研究对象及其规律特征的解释的，对于疫情抗击过程中公民参与等问题，我们根据自己的分析框架、变量测量思路等设计调查问卷，利用互联网平台、专业的调查软件等进行数据搜集，并输入统计软件进行量化统计，分析变量间的关系，提出了自己的解释路径。

在研究逻辑展开和具体的分析环节，主要运用了如下研究方法：

一是制度分析法。所谓制度分析，是指"通过分析制度的起源、本质、构成、变迁及其在社会经济、政治发展中的作用解释社会发展的动力、功能、规律并探索社会发展道路的一种研究方法"②。对制度体系、治理体系的分析，需要高度关注制度，通过剖析组织系统内的基本运行规则，能深入了解相关组织活动的状况及其作用。对地方应急体制、社区抗疫模式、社会组织参与抗疫、疫情与社会救助等进行分析的过程中，笔者均运用了制度分析的方法，辨别和剖析各类正式制度设计与民间非正式行动规则在抗击疫情中的实践及作用。此外，较多的对策建议更倾向于从制度层面进行设计，同样也有明显的制度分析色彩。

二是案例分析法。在样本数量有限甚至只有一个的情况下，案例分析法是非常重要的研究方法。本书第二章对安徽省疫情应急治理的研究，就是一个典型的个案研究，此外，在其他章节中我们针对特定内容的研究都结合了对应的案例或实例。例如，为更好地展示地方应急管理中动员效能如何激发的问题，第三章就选取了一个街道作为个案，从多个维度对应急动员进行分析。当然，本书运用案例分析法并非为了堆砌冗长的经验资料，而是秉持着学界所说的追求"产出知识"③，具有一定的理论导向。以安徽省疫情治理个案为例，我们追求的是对已有应急管理体制理论分析架构的拓展，并在安徽省疫情防控绩效中检验了这一新的分

---

① 风笑天：《社会研究方法》（第四版），北京：中国人民大学出版社，2013年版，第143页。

② 陈振明主编：《社会研究方法》，北京：中国人民大学出版社，2011年版，第55页。

③ 张静：《案例分析的目标：从故事到知识》，《中国社会科学》2018年第8期。

析架构。

三是量化分析法。本书运用社会科学分析软件对收集到的数据或文献资料进行统计分析，并得出相关总结和评论。一方面，本书运用了文献计量分析的方法，将已有文献的多种外部特征作为研究对象，基于数学相关定律和技术手段来分析已有研究的现状和相关发展趋势。即前述以"突发公共卫生事件""疫情""传染病"等为主题进行检索，获得了中国知网期刊数据库中2001—2020年的公共卫生应急管理领域的论文，并运用 Citespace 软件进行文献计量分析，了解已有研究成果的分布特征、发展变化、研究热点，点明了后续研究的方向与切入点。另一方面，在公民参与相关问题研究中，本书在录入、整理问卷调查资料后，再运用 SPSS 社会科学分析软件分析数据，最终探究出公共卫生应急管理中公民参与的影响因素。

第四节　基本概念与体系脉络

一、若干概念

（一）突发公共事件与突发公共卫生事件

根据《中华人民共和国突发事件应对法》第二条的规定，突发事件"是指突然发生，造成或者可能造成严重社会危害，需要采取应急处置措施予以应对的自然灾害、事故灾难、公共卫生事件和社会安全事件"。突发公共卫生事件是突发公共事件的一种，《国家突发公共事件总体应急预案》对突发公共卫生事件进行了明确界定，主要包括传染病疫情，群体性不明原因疾病，食品安全和职业危害，动物疫情，以及其他严重影响公众健康和生命安全的事件。很显然，新冠疫情是典型的重大突发公共卫生事件。

（二）国家治理与应急管理

党的十八届三中全会首次提出"推进国家治理体系和治理能力现代化"这个重大命题，"国家治理体系是在党领导下管理国家的制度体系，包括经济、政治、文化、社会、生态文明和党的建设等各领域体制机制、法律法规安排，也就是一整套紧密相连、相互协调的国家制度"①。应急管理常常和国家治理相挂钩，一般认为，应急管理体系与能力是国家体系与能力的重要组成部分。正如习近平总书记所强调的那样："这场抗疫斗争是对国家治理体系和治理能力的一次集中检验。要抓紧补短板、堵漏洞、强弱项，加快完善各方面体制机制，着力提高应对重大突发公共卫生事件的能力和水平。"②

作为国家治理的下位概念，应急管理有广义与狭义之分。从狭义上看，应急管理特指风险存在后，政府以监测预警（避免风险转化成突发事件）为起点，在事前、事发、事中、事后全过程中所采取的一系列管理活动，包括监测预警、信息报告、应急响应、应急处置、恢复重建及调查评估等。③当管理的紧迫度与力度更为强大时，应急管理便上升为危机管理，也就是说狭义的应急管理包含危机管理。此类管理应对的是影响大、时间长、伤亡或损失特别严重，对经济社会造成极端恶劣影响的特别重大突发事件。在现实需求与《中华人民共和国突发事件应对法》等法律法规的明确指引下，主动预防突发事件成为重中之重。风险管理备受关注，成为与狭义的应急管理并列的概念。风险管理是指对风险进行识别、分析、评估与处置，其管理的起点不再是遏制已存在的潜在危

---

① 《习近平谈治国理政》（第一卷），北京：外文出版社，2018年版，第91页。
② 《习近平谈治国理政》（第四卷），北京：外文出版社，2022年版，第105页。
③ 闪淳昌、薛澜：《应急管理概论：理论与实践》（第2版），北京：高等教育出版社，2020年版，第91—92页。

害，而是前伸至风险源（导致风险后果的因素或条件的来源），是危机预防基础上的"关口再前移"①。而广义的应急管理包含了风险管理、危机管理等概念。几者的区别如图1-4所示。

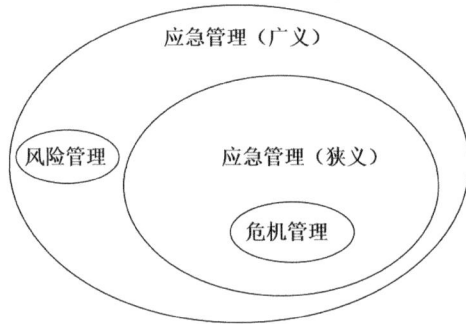

图1-4　应急管理、风险管理与危机管理概念关系

新中国成立以来，我国应急管理的发展历程具有制度化、体系化、综合化的趋势。这一发展历程中的重要节点分别为中华人民共和国成立、改革开放、2003年"非典"暴发、2018年应急管理部设立。在这个过程中，我国的应急管理从单灾种被动应对、临时协调，转变为建设"一案三制"应急管理体系，再到以应急管理部为核心，多方协调配合。②然而，不管应急管理历程产生怎样的转变，其都以突发事件为中心，具有鲜明的公共性，同时兼具宏观与微观管理。③

（三）社会治理与社会治理现代化

党的十八届三中全会在提出国家治理体系和治理能力现代化的基础上，首次提出了"社会治理"概念。国家治理与社会治理之间属于包含与被包含的关系，国家治理概念的包容性更强、外延更大，社会治理是

---

① 张小明主编：《突发事件风险管理》，北京：中国人民大学出版社，2018年版，第4页。

② 杨月巧主编：《新应急管理概论》，北京：北京大学出版社，2020年版，第17—24页。

③ 李雪峰等：《应急管理通论》，北京：中国人民大学出版社，2018年版，第26—28页。

国家治理的重要组成部分。根据王浦劬的界定，社会治理实际上是指"治理社会"，结合我国国情，"社会治理是指在执政党领导下，由政府组织主导，吸纳社会组织等多方面主体参与，对社会公共事务进行的治理活动"①。而社会治理现代化是指社会治理体系现代化与治理能力现代化，其基本理念即治理主体多元、治理向度互动、治理本质分权、治理观念现代和治理方式法治。②

社会治理的实际效果怎么样、有什么特色等，就涉及全球各个国家的社会治理底色、独特性和治理绩效问题。此处不能不提及"中国之治"这一表述，党的十九届四中全会所作的《中共中央关于坚持和完善中国特色社会主义制度 推进国家治理体系和治理能力现代化若干重大问题的决定》被学界认为是呈现中国之治的重要制度文本。学界一般将中国之治界定为"政党之治""大国之治""人民之治""文明之治"③，笔者认为，中国之治是一个庞大的系统，其中可以细分出中国的政党之治、政府之治、社会之治、市场之治、基层之治等。由于社会对国家的根本性和长远性影响，有学者指出，"从'经国序民、泽被民生'的长期愿景看，'中国之治'的根基是社会治理现代化。在新时代，社会治理共同体的建设是构筑'中国之治'的基础"④。本研究侧重中国之治的社会面向和维度，是指党、政府、社会组织、公民等主体基于多元共治的理念，对社会变迁中呈现出的社会问题进行有效的协作治理，并在这一过程中实现维护社会和谐稳定、保障社会公共利益、彰显社会公共价值等目标。当然，社会之治与国家治理系统内要素是息息相关的，强调中国社会之

---

① 王浦劬：《国家治理、政府治理和社会治理的含义及其相互关系》，《国家行政学院学报》2014年第3期。

② 徐猛：《社会治理现代化的科学内涵、价值取向及实现路径》，《学术探索》2014年第5期。

③ 王义桅、张鹏飞：《论"中国之治"的内涵、特点及进路》，《新疆师范大学学报》（哲学社会科学版）2020年第2期。

④ 黄建洪、高云天：《构筑"中国之治"的社会之基：新时代社会治理共同体建设》，《新疆师范大学学报》（哲学社会科学版）2020年第3期。

治，绝不意味着剔除党、政府、市场这些概念要素和内容，这一点在上一节的分析框架中已有论述，此处不再重复。

二、内容框架

从理想层面来看，新时代加强和创新社会治理的目标是要坚持和完善共建共治共享的社会治理制度，"完善党委领导、政府负责、民主协商、社会协同、公众参与、法治保障、科技支撑的社会治理体系，建设人人有责、人人尽责、人人享有的社会治理共同体"①。对这一体系不可陷入机械的板块思维，要认识到，体系的这些内容和要素实际上是密不可分、相互促进、彼此融通在一个整体系统中的。如果探讨中国的疫情治理，把这些治理要素每一部分硬拉出来单独探讨，经常会如堕雾里、不知所云，与中国的社会治理情境发生龃龉。因此，本书虽然坚持"体系-过程-效能"的分析框架，但并不打算把体系的所有板块拼图都分离出来单独解读，而是聚焦于疫情防控的若干重要方面或重要建设领域，从这些方面、领域或专题中，相对整体地透视这一治理体系及其作用过程、绩效，总结经验教训，提炼治理启示。基于这种研究设计，本书篇章结构主要为：

第一章，风险社会、国家治理与应急管理。本章从风险社会的制度主义研究范式出发，通过集中探讨两位代表学者乌尔里希·贝克和安东尼·吉登斯有关风险社会政治重塑的论述，引出风险社会的新型政治观和社会治理模式更新问题。再结合美国学者弗朗西斯·福山关于疫情与国家治理的一些评论，引导出治理公共危机的国家能力并进而追问国家治理能力的生产问题，阐述本书侧重从"社会治理体系"层面探讨这一问题的理由。同时，介绍本书的"体系-过程-效能"分析框架、若干研究方法和重要概念。

第二章，地方公共卫生应急管理的制度逻辑：体系激活与效能释放。

①《中共中央关于坚持和完善中国特色社会主义制度 推进国家治理体系和治理能力现代化若干重大问题的决定》，《人民日报》，2019年11月6日。

疫情应对是对我国重大突发公共卫生事件应急管理的一次"大考"，鉴于目前学界对国家整体层面有较充分的探讨，相对缺乏地方应急管理的观察和分析，本章以安徽为个案，提出了一个"SME"即"体系（System）－机制（Mechanisms）－效能（Effectiveness）"分析框架，详细描述地方党政体制对国家应急管理政策的有力执行和具体问题的有效处置。从安徽风险防控个案可知，地方应急管理系统展现了较好的应急效能，形成了统筹辖区疫情防控和经济社会发展的局面。安徽个案是整个中国国家治理体系与治理能力现代化进程的缩影，是重大突发公共卫生事件应急管理基本规律的体现，它表明，公共卫生安全治理效能得以释放的密码，其实深藏在地方应急管理的制度治理体系及其执行力之中，通过及时激活由组织体制、基础理念、行动依据和应急保障构成的应急体系，并以动态化、全过程的应急机制为中轴进行持续运转，地方政府和社会能够充分发挥制度优势、汇聚强大合力，从而保证实现打赢抗疫战的目标。

第三章，以L街道为例说明基层公共卫生应急管理的能量何以汇聚。现有条块关系下，基层政府面临着权责不对等的尴尬，当突发公共卫生事件袭来时，基层政府究竟如何突破权责不对等进而实现应急管理的兜底效果呢？本章以W市L街道及其"六超工作法"为个案发现，面对突发公共卫生事件时，基层政府在进入非常态应急管理阶段后，以党建为引领，迅速从领导推动、责任包保、组织重塑、志愿动员、应急宣传、特困服务六个方面开展超常规动员和工作分解，进而释放出多维应急管理效能。

第四章，突发公共卫生事件中的社会救助：功能、对象与优化思路。疫情会对社会肌体产生撕裂效应，作为福利大厦的兜底性体系，社会救助是防范化解疫情危机、保护社会的重要制度与屏障。本章聚焦疫情期间各类社会救助对象和对应政策体系，指出我国以政府为主导的多元社会救助体系，针对疫情中的患者、特殊困难群体和一线工作人员这三类群体，提供了医疗救助、临时救助、就业救助、生活救助等一系列救助服务，为维护社会稳定、保障救助对象权益、提升国家应急管理能力，奠定了扎实的基础。为进一步提升重大突发公共卫生事件的社会救助能力，本章最后在救助主体、救助对象、救助方式、救助内容等方面，提出了若干治理启示和建议。

第五章，社区卫生应急管理的中国模式：体系、优势与前瞻。城乡社区是突发公共卫生事件应急管理的基础单元，在公共卫生之治中具有前端和底座的重要地位。中国在应对突发公共卫生事件中取得了重大战略成果，本章着重分析了抗击疫情斗争发起以来，我国城乡社区层面逐步形成的公共卫生应急管理模式，并将其提炼为由先锋性政党、应急响应机制、网格化管理、群防综合体、大数据支撑和共同体意识构成的"一核五元"模式。"一核五元"模式实际上是中国特色社会主义制度和国家治理体系在"社区中国"层面的体现，其比较优势主要集中在政治引领、科学施策、精细管理、协同治理、技术赋能和精神加持六个方面，极大地提升了我国公共卫生应急管理的制度化效能。为构建常态化管理和应急管理动态有效衔接的基层治理格局，本章提出，应在优化治理体系和承继比较优势的基础上，推动社区在政党整合、风险防范、社区自治、社区团结、主体赋权、公共参与等方面的深入拓展和能力提升。

第六章，社会组织在突发公共卫生事件应急管理中的作用：逻辑、体系与路径。社会治理体系中"社会协同"的突出体现和标志就是来自公共领域的社会组织在社会治理中作用的凸显。本章指出，社会组织参与突发重大公共卫生事件应急管理，具有事实、规范、理论与政策的四重合法性。社会组织参与公共卫生危机应对的重大作用，体现为党建引领并推动社会组织自我约束、发挥专长和志愿协同的"三位一体"功能，起到了"复合防控"的效果。针对社会组织参与过程中的若干问题，本章提出，迫切需要在常态时期进行社会治理质量的提升，进而真正构建起中国特色的应急管理社会参与模式。

第七章，社会组织介入医疗群体性纠纷化解：基于协商治理的视野。公共卫生应急管理的对象还包括该领域内群体性纠纷，一旦处理不好往往诱发医疗群体性事件。针对改革过程中医疗群体性纠纷的新特点，本章立足于现代社会治理格局中社会组织日益重要的角色特征，指出由于能够扩充信息沟通与利益表达机制、协商对话机制、信任生产与再生产机制、协同共治机制，社会组织能够推动形成一种协商治理的新模式，从而更好地介入医疗群体性纠纷的化解，提升公共卫生事件应急管理的效能。

第八章，公共卫生应急管理中的公民参与：理论与实证。公民参与是新时代社会治理体系的重要组成部分，这就需要将以人民为中心的新理念融合到社会治理中，提升人民群众在疫情治理中的主体性。本章在"党政-社会-公民"三重分析框架下，分析党政体制、社会交往密度与公民获得感对于公共卫生应急管理中公民参与的实证影响。量化分析表明，公民参与可分为自我防护型参与和协同响应型参与两个层面，制度化参与渠道、干部能力、信息公开、政府回应性、社会交往密度、获得感能正向影响公民总体参与积极性，其中，制度化参与渠道、干部能力、政府回应性、社会交往密度与获得感是推动公民从自我防护型参与转化为协同响应型参与的关键要素。基于这些结论，本章提出，提高公民参与公共卫生治理的水准，应主要从政党整合、制度化参与渠道及信息公开等路径开展。

第九章，公共卫生治理现代化背景下的医保基金监管：法治化路径。医保基金是应对突发公共卫生事件的重要保障，也是国家应急管理能力的重要支撑。以重大突发疫情应急管理为契机，积极推动医保基金监管法治化，具有确保医保基金合法合规使用、提高医疗资源配置效率、增强风险防范和应急能力、提高公共卫生决策质量以及增强社会信任和参与度等多种重要功能。本章通过梳理和分析医保基金监管中存在的问题和不足，侧重以法治化监管为视角，从法治理念、法律规范、监管体系、监管合力、监管队伍、智能支撑等多个维度，提出了医保基金监管法治化的优化路径。

第十章，智慧中国视域下的公共卫生应急管理：效能、风险与政策。

智能科技对公共卫生应急治理具有支撑作用，成为基层社会应急治理的重要组成部分。本章基于"智慧中国"的时代视野，及时跟踪探讨了疫情治理中的代表性智能产品与技术，展示智能抗疫在精准防控、医疗救治、物资管理、信息管理、区域管理、稳定秩序和复工复产复学等多种场景中的应用，提出智能抗疫能够释放出靶向防治、技术增能、透明治理、赋权共治、减负增效、共建共享六重治理效能。针对智能抗疫中技术"绑架"、数字壁垒等潜在风险，本章提出，应在挖掘技术治理优势、巩固治理效能的基础上，进一步促使各主体在治理理念、技术规制、数据共享和信息安全等方面的持续探索与深入拓展。

第二章

地方公共卫生应急管理的制度逻辑：体系激活与效能释放

第一节 问题的提出

现代性的扩张特别是人类社会步入日益高度现代性的阶段,"财富的社会化生产与风险的社会化生产系统相伴"①。由猛兽般的现代性造成的高强度风险呈现全球化趋势,影响着世界上的每一个人。②重大传染病便是其中一种具有严重后果的危机形式,以"非典"、中东呼吸综合征和新冠疫情为代表的突发性公共卫生事件对人类的生命健康、经济发展造成了巨大威胁和冲击,对国家的应急管理体系与能力提出了严峻考验。中国在"大考"中锐意进取,以中国之治的独特优势释放了巨大的治理效能,取得了抗疫的重大战略成果,为世界人民抗击疫情积攒了宝贵的经验,由此也引发了诸多探讨。不过现有研究往往从整体层面研究中国抗疫优势和经验,忽视了中国其实是一个人口规模庞大、地理幅员辽阔、行政链条较长的大国家,在中央和国务院统一指挥与部署下,地方治理体系强有力的政策执行和对复杂问题的灵活有效化解,对于大国治理具有突出的重要性。这是因为,在中国国家治理的常态运作逻辑中,一统体制与有效治理是一对深刻的矛盾,经常表现为"集权死寂"与"放权失控",即当需要统筹的内容越多,治理范围越大,资源和权力重心越向上集中,地方党政有效治理程度就越低;反之,地方便可能处于失控状态。③在重大突发公共卫生事件中,这种矛盾则会更加明显。以公共卫生

---

① [德]乌尔里希·贝克:《风险社会:新的现代性之路》,张文杰、何博闻译,南京:译林出版社,2018年版,第3页。

② [英]安东尼·吉登斯:《现代性的后果》,田禾译,南京:译林出版社,2011年版,第109页。

③ 周雪光:《中国国家治理的制度逻辑:一个组织学研究》,北京:生活·读书·新知三联书店,2017年版,第19页。

应急治理中的预警环节为例，有研究发现，"层级式的预警权限配置"实质上属于中央集权的一种表现，其诱导下级主体追求短期利益，促成了瞒报、谎报等行为的产生。①因此，在中央权威领导与统一部署下的疫情治理中，非常有必要深入到地方党政体制中，考察地方应急管理体系的激活和效能释放的具体过程，为进一步完善国家应急管理体系、推进应急管理现代化提供启示和参考。

第二节　文献回顾与简评

应急管理体系在实践中不断发展的同时，理论界对其也进行了多个维度的探究，积累了一定的学术成果，代表性文献主要分布在如下四个层面：其一，应急管理体系的时序变迁。新中国成立后，以部门为主的单灾种灾害管理模式在取得重大成效的同时，与社会变迁的形势以及人民群众的要求相比，越来越显示出其局限性。改革开放启动、"非典"疫情暴发、党的十八大召开、应急管理部成立、总体国家安全观提出等重要事件或节点，对应急管理体系的调整与优化具有重要促进作用。对此，一些研究关注应急管理体系的历史演变，描绘出中国应急管理体系或体制的发展轨迹②，并得出控制性放权与赋能型协调是这一体系或体制的发展趋势③。其二，"一案三制"体系的理论阐发。"非典"后，我国开启了现代应急管理体系的建设，"一案三制"成为这一体系的核心。伴随应急

---

① 王建学：《论突发公共卫生事件预警中的央地权限配置》，《当代法学》2020年第3期。

② 王郅强、彭睿：《我国应急管理体系建设的演进逻辑：溯源与优化》，《江淮论坛》2020年第2期。

③ 钟开斌：《中国应急管理体制的演化轨迹：一个分析框架》，《新疆师范大学学报》（哲学社会科学版）2020年第6期。

管理实践的发展，不少研究对"一案三制"的概念、关系、特征等进行了深入讨论①，也有部分学者对预案、体制等进行了专门阐释②。其三，多元群体协同治理危机。党的十八届三中全会将治理理念整合到治国理政的顶层设计中，提出了推进国家治理体系与治理能力现代化的目标。在治理理论的强势影响下，部分学者认识到多主体参与在疫情治理中的作用，提出了"韧性治理"③等概念和国家应构建公共卫生应急管理协同治理体系的论点④。其四，困境梳理与路径优化。我国的应急管理体系在应对重大突发公共卫生事件中暴露出不足与短板，学界对其进行了审视，从多个维度揭露出应急管理的问题，提出相应的优化路径。⑤另外，也有学者基于重大风险防范视角，研究城市危机生成的体制根源及改进建议。⑥

　　已有文献开拓了应急管理体系的研究理路，在应急管理体系的演变过程、相关定义、困境与改进建议等方面积累了丰富的研究成果，但在另一些方面仍有拓展的空间。首先，从地方层面展现中国应急管理体系局部版图的研究成果较为缺乏。既有研究主要采取整体视角，对国家应对疫情的经验进行了总体探讨，但忽视了重大疫情中的地方党政行动模

　　① 钟开斌：《"一案三制"：中国应急管理体系建设的基本框架》，《南京社会科学》2009年第11期；钟开斌：《回顾与前瞻：中国应急管理体系建设》，《政治学研究》2009年第1期；闪淳昌、周玲、钟开斌：《对我国应急管理机制建设的总体思考》，《国家行政学院学报》2011年第1期。

　　② 滕五晓：《新时代国家应急管理体制：机遇、挑战与创新》，《人民论坛·学术前沿》2019年第5期；张海波：《应急预案的编制、应用与优化——以〈J省公路交通突发公共事件应急预案〉为案例》，《江苏社会科学》2008年第6期。

　　③ 朱正威、刘莹莹：《韧性治理：风险与应急管理的新路径》，《行政论坛》2020年第5期。

　　④ 韩文龙、周文：《国家治理体系与治理能力现代化视角下构建公共卫生应急管理协同治理体系的思考》，《政治经济学评论》2020年第6期。

　　⑤ 李继伟、徐丽君、王爽：《加快完善我国公共卫生应急管理体系》，《宏观经济管理》2021年第1期；李雪峰：《健全国家突发公共卫生事件应急管理体系的对策研究》，《行政管理改革》2020年第4期。

　　⑥ 周寒、何艳玲：《嵌套结构中的治理偏差：中国城市风险的危机转化》，《南京社会科学》2021年第2期。

式。其次，既有研究时效性不足。为应对这场"新中国成立以来发生的传播速度最快、感染范围最广、防控难度最大的一次重大突发公共卫生事件"①，党和国家在组织体制、应对机制等方面有不少创举，原有的应急管理体系得到了进一步改进与完善，亟须理论界对我国的疫情治理经验进行提炼。最后，较少学者关注治理效能的生成逻辑与评估方式。学界需要探索应急效能的表现形式，进一步探讨应急体系优势转化为治理效能的过程。因此，本书以省域为单位，提炼出一个新的疫情治理分析框架，为探究地方党政体制的应急体系、治理效能的释放等提供基础，再通过个案研究的方法，结合中共中央党史和文献研究院编制的书籍、安徽省官方文件、学者著述、网络报刊等文献资料，对地方党政体制抗击疫情的具体行动过程和经验进行实证剖析与评估。

第三节 "体系-机制-效能"：
一个"SME"分析框架

应急管理体系是指一个机构、一个地区乃至一个国家的应急管理相关要素构成的一个整体。②"非典"疫情后，我国应急管理体系建设主要围绕着"一案三制"展开，然而，这一理论框架具有进一步完善的空间。其一，概念模糊，关系难辨。以应急管理机制的定义为例，高小平将其定义为"行政管理组织体系在遇到突发公共事件后有效运转的机理性制度"③，然而，闪淳昌等则认为应急管理机制是指"涵盖了事前、事发、

---

① 中华人民共和国国务院新闻办公室：《抗击新冠肺炎疫情的中国行动》，北京：人民出版社，2020年版，第3页。

② 李雪峰等：《应急管理通论》，北京：中国人民大学出版社，2018年版，第24页。

③ 高小平：《中国特色应急管理体系建设的成就和发展》，《中国行政管理》2008年第11期。

事中和事后的突发事件应对全过程中各种系统化、制度化、程序化、规范化和理论化的方法与措施"①。上述学者都认同应急管理机制是人类在实践中反复检验后积累下来的有效经验或方法，并且逐渐走向制度化。但是，应急管理机制是否包括突发事件事前环节，学者们的观点不一致。另外，对于"一案三制"四个组成部分之间的关系，学界也未达成共识。例如，在"一案三制"起点问题上，究竟是预案抑或机制，始终存在较大争论。②其二，临时性政策并不突出。在公共卫生之治中，我国已有的应急法制体系与应急预案体系存在针对性不强、操作性弱等问题，从中央到地方各级党委与政府及时颁布的大量政策性文件，起到了重要的指导作用。然而，"一案三制"中的应急法制包括应急管理法律、法规和规章以及具体制度③，并没有突出强调应急政策的重要性。针对上述缺陷，结合公共卫生应急治理实情，学界纷纷提出新的分析框架。比如，学者高小平、刘一弘认为，理念、组织结构性制度、行动程序性制度、维护保障性制度构成了应急管理制度分析框架。④此外，钟开斌基于管理活动的五大基本要素提出，应急管理体系由管理客体、管理主体、管理目标、管理规范、管理保障、管理方法、管理环境七大要素组成。⑤这些理论分析继承并发展了"一案三制"应急管理体系，突出了理念、保障等维度，使得体系的完整性得到了提高，还重新梳理了原有概念，将应急机制转化为行动程序或管理方法。然而，学界缺乏关于应急管理体系的统一定论，同时，较少学者能够进一步思考体系与效能之间的关系，因此存在

①闪淳昌、周玲、钟开斌：《对我国应急管理机制建设的总体思考》，《国家行政学院学报》2011年第1期。

②林鸿潮：《论公共应急管理机制的法治化——兼辨"一案三制"》，《社会主义研究》2009年第5期。

③钟开斌：《"一案三制"：中国应急管理体系建设的基本框架》，《南京社会科学》2009年第11期。

④高小平、刘一弘：《中国应急管理制度创新：国家治理现代化视角》，北京：中国人民大学出版社，2020年版，第3页。

⑤钟开斌：《国家应急管理体系：框架构建、演进历程与完善策略》，《改革》2020年第6期。

进一步补充的空间。

党的十九届四中全会指出，要把我国制度优势更好转化为国家治理效能，如何将制度优势转化为治理效能成为学术界的新议题。国家治理现代化建立在地方对国家政策的有效执行基础上，实现地方疫情治理现代化的关键，在于应急体系是否科学以及治理效能能否得到切实转化。对此，有学者研究得出，只有运行机制的运转才能彰显静态制度体系的显著优势，进而促使其生成治理效能①，即机制成为推动应急体系转化为治理效能的中转轴，离开了体系与机制，治理效能根本无从谈起。基于此，笔者提出了"SME"分析框架（如图2-1所示），即"体系（System）－机制（Mechanisms）－效能（Effectiveness）"，成为重大疫情治理的制度逻辑。

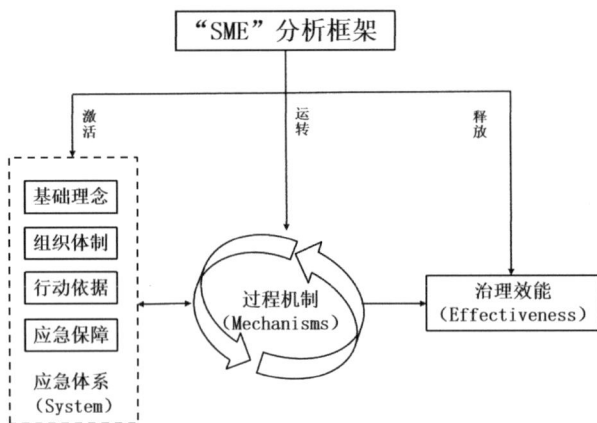

图2-1　重大突发公共卫生事件中的应急治理逻辑结构

在此框架中，应急体系以释放治理效能为目标，狭义的应急体系包括基础理念、组织体制、行动依据、应急保障，广义的应急体系还应涵盖过程机制。为进一步理清概念，凝聚学术共识，笔者对上述概念进行了梳理和明晰：第一，基础理念是应急管理工作的根本目的和核心宗旨，是应急体系的灵魂，是应急管理组织或管理者的终极任务，具有统领性。在疫情初期，应急管理理念能增强"自组织"型指挥系统的导向力、凝

① 邹章华、王英：《我国制度优势转化为治理效能的理论机制与实践进路》，《新疆社会科学》2020年第5期。

聚力、规范性、整合力。①第二，组织体制是指应急管理机构设置及其隶属关系、应急管理权责划分以及为保证应急管理顺利进行而建立的一切组织体系和制度的总称，一个完整的应急管理体制包括行政系统、权力系统与社会系统。②第三，行动依据是指能够指导、约束应急工作人员行为的规范性文件，是各类法律、法规、规章、政策性文件、应急预案、技术标准、规程、指南等的总称。第四，应急保障是指维持突发事件应对活动的各种保障性工作的总称，具体包括人力保障、物资保障、技术保障、产业保障等。第五，过程机制则是指在应对突发事件全过程中所采用的各种制度化、程序化的方法与措施。③第六，治理效能即应急治理所获得的一系列积极效果或正向作用，反映了公共危机治理目标的实现程度、治理对象现状的改善程度。

第四节　地方公共卫生应急管理的体系、机制与效能：以安徽省的考察为例

个案研究是社会科学研究的重要方法。为提高案例的代表性与典型性，需要挖掘特殊事实与一般知识的关联，"高水平的案例研究非常重视社会现象的公共性、可重现性、可预期性、整体性和历史性，尤其是关注社会行为与特定环境的关联"④。因而，为了达到理想的案例分析效果，本书选取安徽省作为考察中国疫情治理的典例。安徽省位于中国中东部，是长江三角洲的重要组成部分，总面积14.01万平方公里，2023年

---

① 李雪峰等：《应急管理通论》，北京：中国人民大学出版社，2018年版，第83页。

② 钟开斌：《中国应急管理体制的演化轨迹：一个分析框架》，《新疆师范大学学报》（哲学社会科学版）2020年第6期。

③ 钟开斌：《"一案三制"：中国应急管理体系建设的基本框架》，《南京社会科学》2009年第11期。

④ 张静：《案例分析的目标：从故事到知识》，《中国社会科学》2018年第8期。

末全省常住人口6121万人，现有合肥、芜湖等16个地级市，9个县级市、50个县、45个市辖区。①本书之所以选取安徽省作为研究对象，主要是基于以下三点考量：第一，防控严峻性。安徽省邻近疫情大规模暴发的湖北省，两省人员流动频繁。疫情发生前，武汉市有500多万人口主要流向安徽省等邻近省份，这使得安徽省疫情防控的压力陡增。第二，统筹艰巨性。2020年，除了对抗百年不遇的重大疫情，进入常态化疫情防控时期，安徽省党政力量还面临恢复经济与社会发展、进行防汛救灾与完成脱贫攻坚的历史任务。第三，应急前瞻性。安徽省在公共卫生之治中达到了理想的效果，展现了"安徽力量"与"安徽效率"。可见，面对多重重大困难，安徽省取得了伟大成就，其抗疫过程是整个国家应急管理体系与能力现代化的重要缩影，具有较强的典型性，具有较高的个案研究价值。

在选定安徽省作为案例分析对象后，笔者根据"SME"分析框架，从应急体系、过程机制和治理效能三大方面展现安徽省应急治理过程。通过梳理相关资料，安徽省的疫情治理行动情况如表2-1所示。

表2-1　安徽省公共卫生应急治理的主要理念与行动

应急治理维度			主要治理理念与具体行动
应急体系	基础理念	党中央	把人民生命安全和身体健康放在第一位、"坚定信心、同舟共济、科学防治、精准施策"的总要求等
		中共安徽省委	"三防三查三加强"，"八严八控"，"三大硬招"，"两手都要硬，两战都要赢"等
	组织体制	政党主导	省委常委会领导省新冠肺炎疫情防控工作领导小组（以下简称"省防控工作领导小组"）；省防控工作领导小组领导省新冠肺炎疫情防控应急综合指挥部（以下简称"省应急指挥部"）
		属地为主上下协作	省、市、县、乡、村五级书记抓疫情防控的组织领导体系
		复合联动	省防控工作领导小组与省应急指挥部作出决策部署、统筹协调；各部门形成专项工作组与专家组
		政社共治	如省红十字会、中国铁路上海局集团有限公司合肥铁路办事处加入了省应急指挥部

---

① 数据来源于安徽省人民政府网（https://www.ah.gov.cn/hfwy/index.html）。

应急治理维度		主要治理理念与具体行动
应急体系	行动依据 基本法	《中华人民共和国突发事件应对法》
	其他法律	《中华人民共和国动物防疫法》《中华人民共和国传染病防治法》等
	行政法规	《突发公共卫生事件应急条例》
	地方性法规	《安徽省突发事件应对条例》
	政策	《安徽省人民政府办公厅关于印发应对新型冠状病毒肺炎疫情若干政策措施的通知》等
	预案	《国家突发公共事件总体应急预案》《安徽省突发公共卫生事件应急预案》等
	技术规范	《防控常识手册》等
	应急保障 队伍	党组织与党员发挥了先锋模范作用；成立专项工作组、专家组、应急救援队伍等
	科技	如截至2020年底，安徽省芜湖市数据资源管理局有效采集信息37万余人，实现重点人员的闭环管理
	物资	如截至2020年2月7日，全省生产了2.2万件医用防护服、95.2万只医用口罩等
	产业	如截至2020年4月底，安徽省重点物资企业共生产了29万件防护服，1200万只医用口罩等
	物流	如截至2020年2月，全省物流行业承运寄递不少于3966吨的疫情防控物资
	经费	全省各级财政均安排了疫情防控资金
	价格	各地市场监管部门检查商家，受理防护用品相关价格投诉举报
	能源	省内电网企业落实"一线一案"措施，新建、改建重点场所的供电设施
	粮食	落实粮食补贴政策，以确保粮食高产
过程机制	预防准备机制	省应急指挥部办公室组织开展了应急预案桌面演练活动，并将冬春季节作为疫情防控的关键期，积极做好各项准备
	联防联控机制	如合肥市肥西县市场监督管理局、商务局、文化和旅游局、应急管理局、城市管理行政执法局、工业和信息化局、教育和体育局等单位相关负责人加入肥西县疫情防控指挥部，协调解决各项工作
	社会动员机制	如阜阳蓝天救援队每日组织人员对集体场所进行消杀；阜阳市企业家协会会员单位积极捐款捐物
	差异防控机制	安徽省以县域为单位，划分疫情等级，将全省县域划分为低风险、较低风险、中等风险、高风险、极高风险5个风险等级

应急治理维度		主要治理理念与具体行动
过程机制	网格管理机制	"十户联保"网格化工作机制，由村包片干部牵头负责，将居住相邻的约10户居民划分为一组，推选一名村民任网格长，负责带领组员对本网格实行联保联控
	责任清单机制	五级书记包保责任制；把"做什么、怎么做、谁去做、什么时候完成、责任人是谁"等内容清单化；实行"一场所一单、一地一单、一日一单、日报日清"的清单管理模式
	信息管理机制	市、县排查数据经党政一把手签字后，于当晚9时上报省应急指挥部办公室；严格做好数据保密工作，发布有关重点人员数据必须由省应急指挥部办公室"一口出"；信息发布实行业务主管部门与宣传部门"双把关"制度
	医疗救助机制	安徽省政府率先向收治新冠确诊病例的医疗机构预拨医保专项救治资金，将确诊患者医疗费用纳入保障范围，后又将疑似病例也纳入保障范围
	恢复重建机制	安徽省政府发布了《安徽省"六稳""六保"财政政策清单》；在"十四五"期间，安徽省计划实施一批中医药重点工程和项目

资料来源：根据中共中央党史和文献研究院编《习近平关于统筹疫情防控和经济社会发展重要论述选编》，中华人民共和国国务院新闻办公室发布的《抗击新冠肺炎疫情的中国行动》，安徽省人民政府网、安徽省卫生健康委员会网、芜湖市人民政府网、阜阳市人民政府网、阜阳市颍州区人民政府网、灵璧县下楼镇政务公开网、安徽先锋网、安徽机关党建网、安徽网、人民网等网站上的资料整理而成。

一、安徽省应急治理中的应急体系

面对严峻的疫情形势，中共安徽省委、省政府根据党中央与国务院的决策部署，迅速激活本省应急体系。首先，中共安徽省委提出了一系列适用于本省的基础理念。在基础理念的指导下，安徽省形成了以党的领导为核心的联防联控、群防群治应急组织结构。接着，在已有的法律法规、规范性文件等基础上，安徽省出台了专门应对新冠疫情的预案、政策等，以实现依法防控的目标。最后，全省的资源与力量得到了有效整合与动员，及时保障了应急组织的持续运转。

（一）基础理念

以道格拉斯、拉什等学者为代表的风险文化理论流派主张管理者可以通过有象征意义的理念和信仰管理社会成员。[①]面对巨大的政治压力，习近平总书记的指导思想和核心理念始终贯通于这场伟大的抗疫斗争中。在战疫中，习近平总书记的基本理念主要包括始终把人民群众的生命安全和身体健康放在第一位；统筹部署"全国一盘棋"，以发挥我国社会主义制度集中力量办大事的优势；坚持科学防治与依法防控；统筹兼顾疫情防控和经济社会发展。[②]习近平总书记亲自部署，总揽全局，率领全国人民勠力同心，使得各省党委政府用三个月左右的时间遏制住了传染病的扩散。根据习近平总书记的顶层决策部署，安徽省主要领导人因地制宜提出了一系列疫情防控理念与工作原则。中共安徽省委先后提出了"三防三查三加强""八严八控"等防控策略，还有"三大硬招""两手都要硬，两战都要赢"等应对理念。这些思想理念与应对策略是对习近平总书记重要指示的进一步贯彻，引导着全省力量参与到这次罕见的大规模集体行动中，让大家经受住了这场历史性考验。

（二）组织体制

以应急指挥部为典型的科层式组织与以督查组、工作组为代表的项目式组织增强了党与政府等应对疫情的韧性（如图2-2所示）。由图2-2可知，安徽省的应急组织体制体现了如下四个基本特征：其一，政党主导。自党的十八大后，政党型收权成为国内应急管理体制的显著趋势。[③]在安徽省疫情防控中，省防控工作领导小组与省应急指挥部是领导与被

[①] 张宁：《风险文化理论研究及其启示——文化视角下的风险分析》，《中央财经大学学报》2012年第12期。

[②] 刘建武：《习近平关于抗疫斗争的基本理念与应对方略》，《马克思主义研究》2020年第9期。

[③] 钟开斌：《中国应急管理体制的演化轨迹：一个分析框架》，《新疆师范大学学报》（哲学社会科学版）2020年第6期。

领导的关系。由此可知，党在应急管理工作中占据着绝对的领导地位。其二，复合联动。省级政府各部门形成了复合型的应急组织结构模式，其复合性体现在以省防控工作领导小组与省应急指挥部为依托的综合型组织与以各类专项工作组与专家组为依托的专业型组织共存。这种综合联动的组织体制是一种典型的"党委直接领导、政府统一指挥"型应急指挥体制。①其三，属地为主、上下协作。在党政纵向层级关系中，属地为主的工作原则促使地方政府能迅速因地制宜地应对突发事件，但省级政府对市级以下政府的指导、支持、督促依旧必不可少。例如，在疫情防控中，安徽省构建了省、市、县、乡、村五级书记共抓疫情防控的组织领导体系。其四，政社共治。建设人人有责、人人尽责、人人享有的社会治理共同体，是党的十九大以来我国关于完善社会治理制度的重要方略和目标。在抗击疫情阻击战中，省红十字会、中国铁路上海局集团有限公司合肥铁路办事处、志愿组织等成为省应急指挥部的成员单位，积极参与抗疫斗争，在组织捐赠、流动人员检疫和物资输送等方面发挥了重要的协同作用。

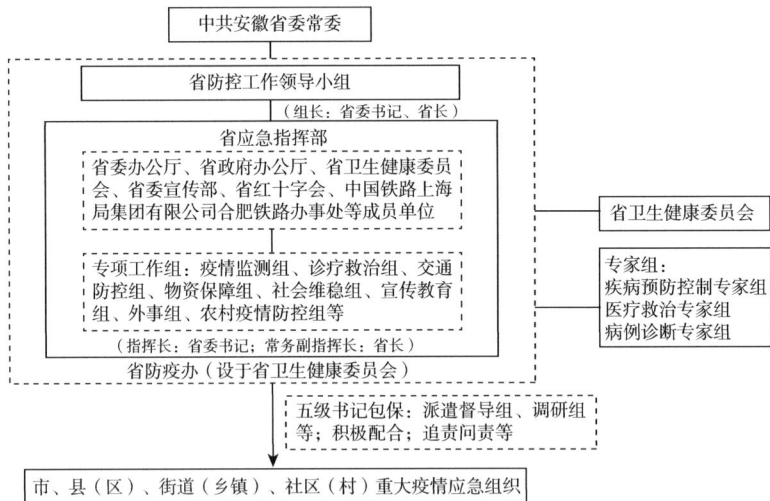

图2-2　安徽省公共卫生应急体制逻辑结构

① 钟开斌：《国家应急指挥体制的"变"与"不变"——基于"非典"、甲流感、新冠肺炎疫情的案例比较研究》，《行政法学研究》2020年第3期。

资料来源：根据时任安徽省委书记李锦斌在安徽省抗击新冠肺炎疫情表彰大会上的讲话，《安徽省新型冠状病毒肺炎疫情防控应急预案（第二版）》，安徽省新型冠状病毒感染肺炎疫情防控应急指挥部令，安徽省人民政府外事办公室网、安徽省应急厅网、安徽省农业农村厅网等网站上的相关资料整理而成。

（三）行动依据

2020年2月5日，习近平总书记在中央全面依法治国委员会第三次会议中提出，要全面提高依法防控、依法治理能力。完整的应急管理法律规范体系包括应急管理基本法、应急管理其他法律、应急管理行政法规、应急管理地方性法规、应急管理规章、应急预案、应急管理技术规范七种类型，这七大行动依据的权威性具有层次性，由基本法向技术规范不断降低。①在疫情防控过程中，一方面，疫情前拟定好的法律法规、国家级预案起到了宏观指引作用。此类规范性文件包括《中华人民共和国突发事件应对法》《国家突发公共事件总体应急预案》等。另一方面，疫情暴发后，适时制定的政策、专项预案、技术规范能从微观层面规范各地政府的防控行为。这类文本具体表现为《安徽省人民政府办公厅关于印发应对新型冠状病毒肺炎疫情若干政策措施的通知》《安徽省新型冠状病毒肺炎疫情防控应急预案（第二版）》等。在具有危害性、突发性、复杂性的重大疫情面前，宏观的法律法规略显滞后，而相关政策、预案、技术规范更具有灵活性与针对性，对地方组织的抗疫行动起到了具体指导作用。

（四）应急保障

不确定的突发事件易造成应急资源供需关系的失衡，合理、有效配置的应急资源能满足应急点的救援与防控需求。②纵观疫情防控过程，安

---

① 李雪峰等：《应急管理通论》，北京：中国人民大学出版社，2018年版，第109页。

② 盛进路、王腾腾、王昊彦：《应急资源研究综述》，《中国公共安全》（学术版）2019年第4期。

徽省积极整合应急资源，以保障防控工作的正常运转，具体形式包括队伍保障、科技保障、物资保障、产业保障、交通保障、经费保障、价格保障、能源保障和粮食保障等九大保障。在安徽省疫情应对过程中，应急队伍包括党员志愿队伍、专项工作组、专家组、应急救援队伍等；科学技术主要运用于人员管理、医疗救治、信息管理、社区管理和复工复产等场景中；医疗物资包括医用防护服、医用隔离衣、医用口罩、非医用口罩等；应急产业一般是指"一切与预防、处置突发事件有关的产品和服务而形成的经济业态的集合"①，在省经济和信息化厅、省财政厅与省市场监督管理局等协同配合与支持下，安徽省重点疫情防控物资生产企业快速实现了复工复产、增产扩产的目标，防护服、隔离服、医用口罩和新型冠状病毒检测试剂盒等产品的产量得到了快速提高。一系列的应急保障使得安徽省的防控资源供给与需求总体趋于平衡，各方资源得到了有效对接与共享。

二、安徽省应急治理中的过程机制

由学者罗伯特·希斯提出的4R危机管理模型可知，危机的生命周期包括缩减（Reduction）、预备（Readiness）、反应（Response）、恢复（Recovery）②四个阶段。学者张海波认为中国应急管理全过程应该分为准备、预防、减缓、响应、恢复、学习六个阶段。③而在《中华人民共和国突发事件应对法》中，应急管理过程被分为预防与应急准备、监测与预警、应急处置与救援、事后恢复与重建四大阶段。当前，有关应急管理阶段划分的研究成果较为丰富，但尚未形成共识。为此，综合已有研究成果与实际情况，笔者将此过程确定为预防与预警、处置与救治、恢复与重

---

① 高小平、刘一弘：《中国应急管理制度创新：国家治理现代化视角》，北京：中国人民大学出版社，2020年版，第124页。

② [美]罗伯特·希斯：《危机管理》，王成、宋炳辉、金瑛译，北京：中信出版社，2003年版，第21页。

③ 张海波：《应急管理的全过程均衡：一个新议题》，《中国行政管理》2020年第3期。

建三大阶段，第一个阶段涵盖了官方文件中的预防与应急准备、监测与预警两大阶段。在上述阶段中，应急体系为安徽省的应急管理提供了思想基础、组织基础、法制基础和资源基础，但体系优势并不能直接带来治理效能。在疫情发展的不同阶段，地方政府应当确定好体系内部各要素之间相互作用的过程和方式[①]，建构和完善动态的、全过程的应急机制，将体系优势转化为治理效能。通过文献梳理可知，安徽省的过程机制可以归纳为以下九大类型，如图2-3所示：

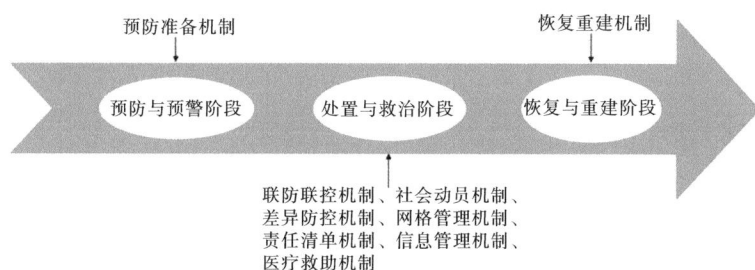

图2-3　安徽省公共卫生应急治理过程机制

1.预防准备机制。疫情期间，习近平总书记在专家学者座谈会上提出："预防是最经济、最有效的健康策略。"[②]在预防与预警阶段，应急主体需要积累已有经验、做好充足准备，以减少危机处置过程中的不确定性，具体形式表现为做好预警与监测、编制并管理应急预案、组织应急工作人员进行培训演练等。例如，省应急指挥部办公室多次开展了应急预案桌面演练活动，以提高应急能力。

2.联防联控机制。此机制是指党政体制破除部门壁垒，借助政府、企事业单位的科层制架构，将党中央、国务院的防控部署落实到基层社区层面，形成协调有力、"上下一体、政社合力、分工协作的联防联控网络"，发挥"偏向属地、多部门联合"[③]的优势。在疫情防控中，联防联

[①] 傅慧芳、苏贵斌：《集中力量办大事制度优势转化为公共危机治理效能的内在机理及实现机制》，《福建师范大学学报》（哲学社会科学版）2020年第3期。

[②]《习近平谈治国理政》（第四卷），北京：外文出版社，2022年版，第332页。

[③] 海云志：《转危为机：中国应对新冠肺炎疫情的组织机制》，《北方民族大学学报》2020年第3期。

控机制体现为安徽省各级应急指挥部集结了各职能部门力量，以及采用了纵向"五级包保"的网络组织方式。这使得政党的适应性、凝聚力得以迅速提升，推动了资源共享、功能衔接、人才共用，形成了多方防控的合力。

3.社会动员机制。党的十九届四中全会提出了"建设人人有责、人人尽责、人人享有的社会治理共同体"。在此机制中，党、政府、社会组织、志愿者、公众等协同共治，体现了强大的动员优势。例如，在安徽省应急管理集体行动中，阜阳蓝天救援队、阜阳市城市金融协会等社会组织发挥了自身的专业优势，在积极募捐、复工复产中发挥了较大作用。社会动员机制能加快社会自治与共治力量生长，形成开放式、横向联合型的社会聚合模式，有助于培育社会信任精神，释放社会生机与活力。

4.差异防控机制。差异化防控是指应急管理主体分区、分级、分群体采取防控措施，以达到精准防控的效果。省应急指挥部专家组将全省县域划分为低风险、较低风险、中等风险、高风险、极高风险5个风险等级，以集中资源与力量防控重点人群。在该机制下，各市能灵活调节基层的防控尺度，避免"一刀切"的粗暴式执法。同时，安徽省防控与服务的精准度也得到了有效提升，兼顾了疫情防控与经济发展的双重需求。

5.网格管理机制。基层网格化管理以网格单位为基础，以信息技术为支撑，致力于实现基层社会治理的精细化、高效化与智能化。"网格化管理、小单元作战"是安徽省精准应对疫情的重要防控举措。例如，安徽省宣城市郎溪县十字镇推行的"十户联保"网格化工作机制具有诸多优势：其一，管理精细。网格是设置在街道与社区之下更微小的管理单元，更有利于全面排查、精确地摸清疫情底数。其二，群众自治。网格长由居（村）民群众担任，发动了群众参与到网格防控中。其三，预警及时。网格员能实时获取社区居民的日常问题，及时排除潜在的传染源，快速处置风险隐患，起到了安全风险预警作用。

6.责任清单机制。此机制是指应急管理者通过制度化清单方式，引导防疫人员开展工作，使其防控任务具体化、公开化，确保责任得以落实。在抗击疫情过程中，该机制体现在安徽省"一场所一单、一地一单、一日一单、日报日清"的清单管理模式，通过采用该机制，各级政府将社区防控责任落实到具体个人，减少危机处置的不确定性，有助于防止推诿扯皮、临阵脱逃等行为。

7.信息管理机制。非常态化时期，疫情的紧急性与危害性、群众的民主与权利意识、自媒体的快速发展等是信息管理的推动性因素。在疫情防控中，安徽省的信息管理过程具有及时处置与追求准确并存的特征。及时性体现在市、县排查数据需在当晚9点被上报至省应急指挥部办公室；安徽省卫生健康委员会每日需在官网公布省内病情实际情况。准确性表现为市、县排查数据须由党政一把手签字后才能上报；为确保数据安全，只有省应急指挥部办公室具有数据发布权，并且实行业务主管部门与宣传部门"双把关"制度。

8.医疗救助机制。习近平总书记提出，要健全重大疾病医疗保险和救助制度。[1]面对重大疫情，部分弱势群体会因昂贵的医疗费用而放弃治疗，成为大范围流动的传染源，增加政府的防控难度。为保证弱有所扶、减少交叉感染，安徽省党委、省政府采取了一系列医疗救助措施，比如，向收治确诊病例的医疗机构预拨医保专项救治资金，将确诊患者医疗费用纳入保障范围，后又将疑似病例医疗费用也纳入保障范围。这有利于降低贫困群体的瞒报率，降低其经济风险，确保脱贫攻坚的艰巨任务能如期完成。

9.恢复重建机制。韧性治理的反应过程包含适应期、可变期、修复期与再生期。在后两个时期中，政府需要进行刚性管控与动态化调整，还应"开展常态化的制度建设、经济建设和社会建设"[2]。以安徽省为

---

① 习近平:《全面提高依法防控依法治理能力 健全国家公共卫生应急管理体系》，《求是》2020年第5期。

② 王磊、王青芸:《韧性治理:后疫情时代重大公共卫生事件的常态化治理路径》，《河海大学学报》(哲学社会科学版)2020年第6期。

例，在常态化阶段，省政府加大对经济的调控力度，发布了《安徽省"六稳""六保"财政政策清单》，以修复疫情对经济社会发展造成的创伤。另外，在《中共安徽省委关于制定国民经济和社会发展第十四个五年规划和二〇三五年远景目标的建议》中，提出了建设公共卫生体系，改革疾病预防控制体系等目标，以重建应急管理体系，增强政府和社会应对疫情的韧性。

三、安徽省应急治理下的效能释放

安徽省公共卫生应急管理体系优势实际上是我国国家制度和治理体系优势在地方层面的缩影，这种显著优势在党的十九届四中全会公报中得到了高度概括，即"坚持全国一盘棋，调动各方面积极性，集中力量办大事"。在上述九个过程机制的助力下，安徽省的应急体系优势成功转化为疫情治理效能。纵观疫情治理的全过程，习近平总书记的重要指示成为疫情治理效能评估的关键衡量指标。2020年2月12日，习近平总书记主持召开中共中央政治局常务委员会会议，提出"要围绕提高收治率和治愈率、降低感染率和病亡率，抓好疫情防控的重点环节"。在疫情总体可控的前提下，习近平总书记又提出了"统筹推进新冠肺炎疫情防控和经济社会发展工作"的重要指示。因而，笔者尝试将疫情防控效果与经济恢复效果归纳为安徽省抗击疫情效能的评估指标。具体情况如下：

一方面，安徽省抗疫取得重大战略成果。笔者收集了国家卫生健康委员会官网与安徽省卫生健康委员会官网于2020年公布的累计确诊或死亡病例数据，通过测算可知，从第1季度到第4季度，全国与安徽省本土累计确诊病例新增率分别为6.76%与0.10%，死亡率分别为5.32%和0.61%。与全国确诊与死亡情况相比，安徽省本土累计确诊病例新增率与死亡率都要低得多，可见，安徽省的防控效果较为理想。

另一方面，安徽省经济活动稳妥有序开展，全省生产总值稳步上升。即使受到重大疫情的冲击与影响，安徽省2020年的生产总值约为3.87万亿元,增长 3.9%,居全国第四位①,并且 2020 年第 1 季度至第 4 季度生产总值都高于上一年度同期水平(见图 2-4)。再由各市统计局公布的数据(如表 2-2 所示)可得,2020 年安徽省各市生产总值都实现了增长,其中,合肥的生产总值首次突破了万亿元大关。因此能够看出,安徽省成功地将疫情对经济社会发展的冲击降到最低,为抗击重大疫情提供了充实的物资保障与社会保障,切实有效实现了统筹推进疫情防控和经济社会发展目标。

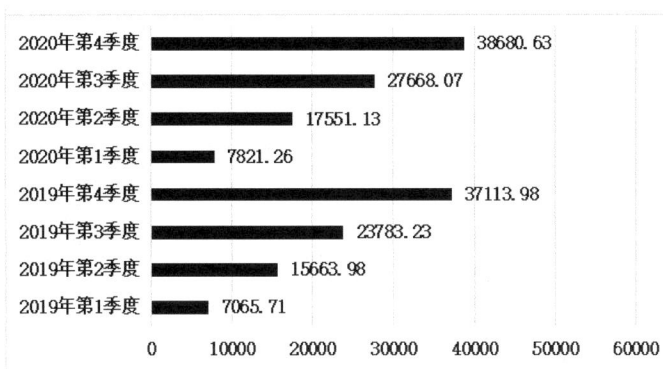

图 2-4　2019—2020 年安徽省各季度累计生产总值(单位:亿元)

资料来源:安徽数据网(http://data.ahtjj.org.cn/#/areaSeason)。

表 2-2　2020 年安徽省 16 个地级市生产总值及同比增长率

城市	生产总值/亿元	同比增长率	城市	生产总值/亿元	同比增长率
合肥	10045.72	4.3%	亳州	1806.01	4.1%
芜湖	3753.02	3.8%	六安	1669.46	4.1%
滁州	3032.07	4.4%	宣城	1607.54	4.0%
阜阳	2805.20	3.8%	淮南	1337.20	3.3%
安庆	2467.68	4.0%	淮北	1119.06	3.3%
马鞍山	2186.90	4.2%	铜陵	1003.67	3.2%
蚌埠	2082.73	3.0%	池州	868.89	4.0%
宿州	2044.99	3.9%	黄山	850.40	2.8%

资料来源:根据安徽省统计局官方网站上的资料整理而成。

① 2021 年安徽省政府工作报告,载安徽省人民政府网(https://www.ah.gov.cn/public/1681/553953381.html)。

第五节　进一步完善地方公共卫生应急体系与机制

　　根据"体系-机制-效能"治理逻辑，地方党政力量只有充分发挥应急体系优势，持续运转过程机制，才能释放治理效能。常态化时期的社会治理为体系优势转化为治理效能积累了深厚基础。当然，在复杂多变的治理环境中，应急体系、过程机制在发挥显著优势的同时，也暴露出一些薄弱环节。为筑牢公共卫生防护墙，释放公共卫生应急管理效能，地方党委、政府须改进既有体系与机制，构建起常态治理与非常态应急相衔接的应急体系与机制。

　　一、多维调适，建立全面合理的省级应急组织体制

　　体制是体系的内核，是应急管理行动的组织依托。在疫情防控阻击战中，省委、省政府迅速组建领导小组与疫情防控指挥部，形成省级层面的联防联控机制。然而，非常态化时期的联防联控机制具有临时性，后疫情时期，省级应急管理组织体制将再次缺失顶层组织，部门将再度走向分割。此外，在疫情时期，党政机关下沉工作人员与基层主体之间的嵌入问题、府际跨区域协作难题也成为治理隐患。对此，应从三个维度完善省级应急组织体制。其一，内外联动方面，加强省级政府的横向合作。在长三角等区域成立领导小组或指挥部，形成跨省领导指挥体系，加强信息交流与沟通，以统筹协调各省的公共卫生资源，促进各地疫情防控一体化发展。其二，纵向联动方面，通过政党整合和公共规则打造社区共同体。地方党委与政府机关要具备政党整合的理论和行动自觉，将党组织自身建设与多元组织的"自组织化"与"被组织化"统一起

来[1]，同时确定好社区应急规则和行为规范，达成协同共识。其三，横向联动方面，应急组织结构设计应发挥综合协调与专业防控的双重优势。在常态化时期，省应急管理厅应起到综合协调、监督指导的作用，引导卫生健康委员会等部门发挥专业优势，做好专项应急准备，将省应急管理厅的综合优势与职能部门的专业优势充分结合起来。

二、科学预警，促进各级政府防范化解重大风险

在疫情初期，地方政府对公共卫生风险的识别与预警能力有待提高。如果在疫情初期的信息披露环节出现障碍，就会错失最佳防控时机，导致经济与社会活动陷入停摆。对此，应从以下三个维度提高地方政府的预警能力：第一，制定原则。应当确立并遵循"疑有从有"[2]的原则，在面对不确定的风险时，属地政府应宁可警惕过度，也不给风险蔓延的机会，采取适当对策，以避免风险、降低损害。第二，科技赋能。由于突发事件的不确定性、紧迫性，地方政府应当善于利用大数据、人工智能、物联网等科技手段进行风险监测与预警，及时捕捉风险信息，发布预警信号，以提高应急决策的科学性。第三，拓宽渠道。地方政府对来源于社会的预警信息应当持包容态度，并以证伪的方式补充和完善社会渠道发布的预警消息，尊重并发挥专家在风险辨别中的作用，鼓励社会媒体、公众等成为"吹哨人"，并建立相应的保护制度。

三、精准评估，完善公共卫生风险防控的学习机制

增强地方应急体制韧性的一个重要方式就是提升地方政府主动学习能力。危机调查评估机制是学习能力中的重要构成。调查评估机制是指"在应急管理相关工作中，建立一套组织、实施和应用调查评估的工作流

---

① 颜德如、张树吉：《基层党组织统筹社区应急治理的组织化整合路径》，《探索》2021年第1期。

② 郭红欣：《基于风险预防的疫情预警机制反思》，《中国政法大学学报》2020年第4期。

程"①。首先，以公共价值为导向。重大公共卫生事件的应急管理关乎人民群众的生命安全和身体健康，地方风险评估主体应坚持人民至上、生命至上的理念，从人民根本利益出发，对重大疫情的相关工作进行评估。其次，组建调查评估队伍。省委、省政府牵头组织好调查评估工作，应由高层领导担任调查评估组组长，组内成员可以由相关部门负责人、应急管理或卫生领域专家、基层一线工作人员以及公众代表等构成。最后，采取科学评估方式。调查评估可分为突发事件本身评估和突发事件应急处置评估。评估人员应根据评估内容与评估情境，选择合适的评估方法，具体方法包括上报汇报法、灾害模型法、模拟仿真法等。②调查评估后，相关人员应将调查范围、评估方法、客观证据、分析结论等公之于众。

四、强化储备，提升地方政府的应急保障能力

突发公共卫生事件在一定程度上暴露出我国应急物资储备体系的缺陷，部分地方政府的物资调配行为受到诟病。为进一步建立健全我国的应急物资储备体系，应从下列三个方面优化应急物资储备体系：一是法治保障。根据《中华人民共和国突发事件应对法》，各级政府应通过颁布规范性文件，引导相关部门做好应急物资的储备工作，针对若干重要战略物资，应制定专门的条例、技术规范等。二是多元参与。卫生行政部门应做好组织与协调工作；疾病预防控制机构应根据应对需求，制定储备计划③；基层工作人员可以以网格为单位，提前储备应急物资。在财政支持下，社会组织与志愿者应积极入户做好宣传教育，不断增强居民储备应急物资的意识与能力。三是智能支撑。在应急物资管理中，扁平化

①闪淳昌、薛澜：《应急管理概论：理论与实践》（第2版），北京：高等教育出版社，2020年版，第398页。

②闪淳昌、薛澜：《应急管理概论：理论与实践》（第2版），北京：高等教育出版社，2020年版，第331—332页。

③杨开峰等：《统筹施策：疫情之后的公共卫生之治》，北京：中国人民大学出版社，2020年版，第17页。

的智慧应急物资管理平台有助于各地政府实现靶向储备、透明管理、赋权增能和共建共享的目标，要强化智能技术在应急物资储备全流程管理中的运用。

第六节　本章小结

作为国家行政多层级体系中的地方组织设置，地方党政体制如何有效贯彻落实党中央和国务院的决策部署，同时又能及时有效地处置地方重大突发公共危机，是事关国家治理体系与能力建设的重要问题。本章在爬梳国家治理体系及效能转化的政策设计和理论研究的基础上，建构了一个"体系–机制–效能"的三维分析框架，并以安徽省的新冠疫情抗击经验和实践为个案，充分将这一框架运用到安徽省个案分析中去。研究发现，地方党政体制在应对重大疫情过程中，逐步发展出一套涵盖基本理念、组织体制、行动规范、应急保障的应急体系，同时，在预防与预警、处置与救治、恢复与重建的应急管理全流程中有机嵌入联防联控、网格管理、社会动员、清单管理等多种过程性机制，从而最终实现统筹推进疫情防控与经济社会发展的目标。安徽省个案具有较强的典型性，总体来看，它是一个抗疫实践过程非常有特色、抗疫成效非常明显的案例，是中国特色社会主义制度和国家治理体系在应对重大突发公共卫生危机方面具有显著优势的一个缩影，安徽省取得抗击疫情斗争伟大胜利的实践，充分展现了中国公共卫生危机应急管理的制度性逻辑，值得深入总结和提炼。

第三章

基层公共卫生应急管理的能量何以汇聚：以 L 街道为例*

---

* 本章原始稿系孔卫拿以芜湖市 L 街道为考察对象，为地方政府所作的资政报告，收入本书时根据全书的理论思路和分析结构进行了拓展和完善。

第一节　问题的提出

城乡基层政府特别是镇街组织，在政府组织体制中处于行政权力的末端，常规治理过程中面临着"权少事多""权责倒挂"的困境，因而基层组织在完成某些阶段性重要任务时，往往就会启动党政体制所熟悉的社会动员，进行动员性治理。而当社会遭遇重大突发公共事件冲击而转入非常规治理形态时，应急管理任务的分解下沉与属地管理势必会加剧基层组织的管控压力，基层组织的体制动员色彩和实践会表现得更明显、更急迫。在这种情况下，如何在资源、权力等受约束的情况下最有效地展开政治和社会动员，汇聚基层最广泛的应急能量，关乎能否打赢突发公共事件应急管理的战斗，关乎党的执政能力和群众基础，更关乎基层居民群众的生命安全和美好生活。因此关注基层组织在突发公共事件中的应急动员，不仅能够更好地展示和分析中国特色社会主义制度应对风险危机的制度优势，也能为推动非常态社会应急管理与常态社会治理相衔接的机制建设提供有益思路和启示。

第二节　文献评论与分析框架

一、应急动员研究文献回顾

基层应急管理中能量何以汇聚？这实际上是关于基层公共组织在应

急管理中的全方位动员问题。由于公共危机应急管理涉及领域广泛、涵盖主体多元，该问题在不同的学科中都得到关注，引起了灾害学、法学、传播学、政治学、公共管理学等多个学科领域的广泛讨论，兹举一些代表性文献进行述评。

灾害学领域，研究者认识到，国防资源是储存起来以备战争之需的特殊商品，将储备的国防资源用于灾害应急，是国防资源的有效流动[①]，应积极推动国防动员机制与灾害应急机制的融合[②]，构建一体化、敏捷的国防科技资源动员体系[③]。由于应急物资在灾后处置阶段的重要性，应急物资动员生产显得尤为重要，巩玲君等通过仿真案例分析表明，政府要配套实施制造商和供应商动员方案，以利于最大化发挥制造商生产能力优势[④]，要将应急物资动员延伸为动员链，即贯穿于应急物资从原材料生产到最终产品保障的全过程，涵盖决策主体、执行主体、协调主体和供应主体[⑤]。为更深入地激发应急物资动员潜能，有不少论作从系统动力学视角出发，建构了涵盖资源动员政策、生产应急能力、物资动员潜力、动员链弹性等不同维度的系统动力学模型。[⑥]

法学领域，学界从更宏观层面的国民经济动员和应急管理体制关系出发，分析了两套动员体制之间的差异和衔接问题，指出症结在于法规

---

① 刘铁忠、李志祥、王梓薇：《灾害应急中的国防资源动员研究》，《科技进步与对策》2005年第10期。

② 王月红、曾令勋：《从抗震救灾看应急机制与国防动员机制的融合》，《华中科技大学学报》（社会科学版）2009年第1期。

③ 李娟、黄晖、褚云汉：《从汶川地震谈灾害应急中的国防科技资源动员——以红外技术为例》，《北京理工大学学报》（社会科学版）2009年第4期。

④ 巩玲君、张纪海、李冰：《考虑原材料保障的灾后应急物资动员生产问题研究》，《系统工程理论与实践》2018年第10期。

⑤ 巩玲君、张纪海：《应急物资动员链构建与优化基本理论研究》，《北京理工大学学报》（社会科学版）2018年第2期。

⑥ 参见王成敏、孔昭君、张纪海：《基于系统动力学的应急资源动员政策优化研究》，《北京理工大学学报》（社会科学版）2011年第5期；李紫瑶：《基于系统动力学的生产应急动员能力模型建构》，《科技管理研究》2016年第1期；王之乐、张纪海：《基于系统动力学的应急物资动员潜力评估》，《系统工程理论与实践》2019年第11期。

制度不健全，应坚持强制性、必要性、比例性和被动性等原则，科学衔接预案和计划，实现资源共建共享，制定和完善国民经济动员法规以推动军民融合式发展。①法学研究者基于对法治原则的坚守和遵循，提出突发事件中应急政治动员属于应急管理体制的组成部分，虽然有其重要价值和必要性，但在实践中也存在侵犯公民权益、过分强调群众运动、体现单方意志等弊病，因此政治动员应遵守行政应急法治的原则和规则，应急政治动员模式与应急法治的关系是政治和法律关系的缩影。②为规避危机治理中的动员失范，必须遵循社会动员适度性原则，提高社会动员法治化水平、专业化能力和参与性质量。③此外，突发事件冲击下的政治动员往往会启动战时话语体系，一些研究认为这种话语隐含的问责压力机制潜藏着法治风险，应引入一些缓和机制，推动即时、刚性、单独的官员问责向延时化、弹性化、综合化改革。④

传播学领域，研究者对媒体动员在重大突发公共事件应对中的重要作用有着普遍共识，指出媒体动员是社会动员的延伸和发展，具有基于沟通逻辑、科学逻辑、纠偏逻辑和修辞逻辑的多种社会功能。⑤作为社会动员的文化形式，文化动员在突发事件应急管理中以"知识–意向–决策"的连结范式，产生情感动员、目标动员和价值动员等实践向度，能够激发动员主体的能动和牵引客体参与的互动。⑥作为公共传播的一种特殊方式，标语在公共卫生危机应对中显示出组织传播与社会动员的独特功

① 李卫海、刘瑞强：《应急管理与国民经济动员的军民融合式发展——以立法为视角》，《法学杂志》2019年第7期。

② 张晓磊：《突发事件应对、政治动员与行政应急法治》，《中国行政管理》2008年第7期。

③ 孙晓晖、刘同舫：《公共危机治理中社会动员的功能边界和优化策略》，《武汉大学学报》（哲学社会科学版）2020年第3期。

④ 林鸿潮：《战时隐喻式应急动员下的问责机制变革》，《法学》2022年第9期。

⑤ 李永凤：《重大突发疫情防控的媒体动员机制研究》，《编辑之友》2020年第7期。

⑥ 詹小美、揭锡捷：《重大疫情应对中的文化动员及实践向度》，《青海社会科学》2020年第2期。

能。①乡村往往是应急管理的薄弱地带，由大喇叭、微信网格群、流动宣传车等构成的基层组织在地危机传播体系②，是乡村媒介动员的显著特色，但由于村庄组织权力变化、媒介自组织结构离散化、农村社会关系网络解构等原因，乡村媒介动员也存在不少现实困境。③

政治学和公共管理学领域④，有关应急管理动员的研究是非常丰富也非常聚焦的，这里将其分为如下几个主要方面：一是危机动员的结构层次分析。有的研究把危机动员划分为政治动员和社会动员，前者能最大限度调动所有的行政资源和政治资源，限定危机事件影响的范围和领域⑤；后者是发挥社会力量自身自律自治的特点，弥补前者存在的漏洞，及时有效地遏制危机事件⑥。随着改革开放以来中国市场经济的发展和公民社会力量的成长，两类政治动员的关系在学界越来越被嵌入"国家—社会"的分析视角，认为危机管理应该从以政治动员为主走向以社会动员为主，即实现从"对社会动员"走向"由社会动员"⑦，不过绝大多数

---

① 靖鸣、汪梦雪：《组织传播 社会动员——论标语在抗击新冠肺炎疫情中的传播模式、话语体系及社会治理功能》，《新闻爱好者》2021 年第 6 期。

② 钟新、陈婷：《公共卫生危机语境下的国家在场与乡村动员：湖南省双溪村新冠疫情防控传播体系调查》，《国际新闻界》2022 年第 4 期。

③ 刘庆华、吕艳丹：《疫情期间乡村媒介动员的双重结构——中部 A 村的田野考察》，《现代传播》（中国传媒大学学报）2020 年第 7 期。

④ 公共管理学与政治学具有不可分性，从学科发展史来看，前者是从后者中脱胎而发展壮大起来的，它们在经典理论、研究内容、研究方法上也都有不少的交叉与重叠，故这里的述评把这两个学科的研究成果放在一起进行介绍。

⑤ 有的研究还就政治动员内部做进一步细分，例如皇娟认为，公共危机治理中的政治动员根据动员的对象和运行的机制，可划分为开放式政治动员和内控式政治动员。参见皇娟：《中国公共危机治理中的政治动员方式》，《中国青年政治学院学报》2012 年第 4 期。

⑥ 徐家良：《危机动员与中国社会团体的发展》，《中国行政管理》2004 年第 1 期。

⑦ 龙太江：《从"对社会动员"到"由社会动员"——危机管理中的动员问题》，《政治与法律》2005 年第 2 期。

学者都主张建立融社会动员于政治动员的混合动员模式①，以及打造国家与社会合作共治的应急动员模式②。

二是危机动员的核心要素与关键机制。一些研究侧重从整体层面探讨应急动员的体系，认为它是一个包含动员主体、动员客体、动员环境、动员机制、动员过程等要素的系统③，钟爽等人的一项多案例分析显示，公共危机政治动员的运行框架包括应急目标、组织建设、动员执行和政绩考核④。另一些研究则更加深入地捕捉到了构成党政体制应急动员体系的核心要素或策略，姚靖、唐皇凤指出，中国公共卫生危机应对中的政治动员主要体现为对党政、市场、社会三个领域力量资源的动员，包含通过任务政治化与官员问责动员党政、通过利益激励与行政督导动员市场、通过思想宣传与秩序规范动员社会三种主要策略。⑤曾智洪等认为积极型政府在危机应对中的应急动员策略是采用科层制统合、数字化驱动和舆论性引导。⑥由于组织动员的关键作用，不少文献聚焦危机应对中的

① 吴开松：《危机管理中的社会动员研究》，《兰州学刊》2009年第1期；蒋积伟、唐明勇：《当前中国公共危机动员模式辨析——以自然灾害动员为例》，《理论与改革》2011年第2期。

② 郝晓宁、薄涛：《突发事件应急社会动员机制研究》，《中国行政管理》2010年第7期；王宏伟、董克用：《应急社会动员模式的转变：从"命令型"到"治理型"》，《国家行政学院学报》2011年第5期；张骞文：《气象灾害应急动员协同治理研究》，《理论与改革》2015年第3期；董海军、杨静：《国家动员与分散参与：90后青年的抗疫实践——以青年参与新冠肺炎疫情防控为例》，《中国青年研究》2020年第5期；周俊：《突发公共卫生事件中的政府动员与社会组织回应——基于新冠疫情防控的混合研究》，《河海大学学报》（哲学社会科学版）2021年第3期。

③ 裴泽庆、邓蓉、姚莉：《政治动员能力：地方党委应对危机的首要能力——基于汶川特大地震的再思考》，《理论与改革》2010年第6期；徐明、郭磊、任韬：《疫情防控中基层应急社会动员的逻辑、机制与优化策略》，《河海大学学报》（哲学社会科学版）2020年第3期。

④ 钟爽、朱侃、王清：《公共危机中政治动员运行机制研究——基于2015年以来38个重大公共危机案例的分析》，《政治学研究》2021年第2期。

⑤ 姚靖、唐皇凤：《新冠肺炎疫情防控中的政治动员：实践策略与成功经验》，《湖北社会科学》2021年第3期。

⑥ 曾智洪、游晨、陈煜超：《积极型政府数字化危机治理：动员策略与理论源流——以抗击新冠肺炎疫情为例》，《电子政务》2021年第3期。

组织动员，陶振以党员干部下沉为例，展示了共识的话语体系、扁平的组织结构、灵活的组织激励对组织动员生成的重要作用。①陈潭、梁世杰从动员手段、形式、方法和策略出发，指出基层公共卫生应急中的组织动员主要包括制度化动员、平台化动员、形象化动员和网格化动员。②具体到应急动员的机制方面，包涵川把疫情防控中地方政府动员界定为"属地动员"③，认为"属地动员"表现出准确划分防控空间、各级力量亲力亲为、综合运用多种手段、重视明确政治意识四项机制，分别对应空间、人员、工具和观念四项行动要素。雷晓康、汪静以"社会动员-精准防控"为分析框架，指出重大突发公共卫生危机应急动员包括组织动员、资源动员和网络动员，分别形成精准参与的防控组织体系、精准配置的防控资源体系、精准处置的防控信息体系。④雷晓康还基于突发公共事件的应急管理流程，提出了应从预防准备、监测预警、处置响应、善后恢复四个方面完善多种社会动员机制。⑤王庆西认为重大公共危机中社会动员的有效运转，离不开组织协调、共识生产、社会合作和情绪引导四种机制。⑥

　　三是危机动员的特色优势与成功经验。重大突发事件应急动员的成功施展，势必凸显出一个国家的治理优势特别是制度优势，2019年末以来中国的疫情防控及其成效呈现出中国之治的巨大优势与威力，学界在

---

①陶振：《重大突发事件防控中的应急组织动员何以实现？——以党员干部下沉为例》，《理论与改革》2023年第2期。

②陈潭、梁世杰：《组织动员、社区学习与应急治理——社区公共卫生应急治理的响应范式与实践逻辑》，《社会科学》2021年第12期。

③包涵川：《"属地动员"：一个理解中国疫情防控模式的分析视角》，《理论月刊》2020年第6期。

④雷晓康、汪静：《基于社会动员的新冠肺炎疫情精准防控体系构建研究》，《山东社会科学》2020年第9期。

⑤雷晓康：《突发公共事件应急管理的社会动员机制构建研究》，《四川大学学报》（哲学社会科学版）2020年第4期。

⑥王庆西：《重大公共危机治理中的社会动员何以成功：基于新冠肺炎防控的案例分析》，《天津行政学院学报》2020年第5期。

对党的十九届四中全会所提出的我国国家制度和国家治理体系十三个方面优势的解读和阐释基础上①，注重紧密、有机地从国家治理角度来分析我国应急管理及应急动员的特色优势与经验。少数研究集中探讨某一种优势，例如周戎、雷江梅集中分析了公共卫生应急管理所反映的是中国"集中力量办大事"的制度优势②，这一优势也常被冠以新型举国体制的制度优势来进行探讨③。中共中央党史和文献研究院第四研究部课题组指出，抗击疫情充分彰显了党的集中统一领导的制度优势、集中力量办大事的制度优势和以人民为中心的发展思想。④吴育林、韦喻馨基于"中国之制"视角，认为党的坚强有力领导、民主集中制、依法治国分别为"中国之制"在公共卫生应急管理中的效能优势，提供了政治保证、制度基础和秩序保障。⑤除了上述优势外，另一些研究则根据疫情防控实际情况，在制度优势清单上增添了不少内容并展开论述，如中国特色社会主义制度经济优势、文化优势、治理优势、党对人民军队绝对领导的独特优势、人类命运共同体的显著优势⑥，大力弘扬爱国主义精神优势⑦，保障和改善民生、增进人民福祉优势⑧，等等。聚焦应急动员优势的文献尚不多见，顾保国、刘安琳的一项研究指出，疫情防控彰显的社会动员优

---

① 这方面论述代表性文献如马福运、段婧婧：《论新冠肺炎疫情防控与我国制度优势的彰显和完善》，《河南师范大学学报》（哲学社会科学版）2020年第5期。

② 周戎、雷江梅：《从抗击疫情看中国"集中力量办大事"的制度优势》，《湖北社会科学》2020年第10期。

③ 黄瑶、王铭：《新型举国体制对防控新冠疫情的制度优势》，《理论探讨》2021年第2期。

④ 中共中央党史和文献研究院第四研究部课题组：《深刻认识我国国家制度和国家治理体系的显著优势，持续推动我国制度优势转化为国家治理效能》，《经济社会体制比较》2020年第3期。

⑤ 吴育林、韦喻馨：《论"中国之制"优势在疫情防控中的效能彰显》，《思想政治教育研究》2020年第4期。

⑥ 钟君：《从疫情防控看中国制度优势》，《党建》2020年第5期。

⑦ 张国祚：《中国制度在抗击疫情中彰显优势》，《红旗文稿》2020年第17期。

⑧ 肖贵清、车宗凯：《"大考"彰显中国特色社会主义制度优势——学习习近平总书记关于防控新冠肺炎疫情系列重要讲话精神》，《马克思主义研究》2020年第5期。

势主要包括政治层面的提升国家治理能力，进而得以集中力量办大事；经济层面的促进资源合理配置，提高稀缺资源配置效率；文化层面的凝聚社会共识，汇聚万众一心、守望相助的精神力量；社会层面的调动各方积极性，形成强大合力。①

二、基层应急动员的六维分析框架

既有文献具有重要的启发意义，特别是对公共危机应急管理中动员机制及过程的分析，有很好的铺垫作用，当然，由于掌握的资料和观察对象的差异，不同研究者看待危机动员的侧重点会有不同。在借鉴学界特别是政治学、公共管理学领域已有成果基础上，本章探讨的是一个街道公共卫生危机应急动员个案，建构了一个基层政府应急动员的分析框架，这种建构主要遵循理论发展的归纳逻辑，即从观察经验现象中发现一定的规律并进行理论提炼。笔者在实地观察和调研中发现，领导推动、责任包保、组织重塑、志愿吸纳、宣传造势和服务共情这六个方面内容，是基层组织在启动应急动员过程中最为重要的步骤和要素，也是推动危机管控产生效能的至关重要的因素（见图3-1），以下简要分述之。

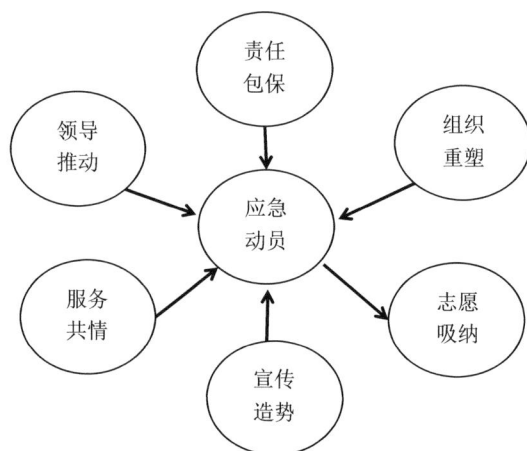

图3-1　L街道应急动员过程

① 顾保国、刘安琳：《从疫情防控看中国共产党社会动员强大优势》，《党的文献》2020年第4期。

一是领导推动。突发公共卫生事件往往会在短时间内对特定区域人群形成致命威胁、产生不可估量的伤害，守土有责的地方政权组织和应急主体的危机领导力就显得尤为重要。危机领导力是指"在领导价值的引领下，领导者通过有效的风险决策，整合调动组织内外资源、动员带领群众化解危机的具体过程及其现实能力"[1]。从全国层面而言，抗击新冠疫情的伟大实践是对党的领导力很好的体现和检验，正如习近平总书记指出的："中国共产党所具有的无比坚强的领导力，是风雨袭来时中国人民最可靠的主心骨……只要毫不动摇坚持和加强党的全面领导，不断增强党的政治领导力、思想引领力、群众组织力、社会号召力，永远保持党同人民群众的血肉联系，我们就一定能够形成强大合力，从容应对各种复杂局面和风险挑战。"[2]到了基层场域，发生突发公共卫生事件后，地方社会的应对成效主要取决于该地方党政主要领导的应急反应和领导力，危机问责和属地管理的巨大压力，又会进一步激发这种领导力的释放，并形成基于事件应对难易程度的各种组织领导方式。镇街组织虽然处于权力组织阶梯的末端，但毕竟是本区域内最有政治权威和行政能量的一级复合型公共组织。为此，镇街会在市、县（区）疫情防控指挥部的统筹领导下，在党政常规科层体系基础上成立与危机应对相关的指挥部，并对指挥部匹配对应的负责人、联络人和组成人员，从而构建起镇街区域内最强大的"政治势能"，为镇街应急管理提供组织推动的领导保障和权威。

二是责任包保。突发公共卫生事件暴发时，危机情况具有突发性、蔓延性、破坏性，危机应对时间紧、任务重，如不能及时准确地掌握疫情前线状况、科学有效地将政策精神和相关应急任务进行分解并落地到组织、落实到人，势必会影响领导效能的发挥和工作的有序展开。由于

---

[1] 胡宗仁：《危机领导力：概念界定与要素分析》，《江苏行政学院学报》2023年第1期。

[2] 习近平：《习近平著作选读》（第二卷），北京：人民出版社，2023年版，第347—348页。

镇街和村社在人力、资源、职权等方面的限制，遭遇重大突发公共卫生危机时，上级组织会迅速启动干部下沉，分级分类建立疫情责任包保制，由下沉干部点对点指导协调疫情严重区域基层单元的抗疫斗争。因此，"压实基层包保责任，强化疫情社会治理，是关乎疫情防控阻击战成败的关键"①。镇街组织建立的抗击疫情领导小组包含镇街内设组织和下辖村/社区等成员单位，任何一个组织或负责人在某一环节的疏漏，都有可能引发疫情抗击的不良后果。因此，镇街在成立疫情防控指挥部的同时，一般都会有相应的行动方案，将事关疫情阻击战的各类事务分解到各组成部门和成员单位，同时还会对镇街党政主要领导和班子成员建立领导联系点制度，便于落实镇街对村/社区开展卫生应急的全过程领导。

三是组织重塑。疫情抗击的一线是紧密联系居民群众的村和社区，但村/社区这一最底层的治理单元，在常态治理时就面临可用人员少、行政事务多、人员流动性大的困境，一旦遭遇疫情这样的突发公共卫生事件，更是显得捉襟见肘、疲于奔命。更何况村和社区这一单元并不小，有的地方一个社区拥有几万常住人口，面临居民数量多、防控区域大、应急任务重的客观情况，这就要求街道社区组织必须对社区这一底层单元再次进行细分，网格就是疫情防控阶段重要的一种更小的单元，"网格化动员充分发挥社区居民的能动性，掌握社区空间内外第一手信息，通过信息共享与资源整合，一定程度上避免了组织动员的碎片化、低效化和抗疫责任的模糊化"②。在这种情况下，城乡社区抗疫已呈现出一种由基层政府发动、依托于街道-居委会、吸收部分党政机关下沉社区的工作人员而形成的"超级网格"特征。③当然，如果网格依然过大，那么还会继续细分，比如楼栋、单元楼层等，并对重新划分的细胞单位分配相应的协调者如网格长、楼栋长、楼层长等。经重塑后的组织单元能够更贴

① 杨善发：《基层防控重在压实包保责任》，《中国卫生》2020年第3期。

② 陈潭、梁世杰：《组织动员、社区学习与应急治理——社区公共卫生应急治理的响应范式与实践逻辑》，《社会科学》2021年第12期。

③ 田毅鹏：《治理视域下城市社区抗击疫情体系构建》，《社会科学辑刊》2020年第1期。

近居民群众，从而发现疫情一线存在的问题和困难，能更有力地、点对点式地整合和下沉管理力量，从而推动基层各项抗疫工作的有序开展。

四是志愿吸纳。随着城镇化进程的加快，大量人口涌进城乡社区，但熟人社区网络建设并没有及时跟上，导致很多城乡社区人口基数大，陌生化和半陌生化情况严重，往往呈现的是一种"互不相关的邻里"[①]关系，并非具有凝聚力的治理共同体乃至命运共同体。但随着近年来国家对社会力量的挖掘和吸纳整合，以及推动社会治理重心下移，基层社会组织力量得到了持续发展，志愿服务体系也在逐渐完善。在这种情境下，当公共突发事件特别是像新冠疫情这样的重大公共危机来临时，镇街和村/社区组织会启动志愿动员，吸纳党员志愿者、居民志愿者和其他社会志愿力量，组织他们到轮值守卫、安全巡逻、秩序维护、信息传输、物资递送等抗疫一线中，铸就基层应急最厚实的铜墙铁壁。

五是宣传造势。基层组织与居民群众之间有办公场所这类物理阻隔，也有相互不了解、不信任的心理阻隔，常规治理积累的分歧乃至矛盾，往往会被转移到非常规治理时期，主要表现为党员干部冲锋在前干得热闹、部分群众看得热闹，不给利益刺激就无法动员等。镇街组织为此必须要找到一种迅速与居民群众达成共情、塑造命运共同体的机制，最直观的就是宣传上的舆论造势和塑造共识，基层组织通过迅速广泛传达上级党组织最新指示和政府政策，借助公示栏、小喇叭、横幅、微信群、微博、QQ群等宣传媒介，反复进行疫情知识、抗疫政策宣传，告知区域抗疫状况。同时，积极推荐抗疫中的英雄代表、正面典型，传播感人事迹，达到对居民群众的教育和感染效果，从心理上为广大群众树立起党组织坚强领导、政府真情服务、党员冲锋在前的光辉形象，能够更好地在社区层面塑造出一种"想象的共同体"[②]，从而实现凝聚群众、教育群

---

① 桂勇、黄荣贵：《城市社区：共同体还是"互不相关的邻里"》，《华中师范大学学报》（人文社会科学版）2006年第6期。

② [美]本尼迪克特·安德森：《想象的共同体：民族主义的起源与散布》，吴叡人译，上海：上海人民出版社，2005年版。

众、组织群众乃至动员群众的目标。

六是服务共情。近年来基层党建特别强调做好群众服务工作，对于城乡基层党组织而言，"基层党建的核心在于构建贴近实际的'服务'制度并能促进服务水平的提升，以服务为指向的基层党建新模式能夯实基层党组织的合法性基础"①。党建与社会服务在基层治理创新实践中呈现出"党建为核、服务为本"的基本特征和互动关系②。为民服务是基层组织的日常化工作，但这种工作往往在居民日常观察中没有显示度，甚至往往还因为服务不到位、不及时、质量不高等瑕疵而受到部分群众指摘，但在公共卫生危机应急阶段则不同，像生活物资保障和递送、社区安全消杀、特殊困难群体帮扶等这些服务活动的开展，在疫情期间就具有较高显示度，因为它们是居民群众的关注点。这些服务到位与否，关乎居民群众的生存权益及其对基层组织的信任和评价。因此，公共卫生危机应急阶段，镇（街）和村（社区）组织一般会突出服务递送而产生一种共情作用，比如除了做好日常的安全管控和专项防控措施外，还会及时启动对高龄长者、"空巢"老人、患病居民、孤儿等特殊群体的摸排工作，借助志愿力量为他们送去党委和政府的关怀。这些服务举动在常规治理阶段并不会产生太大的动员和感染作用，但在特殊时期所产生的治理效能是远超想象的，特别有助于提高居民对基层组织的信任和增益社会资本。

---

① 陈朋：《服务导向的基层党建新模式——江苏海安县"群众事务党员干部代理制度"的探索与实践》，《理论与改革》2013年第1期。

② 赵春淦：《党建为核 服务为本 创新构建区域社会治理新格局》，《人民论坛》2022年第21期。

第三节 汇聚应急治理能量：体系与过程

一、L街道基本概况

L街道隶属于安徽省芜湖市，辖区总面积24.8平方千米。L街道地理位置得天独厚，位于皖南水系漳河流经古L镇入长江段，由长江主航道上两股激流回旋处形成一个三角形的天然港口，L镇由此得名并历来是兵家必争之地。L街道1949年4月2日解放，行政区划上沿袭旧制，隶属L区公所。1955年，撤区并乡。1960年12月，成立L人民公社。1996年8月，撤L乡设L镇。2008年撤镇设L街道。截至2023年6月，下辖共计12个社区和5个股份经济合作社，辖区总人口20.8万人。街道基础设施已全面和城区接轨，辖区内有7所省属高校、1家三级甲等医院、1所公立高中、4家大型商业综合体。[①]近年来，L街道围绕建设"五区一城"目标（即创新创业孵化区、协调融合中心区、绿色美丽生态区、开放转型集聚区、幸福共享样板区和长三角城市群中具有特色核心竞争力的现代化新城），加大党建引领基层社会治理创新的探索步伐，在社区治理、改革创新、生态环保、民生改善等重点事项中勇挑重担、主动作为，为所在区高质量发展作出了重要贡献，展现了L街道独有的风采。

二、L街道应急动员体系与过程

2022年4月17日凌晨，L街道的居民群众尚在睡梦中，L街道已接到来自市委、区委关于主城区实施静态管理、强化疫情防控、开展第一轮核酸检测的紧急指示。从这时候起，L街道对疫情防控应急动员的探索便

---

① 相关资料来源于L街道党群办。

开始逐步体系化了。笔者在疫情防控形势转好后对街道和涉及封控的社区进行了追踪调研，L街道党群办工作人员介绍，L街道已形成了一套方法体系，被称为"六超"工作法：

"我们街道书记头脑比较灵活，抗击疫情期间街道上下跟打仗一样，各个科室干部忙自己的一摊子任务，社区工作者也都是全天候战斗，那个时候肯定没工夫总结经验。现在疫情得到控制了，这段时间领导也在带大家讨论和总结，包括跑到原来封控区所在的社区继续观察，到各个部门和社区参加座谈会、介绍做法，我们也邀请了一些高校学者参与座谈会，最后总结出'六超'工作法。"（访谈记录，L-DZB002-20220515）

"六超"工作法实际上指的是在进入迎战新冠疫情阶段，L街道及下辖各社区迅速进入非常态社会治理的战时状态，在组织领导、责任包保、楼栋管控、志愿动员、防疫宣传、暖心服务六个方面开展超常规的动员和工作分解，进而释放出领导、责任、组织、志愿、宣传、服务六个方面的战时治理效能。

（一）超迅捷的战时布阵，建立强有力领导协调体系，释放领导效能

实施静态管理后，L街道面临疫情阻击歼灭、社区的秩序维护、人民群众的生活就医、困难群众的生活保障等一系列问题，如果没有一个强有力的指挥中枢、权威的协调中心，街道社区必然陷入无序状况。L街道党工委、街道办事处沉着冷静、迅速反应，快速构建了疫情应对领导组织体系，为后续所有的疫情防控提供了一个权威敏捷的"大脑"。

一是快速响应，制定疫情防控方案。L街道接到启动静态管理、开展核酸检测的指示后，连夜紧急召开疫情防控专题领导班子会议，研究制定了街道疫情防控工作方案。会议及时准确地传达了市委、区委关于疫情防控的部署，全面贯彻科学精准、动态清零的要求，召回所有街道在职人员待命，提醒所有人员要拿出对人民群众生命安全高度负责的精神、严谨细致的科学态度、连续奋战的顽强毅力，全力加入到此次疫情抗击

斗争中。防控方案和专题会议，相当于为下辖各社区的防疫工作提供了一份工作指南和督导手册，确保社区防疫的规范化、科学性和及时性。

二是快速反应，成立防控领导小组。在认真分析启动静默管理可能出现的问题后，街道认为当时有四大问题最紧要、最紧急，分别是多轮核酸检测、防疫物资保障、社会秩序管控、信息发布宣传，因而针对性地建立了街道核酸检测组、物资保障组、社会管控组和宣传报道组。各个组由街道班子成员分别担任负责人，在领导小组之下分工明确、有机协作，确保了整个防疫工作组织领导的权威性和集中统一性。与街道层面分工分组相对宏观的特征有所差异，社区内部也有小组分工，应对事务更加具体。以R社区为例，该社区成立了由社区"两委"组织协调下的七个组别：单元管理组、蔬菜包订购发放组、物资转运组、购药就医组、安全消杀组、核酸检测组和重点人群关爱组，各组配备社区相应的楼栋长、单元长或居民志愿者等，确保防疫工作稳定有序。

三是快速回应，构建分类管理机制。情况瞬息万变，2022年4月17日下午R社区2人确诊新冠阳性，2人所在的19栋、33栋楼随后很快被市防控指挥部划定为封控区，R社区成为管控区。这就使得基层防疫出现了不同层次和类别，即存在封控区的社区和没有封控区的社区，存在封控区的社区内部不同楼栋的管控力度、措施也有所差异。L街道和R社区经过研究，快速建立了分类管控机制，将封控区该集中隔离的群众第一时间有序转运至市集中隔离点，居家隔离群众实行封控管理，提供24小时值班守护服务；对管控区楼栋则根据市防控指挥部要求与其他社区楼栋一样，实行静默管理。两类管理区域均配备由临时党支部、楼栋长、单元长、居民志愿者等组成的一线志愿服务队伍。

（二）超科层的力量下沉，启动全覆盖责任包保机制，释放责任效能

疫情防控的前线在社区，防控任务最重的地方也是社区，而社区恰恰又是人手最不足的地方，如果街道只是发发指示、动动嘴皮子，不仅

无法缓解社区防疫的巨大压力，反而还会滋生官僚主义、形式主义的问题。同理，一个社区说大不大，说小也不小，特别是网格化精细管理需要细分网格、楼栋，如果社区干部也只是转发通知，没有对网格楼栋的精确把控，疫情防控也就很难打通最后一米。基于精细化管理的要求，街道和社区采取了超科层式力量下沉，即街道整合各个口子的人员力量，几乎全部下沉到各个社区，靠前指挥和调度；各个社区的干部全部下沉到社区网格，靠前协调和处理。下派干部肩负着本级组织交代的任务，包保自己负责的社区或网格、楼栋，协调包保单元的抗疫事务。

一是街道人员分包下沉所有社区。街道防控方案的一项重要举措，就是下沉街道干部，明确由班子成员牵头、分片区包保，街道将机关所有人员全数下沉到社区。同时，根据社区体量大小（主要指人口与楼栋数量等）、社区工作强度（如孤寡高龄老人多等）以及防控形势变化等，街道及时灵活地调整下派人员数量。分包干部与社区"两委"班子形成一线指挥部，靠前指挥调度，能够第一时间发现薄弱环节，找准群众和社区需要，更好地优化街道整体抗疫工作。

二是集聚力量分包下沉重点社区。R社区封控区、管控区划分后，防控任务异常艰巨，社区压力陡增。除了19栋、33栋两个封控区外，该社区还有31个楼栋，全社区共计52个单元。街道最初下了"猛药"，一名干部包干一个单元，共计派出52名干部。楼栋单元下派干部一个很大的作用，就是帮助社区健全了楼栋单元自治队伍，认真筛选和建立起"居民-单元长-楼栋长-业委会"楼栋自治体系，撬动楼栋内部互助力量。随着后期防控逐步走稳走实，楼栋自治力量对防控已驾轻就熟并能保持自身单元运转后，下派人员才逐步撤回街道。

三是社区干部分包下沉网格楼栋。在已有的网格化管理基础上，各社区的网格长、网格员第一时间与自己包干负责的网格联系，靠前指挥和服务，针对网格内居民的重大问题和特殊困难，及时给予答疑或跟踪解决。因为社区的网格长、网格员大多是社区工作者，人力有限，所以他们更多的是发挥协调作用，积极鼓励各楼栋建立楼栋微信群，具体信息由楼栋长、单元长带领居民志愿者负责搜集统计和上传下达。也就是说，在基层网格之内，还有更细微的责任分解和任务分包。这使得上级党委和政府的有关指示能够"一竿子插到底"，政策能够落地，责任政治得以实现。

（三）超精确的楼栋维控，做实网格化楼栋有序管理，释放组织效能

一是划小治理单元，全面推行楼长制。L街道在本轮战疫中一个最大的亮点就是要求各社区划小治理单元，走精细化、精准化防控路线。其主要做法是在网格内部，进一步精确到楼栋和单元，以楼长制为中轴，对上联结业委会，对下联结本楼栋的单元长和各单元业主。其好处有三：第一，楼栋长是经业主选出来的，与业主距离更近、对楼栋更熟悉，因此，在楼栋内部有着丰厚的社会资本，他们说话有公信力，居民更相信他们，他们的动员力、号召力更强。第二，楼栋长通过单元长和居民志愿者，能够清晰全面地掌握楼栋内部居民的信息和动态，任何事情先从楼栋内部进行解决，解决不了的上交到业委会乃至更高级别的组织和负责人，底数更清、治理成本更小。第三，核酸检测、物资配送、包裹转运等以楼栋为单元，才能有效减少人员聚集和接触，采取楼长制能够很好地实现这一目的。

二是边实施边突破，首倡公寓层长制。在我们看来，单元楼已经是很小的治理单元了，但现实情况更加复杂，不是所有的楼层都像典型的商品房那样，住户较少。比如H社区1栋就是单身公寓，共计23层，一层就有23户。这个时候，仅依靠楼栋长、单元长和少量志愿者，必然出现应付不过来的窘境。起初整栋楼只有1个楼长和5名志愿者，物资分发、消息回复等都不尽如人意。于是，H社区积极探索，决定在实行楼长制的前提下，每层再选出层长，形成了"居民-层长-单元长-楼栋长-志愿者"的沟通结构，一举实现了物资分发的快速有序，降低了交叉感染的风险，且上报和反馈信息也实现了有组织、有纪律、有效率的目标。

三是吸纳多元力量，积极探索楼委会。当各个楼栋都开始真正积极行动起来的时候，就需要有组织能够将各楼栋组织起来，最常见的可能是业委会，但在居民眼中，业委员更多的是与物业打交道、反映小区物业问题的机构，特别是疫情进入常态化防控后，业委会这一传统角色特征更加明显。在小区尚未解封、神经紧绷不能松的阶段，R社区各楼栋长认识到，只有团结起来才能更持久、更有韧性，在社区党委提议、某社工服务中心的辅助下，R社区33栋共56个单元的楼栋长、单元长、党员、居民志愿者联动起来，迅速成立了临时楼委会。凭借人多有组织的优势，集中做好疫情管控通知传达、居民求助需求表达、菜包团购登记配送、困难人群关爱等，让整个工作变得更加有序，楼栋秩序更加稳定，楼栋凝聚力更强。

四是实践激发创新，创造管控三步曲。实践出真知，各社区在强化楼栋精确防控的伟大实践中，摸索出了许多行之有效、接地气的楼栋守护方法，例如，Z社区就探索了管控期间拧紧楼栋"安全阀"的精准"三步曲"：第一步是"扫楼"，搭建好的楼栋自治队伍认真排查楼栋单元和居民户，深入了解居民户情况和求助信息；第二步是"守楼"，每个楼栋单元轮班值守，确保防疫期间各楼栋单元平稳有序；第三步是"喊楼"，在建立楼栋线上微信群的基础上，加大线下小喇叭与居民的互动，提高工作效率和安全性。

（四）超领域的志愿动员，汇聚广泛性志愿服务力量，释放志愿效能

社区治理任务重、人手不足是个老问题，如何动员数量更多、协同更有力的志愿者，是基层治理的一个重大问题。L街道战疫和静态管理过程中，街道和社区积极行动，采取了更广泛的志愿服务动员，招募到了规模较大的志愿力量，逐渐让基层志愿动员的图景更加清楚、条理更加清晰、成效更加明显。

一是社区党建与党组织条线志愿动员（依托社区党建系统）。这是社

区自有的党建根基，其基本架构是"社区党委–二级党支部（网格党支部）–楼栋党小组–党员居民户"。静态管理启动后，在全市"先锋驿站"动员令尚未发出的时候，街道和社区就已经提前依托本社区党建系统，发出了招募党员志愿者、共同战"疫"的号召。这条招募战线的基本运转枢纽是各二级党支部，党支部长期耕耘支部内部建设和居民服务，与本支部的党员联系紧密，招募通知发出后，各支部党员纷纷响应，很好地体现了基层党组织的战斗堡垒作用和党员先锋模范作用。

二是社区"先锋驿站"党员志愿动员（依托社区"先锋驿站"）。这是集聚更多在职党员力量的一个大平台，由市委组织部统一发布通知，要求在各社区尽快建立符合"七个一"标准的"先锋驿站"，其基本结构是"社区党组织–先锋驿站临时党支部–小区在职党员"，基本功能是负责小区防疫政策宣传、核酸检测秩序维护、生活物资采购送达、劝阻人员聚集、志愿服务分工部署等。据笔者观察，前述依托社区党建系统先动员起来的党员志愿者，在"先锋驿站"设立后，很多被整合到驿站中进行统一管理。这一战线的志愿动员力度大、人员多、党员志愿者人员素质高、能力强、有奉献精神，对社区抗疫的帮助很大，具有较强的政治优势和规模优势。

三是社区楼栋单元居民群众志愿动员（依托楼栋单元）。这是按楼栋单元建立起来的自治性、民间性、自发性志愿队伍，其基本架构是"业委会–楼栋长–单元长–居民志愿者"。这一领域是整个小区防疫最基础、最关键的志愿服务战线，能够最大程度地唤醒和动员广大居民，让居民用互助和志愿守护自己的家园。以R社区为例，各楼栋单元的居民志愿者最多时接近500人，庞大的居民志愿者被分到单元管理组、蔬菜包订购发放组、物资转运组、购药就医组、安全消杀组、核酸检测组和重点人群关爱组等七个组别。如果没有这么多的热心居民和志愿者的参与，这种多组别协同联动抗疫的格局就不可能打开，管控期间就不会秩序井然。

（五）超强度的防疫宣传，强化内生性防控政策认同，释放宣传效能

非常态疫情防控阶段，虽然有市、区防控指挥部的权威政策发布和相关通知，但民众的信息获取渠道多样化，人们对静态管理期间社区各项管控和核酸检测措施等都有不同的认知和理解，这就要求基层在防控过程中既要注意政策宣传的统一性、标准化，又要注重贴近民众的认知理解水平和语言生活习惯。L街道和各社区在防疫宣传方面，是如此想的，也是如此做的，取得了不少有益经验。

一是用微信公众号发布政策信息。疫情吃紧的时候，确保党委政府政策信息发布的权威性，是一项至关重要的工作。新媒体时代，L街道积极响应时代要求，充分利用"L建设"这一公共宣传平台，防疫宣传信息同样也在该平台发布。广大干部和群众能够从这一平台，及时全面地获取街道防疫政策和工作举措，有效地规避了因谣言导致社会秩序混乱的情况。

二是用网格工作群及时宣传防疫工作。自Y区2020年底提出"网络+网格+网红"治理模式以来，L街道各社区的网格群和楼栋群已全部组建且正常运营。静态管理后，每日的政府物资保供、核酸检测、志愿招募等各类信息，通过网格工作群能够让大部分居民知晓。管理做得比较精细的社区，还下移为楼长、层长建立了楼长群、层长群，为居民建立了楼栋微信群，不仅方便楼长、层长交流当日和次日工作注意要点，还能很好地实现居民与楼长、层长的沟通，便于社区层面及时掌握居民群众的不同诉求和思想动态。

三是用播音小喇叭反复播报防疫举措。平时不起眼的小喇叭，在防疫关键时候能够起到很大的作用。毕竟有部分群众特别是老人不擅长使用手机查阅信息，部分居民存在"信息遗漏"现象。每次核酸检测实施前和实施过程中，除了网格长、楼栋长在群里通知外，社区小喇叭是必备选项，小喇叭声音一响，居民也就知道要去做什么。有居民回忆说："一开始听到喇叭喊觉得吵，到了后来，听到喇叭喊我们去做核酸检测，

感觉很有安全感，如果哪天听不到喇叭响反而不习惯了。"（访谈记录，L-RLXY001-20220516）

四是用"正能量记录"广泛传递感人瞬间。民众需要被动员，需要被感动，被感动了能够更好地被动员。社区内广大党员、志愿者献身疫情防控有着许多感人的瞬间，如参与社区的门岗值守、核酸检测、维持秩序、物资转运、帮助老人、安全消杀等，还有住户之间互送蔬菜、水果和熟食。街道和社区及时抓取了这些感人瞬间，制作成图片集或短视频，投放到公众号、网格群以及微信朋友圈，在广大居民群众中引起了极大的反响，产生了较强的鼓舞效果，不少居民群众受到教育、感化和鼓舞，纷纷向社区党组织、业委会和楼栋长报到，主动要求分配任务，要求参与社区志愿服务。

（六）超温馨的关爱服务，发挥专业性社会组织作用，释放服务效能

网格精控、小区封控、楼栋管控，不是为了管控而管控，而是为了阻断疫情传播，其根本目的是保护人民群众生命安全、践行以人民为中心的根本理念。但严控毕竟打乱了群众的生活节奏，回避不了居民群众的生活需求，特别是就医问诊等特殊需求，而独居高龄老人、独居高中生、残疾人、患病者、孕产妇等特殊群体的情况则更需引起关注。L街道及各社区对这一方面问题早有预判，协调社区工作者、调动网格员和楼栋长力量、动员居民志愿者，紧密联动各类专业性社工机构，做好摸清底数、发现困难、传递需求、解决问题、提供关爱等方面的工作，大大地提升了人民群众特别是困难群众在小区内的幸福感、安全感和获得感。这里，我们重点以R社区的做法进行介绍和阐述。

一是细致摸排、理清台账。社区基于已经划小的楼栋楼层等"微单元"，引导党员认领楼栋和单元楼层，担任楼长、层长，建立微信沟通群，搜集居民需求。对于未进群的居民则实行"敲门行动"，挨家挨户摸排，掌握日常生活需求、健康状况、精神状况、特殊困难等信息，完善台账。以R社区为例，通过入户摸排发现，社区内有独居高中生31人、

独居高龄老人45人，以及其他一些特殊群体。这些细致的摸排和台账建立，为后续精准施策、温情服务提供了基础。

二是整合资源、建立队伍。光有台账，没有人去行动是不行的；光有个别行动，不成组织气候，也是不可持续的。为保障对上述群体的关爱到位，R社区搭建了以党委统领、社区社工室承接、楼栋长负责、邻里补充为一体的队伍保障机制。落地该社区的Z社工服务中心以服务独居老人为主线，设置"爱心专线"，每天做好老人回访、统计需求、安抚情绪、提供帮助等工作。楼栋长和志愿者则大力开展"敲门行动"，及时回应老人需求，协助完成核酸检测、物资保障、送医救治等工作。

三是因人施策、温情服务。台账清晰了、队伍健全了，接下来就是针对性的服务供给和互助关爱。例如，R社区7号楼有5户独居老人，楼栋长张女士和志愿者们每天上门，协助老人们做好核酸检测、物资采买等工作，特别是老人需要买药，他们联系社区购药就医组，帮助老人买好药并送药上门。该社区附近有一所高中，不少家远的高中生独居于此，静默管理后他们失去了生活物资保障，社区积极配送保障物资，并联系街道在配送志愿者餐食时增加一部分餐食用于满足学生用餐需求。总之，这样的案例不胜枚举，反映了抗疫过程中，社区在整合人力、组织、资源的基础上，能够针对性地为特殊群体提供人性化、温情化的服务，赢得了居民群众的喝彩。

第四节　推动基层非常态应急管理 与常态社会治理的有效衔接

"积极探索适合本地具体情况的政府创新模式，是增强适应当前风险社会中矛盾与挑战能力的重要抓手。"[1]总体来看，L街道及下辖各社区

---

① 孔卫拿：《乡村治理研究》，上海：学林出版社，2018年版，第227—228页。

（以R社区为代表）在抗疫过程中领导得力、组织有序、底线牢固、先锋彰显、志愿觉醒、成效明显，"六超"工作法经受住了抗疫实践的考验，给街道和社区治理留下了可不断挖掘的宝贵经验和成果。这是当地市委市政府、区委区政府统筹全局、坚强领导的结果，是L街道党工委科学设计、有序协调的结果，是广大社区工作者、党员、业委会、物业、楼栋长、志愿者不舍昼夜、无私奉献的结果，是广大居民群众支持理解、团结奋斗的结果。同时，至关重要的是，这些还是党的十八大以来L街道主动寻求治理变革、加强社会综合治理创新、不断累积现代化治理因素的结果。党的十八大以来L街道的这些探索，路子走对了，契合中央和国务院近年来加强基层治理现代化的指示精神和要求；步子迈开了，基层治理现代化的各方面基础工作正在走深做实，与区内其他街道相比，具有一定的前瞻性和创新性；路子光亮了，因为检验创新和治理成效好不好的标准，根本在人民群众是否欢迎和支持，是否能够解决人民群众急难愁盼的问题、满足人民群众美好生活的需要。总体来看，从常态治理到战疫过程，L街道的居民普遍对街道和社区竖起大拇指。

当然，任何事情都不是也不可能是完美无缺的，基层组织本来就权力小、责任大、任务多、压力大，在遭遇重大突发疫情时，防控过程虽然取得了成功和诸多成就，但难免会有这样或那样的瑕疵，如防控初期政府保供与社区团购之间衔接不及时、居民组织力不足、在职党员报到积极性不高、社区物业协同性不够等。这些都会促进我们对后疫情时代的基层治理进行总结和反思，查缺补漏、夯实拓展，着力推动常态社会治理与非常态社会应急管理的有序衔接，不断推进基层治理体系与治理能力现代化。

一、划分组织类别与抗疫科学管理

疫情席卷而来，社区到底要做哪些事？怎么有条不紊、忙而不乱地做好这些事？越来越多的志愿者报到后，怎么去安排协调他们？经过几轮抗疫实践，社区领导班子也都有了自己的经验总结，对于新加入社区工作的成员而言，尽快熟悉这些知识和实践经验，是至关重要的。笔者认为，第一条也是最重要的路径，就是要做好抗疫大组的梳理和分工。抗疫组别的设置当然不可能千篇一律，要考虑到老旧小区与商品房小区的差异，但总体而言，基于传染病发生发展规律和公共卫生事件处置的规律，组织类别设置也是有规律可循的。

L街道2022年4月的抗疫由于增加了封控区和管控区的工作，让这些经验更加丰富了，综合战疫实践来看，"7+2"式社区抗疫大组设置，是非常必要的，"7"是指全员核酸检测组、门岗安全值守组、小区环境消杀组、社区秩序维护组、物资后勤保障组、群众就医购药组、特殊群体帮扶组，这7组是让社区里不同的人去做不同领域具体的事（这些领域一个都少不了），即将志愿者和热心居民安排到这些组别中去，在安排过程中适当考虑其职业特点、专业优势、性别、年龄、文化程度等因素，具有前线性、直接性、具体性。"2"是指志愿招募分配组、信息宣传报道组，带有一定的统筹性、间接性、协调性。其中的志愿招募分配组尤为重要，当志愿者人数越来越多的时候，怎么协调和分配就是重要问题，一旦管理不好，就会挫伤志愿者积极性，影响社区在居民心中的威信。不管是协调分配到上述7个组别，还是协调到具体楼栋，有一个明确的、权威的协调中心是很有必要的。信息宣传报道组也很重要，社区的抗疫工作要记录、先锋的光辉形象要展示、志愿服务的感人瞬间要抓拍、抗疫相关报道要呈现、居民疑难问题要解释答复、抗疫政策通知要发布等，这些工作应该有一个专门组别去做。"7+2"组别的人力来源当然是多元的，应由社区党组织统领和协调，选派奉献意识强、能力素质高、群众口碑好的人员担任组别负责人，并以党员和志愿者予以配备充实。

二、发挥党建引领与抗疫政治优势

中国共产党领导是中国特色社会主义最本质的特征，是中国特色社会主义制度的最大优势，党是最高政治领导力量。[①]到了基层，这一特征和优势就更加明显，党建引领已成为整个基层治理最核心的牵引力和驱动力。L街道党建引领社区治理本身就有一定的探索和创新，市委组织部关于建立"先锋驿站"的要求作出后，L街道在贯彻这些指示的时候，之所以机制更顺、信心更大、效率更高，就是因为一直以来不断强调党建引领对基层治理创新的重大作用。结合L街道战疫的重要成果和有关观察，我们认为，下一步还可以从如下几个方面进一步发挥党建在应急管理中的优势。

一是参考"先锋驿站"，鼓励打造社区在职党员服务站。在职党员报到缺乏活力原因很多（这里不一一赘述），其中一个重要缺憾是没有固定平台，有的地方只是象征性地建了微信群，平时群里是一潭死水或者偶尔讨论的问题与基层党建、社区服务关系不大。可借鉴抗疫中"先锋驿站"的功能和角色特征，倾力打造L街道下辖社区的在职党员服务站，选好站长、副站长等，在社区党委的统筹下，定期开展一些党建、为民服务的有关活动，活动具体内容可以边探索边积累边创新。二是延伸组织细胞，继续夯实二级党支部以下的党组织建设。目前二级党支部是非常健全的、工作是比较规范的，但再往下就是党小组了，这一类党的细胞组织目前建设得不理想。比如说，有的楼长、层长不是党员，这里不是强求楼栋长一定要是党员，但这反映了末梢段的党组织需要夯实。应该深入一些基础好的楼栋，做好党小组设置，围绕楼栋治理和居民服务，持续开展系列活动，取得制度化的工作经验，成熟之后再复制推广。三是创设多种渠道，积极鼓励党员认领社区治理与服务事项。强调一名党员就是一面旗帜是不错的，但党员怎么树立起这面旗帜？不能仅强调其发挥作用的积极性，也要注意其发挥作用的渠道有没有、多不多、顺畅不顺畅。"先锋驿站"建立了，那是因为有渠道，广大党员积极响应加入其中。所以要持续开展党员亮身份、党建微公益创投、党建楼栋微治理

---

① 《中共中央关于坚持和完善中国特色社会主义制度　推进国家治理体系和治理能力现代化若干重大问题的决定》，《人民日报》，2019年11月6日。

等多种活动，广开言路、广辟通道，让党员在参与中发起行动、在行动中实践引领、在引领中赢得荣光。

三、划小治理单元与抗疫有效组织

划小治理单元是L街道抗疫过程中最大的亮点和特色，各个社区的实际行动和后续反馈，都显示了划小治理单元、发挥楼栋自治力量的重要性。这一工作机制与国家反复倡导的推动社会治理重心下移，实现政府治理和社会调节、居民自治良性互动的要求是高度契合的。在对这方面可喜成就感到欢欣鼓舞的同时，我们认为，后续还可以从如下几个方面持续进行拓展和完善。

一是坚持网格化管理路径不放松。据笔者观察，L街道自2020年5月在社区试点"四级网格"治理改革以来，一直持续在破解网格化管理的梗阻和难题。本轮战疫中的网格群、楼栋群其实就是当初"四级网格"治理改革中的"全科社工网格"和"自治网格"。这条路走得非常关键也非常正确，要持续走下去，继续夯实各级网格的台账、职责清单，加强培训交流和督导考核，将抗疫中积聚的能量和人力资源，尽快补充到"自治网格"中去，夯实网格化管理的基础。二是坚持精细化管理路径不放松。底数不清是抗疫过程中群众工作不到位、产生居民意见的重要原因，网格化管理是为了实现管理精细化，尤其要对居民群众的情况了如指掌，做到底数摸清。在反思抗疫过程时，一些社区谈到，由于底数不清，静态管理后少数困难群众的特定需求没有得到第一时间回应。因此，要借鉴智慧社区建设的思路，充分挖掘前期网格化管理的效能，进一步加大对楼栋楼层的摸排，为精细化管理夯实基础。三是坚持自治化培育路径不放松。从抗疫过程来看，居民在党组织的带领下，越是自治越能够减轻社区工作负荷，也越能够促进楼栋良性运转。L街道前期在推进居民自治方面下了很大功夫，如持续做好"居民提案大赛"、推进楼栋自治、打造楼栋公约、做深社区协商等，都是好的经验和做法，值得继续坚持和优化，要始终为了群众、相信群众、依靠群众，让群众自己参与到自己事务的管理中来，在参与中提升他们的自治能力。

四、统筹志愿体系与抗疫志愿协同

没有志愿力量，本轮社区抗疫不可能取得胜利，甚至常规的抗疫动作都无法实施。比如蔬菜包的转运，社区和物业哪有这么多力量来从事如此繁多、琐碎的工作呢？如果没有志愿者，这个工作就无法开展，居民群众的生活就会失去保障。但我们也发现，志愿者缺乏的时候，管理者会发愁，志愿者变多的时候，有的管理者也会陷入慌乱，不懂得如何协调和分配这些人力资源。这其实是管理学中"协调"的老问题。在前述组织类别设置中已有所涉及，这里重点讲志愿体系的整合问题。

一是要区分两类基本的志愿管理。前面阐述过，社区大致是从社区党建系统、"先锋驿站"平台、居民网格楼栋三个方面展开本轮战疫中的志愿招募和分配管理，不过后来社区党建系统的志愿管理与"先锋驿站"合二为一了。这提醒我们，在公共卫生事件应急管理中，志愿动员主要按照两类进行，第一是党建引领类，依托党的组织平台（不管是社区已有的，还是临时搭建的），第二是居民自治类。前一类动员对象主要是党员，后一类是居民群众。前一类工作阵地是"先锋驿站"，后一类阵地在楼栋单元。二是要健全志愿招募统筹组织的工作机制。前面阐述过社区应该设置志愿招募统筹组这一抗疫工作组别，但其工作机制目前来讲是一个较大的空白，比如说，这一组织自静态管理开始，就应该一直持续工作，因为可能不断地有人要加入志愿者队伍，一旦没有组织来调配他们，出现"热脸碰冷屁股"的情况，就会影响居民的积极性和后续的文化建设。此外，调配过程中志愿者优势的甄别、基本培训、后期激励表彰等，都有一系列工作需要做、一系列内容有待深挖。

五、多社联动建设与抗疫联合互动

从一开始的"三社联动"到如今各级政府一致倡导"五社联动"，L街道其实一直都是这么做的。在党的十九大以后，L街道特别注重外引专业性社会组织、内部打造枢纽型社会组织、加紧培育内生性社区志愿组织，很好地运用了社区联动化治理的理念。通过本轮抗疫过程中各类专业社会组织、草根志愿团队作用的发挥，我们能够发现，多社联动对于提升抗疫的专业性、补充服务力量、提高服务品质等，都具有十分重要的价值。虽然小区解封了，但联动化治理正如火如荼，后续可以继续在如下几个方面进行提升和完善。

一是全力做好街道社区社工站的建设。Y区社工站在各个街道实现了全覆盖，但由于专业人才、资金场地等因素限制，街道社工站一般以一个社区为中心，向四周辐射。在本轮抗疫中，社工站所在的社区点，其专业性明显就强一些，由于静态管理，这些取得很好效果的联动治理方式也很难立即推广到其他社区。因此，要乘着社工站建设政策的东风，加快推动社工站在社区的全覆盖，提高社工站内部的专业人才储备量和上岗率，更好地发挥社工站的专业作用。二是着力提高社区枢纽型社会组织能力。目前各个社区都有社区枢纽型社会组织，但工作专业性、持续性不甚理想。在本轮抗疫过程中，志愿队伍壮大了，志愿人力也增加了很多，将来如何把这些队伍整合好、培育好、训练好，社区社会组织联合会的作用不可或缺。因此，可链接社工站的资源和工作机制，推动社区枢纽型社会组织能力再提升。三是蓄力搞好社区发展公益基金建设。在街道前期大力推动下，目前L街道下辖各社区"两委"班子都积极转变观念，在提高社区资源再生、造血能力方面，加大了探索，取得了一定的实效，这是多社联动的资源保障和激励来源，需要继续巩固街道社区发展公益基金的工作成绩，总结经验教训，扩充社会慈善资源，壮大支持社区公益的源头活水。

六、家园文化建设与抗疫全民皆兵

如果人人参与抗疫，抗疫阵线会更牢固；如果人人热爱家园，家园会更美好。此次抗疫到了中间时段，我们发现，越来越多的居民群众被基层党组织的号召所鼓舞，被社区工作者和志愿者的奉献所感动，纷纷要求成为志愿者，一下子有"全民皆兵"的感觉。这种感觉不仅坚定了广大干部坚持作战的决心，也坚定了广大居民战胜疫情的信心，让陌生的社区找到了"家园共同体"的凝聚力量。那么，疫情过后，是否又要回到冰冷陌生的社区呢？肯定不行，要珍惜通过这轮抗疫得之不易的居民共同体意识，将其培育为打造熟人社区的精神来源，转化为熟人社区的精神维系。

一是深入总结社区抗疫精神。各社区都进行了志愿者表彰，表彰会一结束，大家又回到自己的岗位忙去了，每个社区人不一样、事不一样、抗疫困境不一样、抗疫故事不一样，这些都值得去进一步总结和挖掘，要把总结社区抗疫精神与培育社区志愿精神紧密结合在一起。二是积极储备社区志愿人力。要对本轮抗疫过程中表现积极、态度认真、工作负责的楼层长、热心居民等，进行热烈的表彰激励，同时要鼓励其加入社区已有的志愿服务队或社区社会组织，建立各个社区的志愿人力资源库，做好储备，以应时变。三是持续做好社区治理能人培育。治理能人代表了居民中的积极热心分子、先进分子，是社区治理的重要资源，网格楼栋楼层的治理能人表现，能够很好地感染周边居民群众，引领一批人走向社区服务，对构建家园文化和全面公益意义非凡。四是推动完善社区居民公约。目前各个社区的居民公约大同小异，有的是从网络上"移植"下来的，有的是用上级部门的模板套过来的，对居民的约束力不强。通过本轮抗疫，很多居民了解到疫情的可怕、静默管理带来的冲击，认识到参与社区家园建设的重要性，可以以此为契机，积极通过社区协商等平台，推动居民公约、楼栋公约的修订和完善，真正让这些公约实用、有用。

第五节　本章小结

重大突发公共危机在地方层面的应对，很大程度上还是依赖地方党政系统的应急动员体系与能力的释放，由于地方特别是基层镇街组织在科层体系中往往处于权责不对等的地位，其应急动员能力建设就显得更加重要，是否能够在公共危机时段进行及时、科学、有效的动员从而汇聚强大的能量资源，关乎整个地方应急管理的成败。本章以芜湖市L街道为个案，深入探讨了L街道在应对重大突发疫情时的动员体系与过程，街道从领导层面，建构了跨部门、跨社区的应急指挥部，发挥议事协调组织在疫情抗击中的重要领导协调作用。从责任层面，建构了街道、社区两级责任包保制，推动力量下沉、明确责任到人。从组织层面，对社区进行网格、楼栋的细分，调整缩小治理单元，实现精细化防控。从协同层面，聚焦战时志愿服务，充分发挥社区党组织全面领导和"先锋驿站"平台整合作用，广泛有力地吸纳居民志愿者，组建志愿服务队伍，弥补社区工作者力量不足短板。从文化层面，抓住宣传这个关键发力点，通过网格微信群、社区小喇叭等，开展周密的防疫政策、防控举措、安全知识、抗疫动态等宣传，积极锻造社区共同体精神。从服务层面，做到摸排到位、底数清晰，除及时提供抗击疫情期间基本公共卫生服务外，还整合社会各界力量，特别针对社区内特殊困难群体的各类需求，开展有序探访、助医助药、物资保供等多种暖心服务。街道和社区的这些应急举措共同构成了危难时段的应急动员体系，为基层组织汇聚了强大的战疫能量，从而保证能够取得抗击疫情斗争的重要成果。基于推动应急管理和常态治理有序衔接的理念，后疫情时代应在总结承继抗疫工作经验的基础上，坚持进一步激发社区党建的政治优势，进一步强化应急科学管理，进一步缩小社区治理单元，进一步优化社区志愿服务体系，进一步打造多社联动格局，进一步推进家园共同体建设，让城乡基层成长为危机袭来时更加强大的安全堡垒。

第四章

突发公共卫生事件中的社会救助：功能、对象与优化思路*

　　*本章主体内容原载《社会福利》（理论版）2020年第7期，收入本书时作了拓展和修订，黄晓媛和邓欢参与了本章的文献搜集和资料整理等工作。

第一节　问题的提出

像新冠疫情这样的重大突发公共卫生危机事件，会极大地耽搁国家经济社会发展进程、冲击社会和谐稳定，还会严重威胁普通群众的生命安全。在疫情冲击下，群众常常成为最直接的受灾主体，具有脆弱性，这是因为，一方面，群众自身心理和应对能力的欠缺造成内在脆弱性；另一方面，群众因缺少物质条件、社会救助、信息资源等外部条件导致外部脆弱性。[①]在疫情威胁下，基层居民群众特别是重点疫情区的民众与社会弱势群体的脆弱性更加显露无遗，这类人群不仅最容易遭受病毒侵袭，而且基本生活也会陷入困难，更有甚者会因为社会突然按下暂停键而露宿街头、衣单食薄。

重大突发公共卫生事件对特殊困难群体而言构成了一场生存大战，而社会救助成为打赢生存大战的关键保障。社会救助是指国家和社会将款物接济和扶助给予由贫困人口与不幸者组成的社会脆弱群体的一种生活保障政策，它具有非供款和无偿救助两种形式，通常被视为政府的当然责任或义务。[②]社会救助"救急难"的目标体现为维护困境人群的最低生活水平、保障每个人的基本生存权利，对基本生活无法得到保障的社会困难群体提供物质和服务等各种帮助。[③]回溯抗击疫情过程可以发现，我国以政府为主导、以企业与社会力量为补充的社会救助体系与政策，

---

① 彭宗超、钟开斌：《非典危机中的民众脆弱性分析》，《清华大学学报》（哲学社会科学版）2003年第4期。

② 郑功成：《社会保障学——理念、制度、实践与思辨》，北京：商务印书馆，2000年版，第13—14页。

③ 蒋悟真、李其成：《社会救助"救急难"机制构建问题探讨》，《广东社会科学》2016年第6期。

对抗击疫情起到了重要作用。2020年3月6日，中央应对新型冠状病毒感染肺炎疫情工作领导小组发布《关于进一步做好疫情防控期间困难群众兜底保障工作的通知》，各地方民政系统积极响应党和国家号召，紧急制定并出台防控期间有关社会救助的规范性文件，基层社区干部积极投身到一线社会救助中。全国各地企业和社会组织等也发挥各自功能，为弱势群体捐赠物资、筹集善款等。这表明在疫情面前，国家与社会都在发挥社会救助兜底保障的功能，稳定疫情防控的大局。本章关注的是，在抗疫过程中，社会救助对象主要是哪些群体？这些群体接受了哪些救助？当前的社会救助优化路径有哪些？探讨这些问题对健全国家公共卫生事件应急管理体系和提高国家治理能力具有一定的理论与实践意义。

第二节　文献综述与评论

目前国内学界对社会救助的定义并无太大分歧，郑功成认为社会救助是指国家与社会面向由贫困人口与不幸者组成的社会脆弱群体提供物款接济和扶助的一种生活保障政策[①]，李春根认为社会救助是指通过立法由国家或者政府对由于失业、疾病、灾害等原因造成收入中断或收入降低并陷入贫困的人员或者家属实行补偿的一种社会保障制度[②]，还有许多社会保障学界的权威学者都给出了自己的定义，在此不一一列举。结合这些学者的论述，我们可以简要概括社会救助概念的几条核心内容，首先社会救助的主体是代表公权力的政府部门，社会救助的对象是因各种原因导致收入下降或中断以致生活困难的人员及其家属，社会救助具有

---

① 郑功成主编：《社会保障概论》，上海：复旦大学出版社，2005年版，第247页。
② 李春根主编：《社会保障理论与政策》，北京：经济科学出版社，2009年版，第117页。

权利义务的单向性、保障水平的低层次性等特征。在明确了这些社会救助的核心内容后,我们便可以进一步讨论突发公共卫生事件中的社会救助。突发公共卫生事件中的社会救助是社会救助的一种非常态状况[①],突发公共卫生事件发生的突然性、范围的规模性、破坏的严重性等特点,使得突发公共卫生事件中社会救助的内涵和外延有一定变动。

国内关于突发公共卫生事件的社会保障方面的学术研究较多,但具体谈论社会救助的文献有限。从以往国内外的突发公共卫生事件来看,王光伟以1878年美国黄热病疫情防控为例,论述了西方"小政府、大社会"的国家治理体系下,社会救助的主体主要为民众、慈善机构和教会等社会力量,通过自救、照顾别人、救助贫困者等方式,很大程度上消除了疫情的负面影响,起到了稳定社会秩序的作用。[②]彭宗超等人以"非典"为例,分析了公共卫生危机中的民众脆弱性,他们认为政府和全社会应该高度重视危机当中民众的脆弱性问题,采取切实有效的行动计划和政策措施,大力进行日常危机应对意识和能力训练,在危机时刻及时、广泛地动员民众参与危机应对过程,并从物质、心理、信息及法律等层面提供全面细致的救援服务。[③]

从突发公共卫生事件中的法理性和政策问题看,苏新华认为政府与社会力量从古至今都是应对疫情的关键主体。[④]林嘉等论述了突发公共卫生事件中的社会补偿机制,他们认为传统国家责任以及社会保障在突发公共卫生事件中存在救济不足的严重缺陷,有边缘群体被孤立在社会救济的对象之外,并从社会补偿的对象、机构以及给付机制等方面提出了

---

① 李俊:《突发公共卫生事件中社会救助规范的性质及实施》,《北京航空航天大学学报》(社会科学版)2023年第5期。

② 王光伟:《传染病疫情下的政府防治与社会救助——以1878年美国黄热病疫情防控为例》,《史学月刊》2021年第4期。

③ 彭宗超、钟开斌:《非典危机中的民众脆弱性分析》,《清华大学学报》(哲学社会科学版)2003年第4期。

④ 苏新华:《清末潮汕地区瘟疫流行原因与社会救助研究》,《北华大学学报》(社会科学版)2014年第4期。

政策建议。①李俊认为现有社会救助的宪法基本权利条款和相关法律规范无法完全回应突发公共卫生事件中社会救助的立法规范需求，突发公共卫生事件中的社会救助无明确的法律规定。②詹绍文等对新冠疫情初期武汉地区社会救助资源配置状况进行讨论，他们认为在突发公共卫生事件中，社会救助资源配置往往存在供需不对称、资源冗余或不足、资源配置效率低等问题，主张构建多主体协同合作的社会救助资源配置机制。③任敏等就公共卫生危机中社会救助的社会工作嵌入途径展开论述，以在武汉参与救助的社会工作实务为例，提出了社会工作参与社会救助的合法性问题。④社会保障界的权威学者们认为应当扩大社会救助尤其是临时救助的覆盖面，确保不出现陷入绝境的现象；加强对分散供养等特殊困难群体的疫情防控与照料帮扶，做好兜底保障工作；将相关服务纳入救助体系；发挥就业救助的积极功能。⑤

从突发公共卫生事件中的实务讨论看，关信平认为我国针对重大疫情中困难群众保护的制度还比较薄弱，重大疫情中困难群众保护被忽略在制度领域外。⑥王立剑等认为我国公共卫生事件中的社会救助应急措施仍然主要聚焦于制度以及覆盖特殊困难群体，救助内容单一、重物质轻服务。⑦杨立雄讨论了新冠疫情期间的福利悬崖效应，他指出建档立卡已

---

① 林嘉、张韵：《突发公共卫生事件社会补偿制度的构建》，《中国人民大学学报》2020年第5期。

② 李俊：《突发公共卫生事件中社会救助规范的性质及实施》，《北京航空航天大学学报》（社会科学版）2023年第5期。

③ 詹绍文、周洋：《突发公共卫生事件下社会救助资源统筹与优化》，《北京航空航天大学学报》（社会科学版）2021年第5期。

④ 任敏、陈政军：《专业与情境：社会工作在参与公共卫生危机救助中的发展》，《社会工作》2020年第1期。

⑤ 鲁全：《重大突发公共卫生事件应对与社会保障治理能力现代化——"抗击新冠肺炎疫情与社会保障研讨会（通讯）"观点综述》，《社会保障评论》2020年第2期。

⑥ 关信平：《重大疫情中困难群众的脆弱性及相关社会保护基本法制框架建设》，《社会建设》2020年第4期。

⑦ 王立剑、代秀亮：《重大突发公共危机事件中的社会保障应急机制》，《西安交通大学学报》（社会科学版）2020年第4期。

脱贫人口中还有部分群体的家庭生计脆弱，受社会救助资格条件的限制，他们当中很多人无法被纳入社会救助范围，又因各种政策原因加剧了"马太效应"，造成了严重的不公平，面向共同富裕的社会救助需要从兜底保障转向适度的分配正义，在提升低收入家庭收入水平、缩小家庭收入差距、满足低收入家庭对美好生活的向往等方面发挥更大作用。[1]岳经纶等以新冠疫情期间杭州市的消费券补助为典型，与很多国家的疫情现金救助作对比，指出这本质上是以特定消费者为对象的一项社会福利措施。[2]唐钧提出应对不同人群采取不同的救助措施，以临时救助为主。[3]钟仁耀认为政府部门之间要协同抗疫，社会力量侧重于心理层面的救助。[4]张洪提倡社会救助程序应简单化、系统信息化、信息公开化。[5]

　　既有研究为探究重大突发公共卫生事件中的社会救助提供了有益启发，但针对这种特殊状态下的社会救助，目前总体上还缺乏全面的审视和分析，相关探讨比较零碎化。比如，对救助对象与主体的归纳不够全面、清晰，同时在救助内容上，现有成果局限于临时救助，对其他救助较为忽视。本章聚焦疫情中社会救助的功能和对象，尝试展开针对性探讨。

　　① 杨立雄：《从兜底保障到分配正义：面向共同富裕的社会救助改革研究》，《社会保障评论》2022年第4期。

　　② 岳经纶、方珂：《大规模社会危机冲击下的现金补助计划——基于全民基本收入理念的分析》，《社会保障研究》2020年第5期。

　　③ 唐钧：《从"相对贫困"看因疫致贫》，《中国社会保障》2020年第4期。

　　④ 钟仁耀：《紧紧依靠现有社会救助体系筑牢托底保障网》，《中国民政》2020年第7期。

　　⑤ 张洪：《健全城市公共卫生应急管理体系的思考》，《特区实践与理论》2020年第3期。

第三节　社会救助在公共卫生危机应对中的重要功能

公共卫生危机对人类社会的冲击具有突发性、连续性、扩散性和较强危害性，处于风险社会中的人们在风险面前是平等的，但由于人群内部的差异性如工作性质、地理区域、贫富状况、身体机能、文化习俗等，会反映到公共卫生危机事件造成的后果上来，这就又造成了公共卫生危机后果的不平等性。特别是在社会常态运转中本身就是社会扶持对象的人群，到了非常态应急管理阶段，可能会遭遇更大的不利、不便以及更严重的困难。社会救助作为社会治理体系中不可或缺的重要保障机制，是兜底性的社会安全网，公共危机事件中的社会救助，是突发事件应急管理的重要组成部分，是社会救助保障功能在危机管控阶段的实践和接续，对保障因危机冲击而陷入困难的人的生存权利具有重要作用。

一是接续兜底功能。在公共卫生事件中社会救助的核心功能是保障公共卫生危机中全体人民的基本生活需要。社会救助作为兜底性的社会保障制度安排，在突发公共卫生事件中的核心作用是确保遭受公共卫生危机事件而影响生计的人群的基本生活需要得到必要的保障，是社会救助常规功能在社会处于危机状态下的接续和延展。由于公共卫生事件的影响对象往往具有广泛性，因此公共卫生事件中的社会救助对象范畴超越了传统社会救助的特定困难群体，展现出一种普惠性。然而社会风险对人的影响是按社会分层的序列发生的，越是处于底层的群众遭受重大社会风险的影响往往也越大。在这样的制度安排下应当加大对特殊困难群体以及制度边缘困难群体的救助，确保其不会因突发公共卫生事件而中断或减少收入影响生计，体现了社会救助的接续兜底功能。

二是和谐稳定功能。当前我国已经解决了长久困扰中国人民的绝对贫困问题，但在突发公共卫生事件的巨大冲击下，不可避免会发生一定层面的因各种原因而产生的返贫致贫状况。这种突发性、临时性的返贫现象会对社会的和谐稳定造成冲击，急需以政府为核心的多方主体采取应急处理措施，力求降低因公共卫生危机而导致社会危机的潜在风险。此外，突发公共卫生事件的暴发往往具有区域性的特点，呈现出以单个或若干个暴发点为中心的空间格局，给社会成员造成了团体性的危机，一旦应急物资发生短缺，极易产生危害经济社会稳定的非理性事件，而社会救助则相当于给危态社会状况及时打上"镇静剂"，通过兜底、帮扶、扶弱、济困等多种途径来使社会紧张状态得到缓和，从而在相当程度上维护了社会秩序和社会环境的稳定。

三是社会信任功能。儒家"仁爱"思想是我国古代社会救助价值观的渊源，在中国几千年的历史中，政府一直承担着社会救助的主体责任，民间的社会救助力量也在逐渐加强。[1]社会救助作为社会保障体系内的一个子系统，突出以人为本，彰显了人道主义精神，是人类文明的璀璨成果和社会进步的重要推动力量。社会救助体系凝聚着全社会应对公共卫生危机的共同力量，突发公共卫生事件中的社会救助往往包括政府给予的救济和来自社会力量的社会互助。被救助对象受到来自政府的接济，加强了民众对国家和政府的认同感和信任感，这对于公共政策执行会起到润物细无声的作用。同时，困难人群还会获得来自社会力量的大量救助，从而形成对社会的归属感。有研究指出，住房救助和临时救助会带来社会资本的显著增加[2]，受救助者在受救助的同时或在受救助以后，很有可能会成为施助者，这极大地促进了社会整合，增强了社会互助的潜在力量。

四是恢复发展功能。社会救助应由低层次的生存型目标转向高层次

---

① 郑军、彭欢：《中西方社会救助制度中政府责任差异的比较分析——基于制度文化的视角》，《经济问题探索》2010年第2期。

② 郭瑜、张一文：《社会参与、网络与信任：社会救助获得对社会资本的影响》，《社会保障研究》2018年第2期。

的发展型目标[1]，在突发公共卫生事件中，许多特殊的政策措施往往会对社会经济造成一定的负面影响，例如在疫情期间有一些制造业流向东南亚地区，制造业的流失伴随的是就业的流失，而突发公共卫生事件中的社会救助不局限于传统社会救助的最低保障性，这也为疫情暴发地的经济社会恢复发展提供必要的支持，帮助受突发公共卫生事件影响而中断或减少收入的人员获取进行正常生活的能力。在突发公共卫生事件应急管理过程中，政府和社会各界为受影响的民众提供所需的帮助，让其恢复受损的生活与生产条件，推动受疫情冲击的困难群体及时止损并且兼具恢复发展能力，充分体现了社会救助具有的恢复发展功能。

第四节　突发公共卫生事件中社会救助的对象体系

在重大突发公共卫生事件中，要达成"弱有所扶"的民生建设目标，必须科学甄别"弱有所扶"的对象。[2]梳理新冠疫情防控实践能够发现，患者、特殊困难群体和一线工作人员三大群体是主要救助对象，这三大救助对象类型可分别进一步分为特殊重点救助对象与常规社会救助对象。据此可知，政府、企业与社会组织对各类群体的社会救助活动既有全面性，也有侧重点。本章将这三大对象的社会救助现状提炼如下（见表4-1），展示了新冠疫情期间社会救助的对象类型。

---

① 余少祥：《发展型社会救助：理论框架与制度建构》，《浙江学刊》2022年第3期。

② 陈成文、陈建平、洪业应：《新时代"弱有所扶"：对象甄别与制度框架》，《学海》2018年第4期。

表4-1 新冠疫情期间社会救助对象类型

救助对象类型	患者	特殊困难群体	一线工作人员
常规社会救助对象	重大疾病患者、慢性病患者	散居特困供养人员、低保对象、流浪人员等	一线非医护工作人员
特殊重点救助对象	确诊患者、疑似患者	临时贫困户、居家隔离困难户、临时流浪人员、临时困难儿童	一线医护人员

一、患者

除了常规的重大疾病与慢性病患者之外,新冠确诊或疑似患者无疑成为政府医疗救助的重点群体。医疗救助的方式主要体现在以下两个方面:一方面,为确保定点医院能及时医治,国家医疗保障局调整了支付政策。具体来说,医保经办机构实行预付制,对新冠患者的医疗费用单列预算。另一方面,健全保障体系,由基本医保、大病保险、医疗救助以及财政补助等垫付完医疗费用后,新冠患者能够摆脱沉重的医疗支出负担。[1]为了保证外地患者能得到及时救助,由就医地医保部门主动预先支付相关费用,最后再进行全国统一清算。[2]例如,为了保障救治工作的及时开展,截至2020年2月13日,甘肃省各级医疗保障部门拨付了2.2384亿元,专门用于预付医保费用。该省17位感染人员与1位疑似患者的医疗费用都由基本医保、大病保险、医疗救助和财政补助等承担。[3]少数新冠确诊贫困群体或疑似确诊贫困群体会因无力承担治疗费用而瞒报病情,最终不仅会加重病情,而且更严重的后果是成为社会中不受约束的传染源,进而加大治疗与防控难度。全面彻底的医疗救助,有利于

---

[1] 《国家医疗保障局 财政部关于做好新型冠状病毒感染的肺炎疫情医疗保障的通知》,载国家医疗保障局网(http://www.nhsa.gov.cn/art/2020/1/23/art_71_2391.html)。

[2] 《国家医疗保障局办公室 财政部办公厅 国家卫生健康委办公厅关于做好新型冠状病毒感染的肺炎疫情医疗保障工作的补充通知》,载国家医疗保障局网(http://www.nhsa.gov.cn/art/2020/1/27/art_71_2392.html)。

[3] 《甘肃累计为18名治愈确诊和疑似患者结算医疗总费用20.89万元》,载甘肃政务服务网(http://gansu.gov.cn/art/2020/2/14/art_10497_445926.html)。

降低贫困群体瞒报率，是社会托底保障体系中的一项重要制度，有助于低收入家庭等城乡弱势群体在大病治疗中降低经济风险[①]，获得更好的医疗服务。

及时有效的心理救助有利于提高患者免疫力，缩短救治周期。大量被感染的病人、被隔离的感染者会产生焦虑、孤独、内疚、分离创伤等不良情绪，这些不良情绪都在无形中加大了医护人员开展救治的难度。因而，在救治期间，各地卫生健康行政部门在定点医院、方舱医院积极组织开展心理救助，为新冠确诊患者与疑似患者提供心理支持和心理危机干预。比如，协助患者与家人、朋友保持联系以获得家庭和社会的支持；传染科、呼吸科等领域专家线上为轻症患者提供与疾病治疗相关的健康教育，密切关注多位家属受到感染或已有亲人去世的被隔离者等。同时对于有精神问题的感染者，精神科医生及时为他们会诊，进行危机干预和精神科药物治疗，并建立心理援助患者档案。

二、特殊困难群体

疫情应对期间，政府、企业和社会组织协同救助的特殊困难群体可以分为以下两大类：第一类是常规困难主体。主要指非疫情原因造成的长期困难群体。比如，散居特困供养人员、低保对象、流浪人员等。在疫情防控期间，各地政府对这类群体及时足额发放低保金、生活补贴和价格临时补贴等。此外，对流浪人员进行了医疗救助、实物救助、住房救助与现金救助等。第二类是临时困难群体。主要是指由于感染新冠或因参与疫情防控导致自身或家庭成员出现生活困难的群体。该类群体是抗疫过程中社会救助的重点对象。本章将第二类临时困难群体进一步划分为临时贫困户、居家隔离困难户、临时流浪人员、临时困难儿童四大类。具体阐述如下。

[①] 陈成文：《论大病医疗救助与新时代"弱有所扶"》，《社会科学家》2018年第1期。

（一）临时贫困户

临时贫困户是指因感染新冠而丧失家庭主要劳动力，导致家庭无主要收入来源或家庭收入大幅减少的患者及其家庭；或者因疫情外出就业、经营等受阻，导致无法创收，基本生活陷入困难的城乡居民。在此次疫情期间，临时贫困户主要接受的是就业救助、"先救后补"或一事一议的临时救助、最低生活保障等。例如，榆林市政府拨付2000多万元临时救助金，用来救助困难群体，其中就包括因感染新冠病毒或疫情防控造成无收入来源或收入大幅度减少的家庭或个人。①截至2020年3月底，全国共有230万名无业人员领到了93亿元失业保险金、20亿元医疗保险费和6亿元价格临时补贴，有6.7万名无业农民工领取了4.1亿元的一次性生活补助。②又如，遵义市绥阳县民政局公布了社会救助热线，让困难群众"求助有门"，通过"特事特办"的方式解决困难群众急难问题，对因疫情防控导致家庭生活出现困难，难以维持其正常生活的家庭或个人，采取临时救助或实物救助的方式进行主动救助。此外，该县民政局还拨付了临时救助资金用于保障防疫期间困难群众基本生活。③对于遭遇重大疾病等导致基本生活陷入困境，其他社会救助制度暂时无法覆盖或即使救助之后基本生活暂时仍有困难的家庭或个人，政府的临时救助具有"兜底中的兜底"功能，它是突发公共卫生事件中最灵活、最及时的一种救助方式，能够"发挥救急难功能，使城乡困难群众基本生活都能得到有效保障，兜住底线"。④临时救助与最低生活保障、就业救助三者之间起到了很好的补充作用。

---

①《我市下拨2000多万元临时救助金 保障好困难群众基本生活》，载榆林市人民政府网（http://www.yl.gov.cn/xwzx/ylywe/60687.htm）。

②《多措并举筑牢民生保障"最后防线"》，《中国财经报》，2020年4月16日。

③《绥阳民政积极做好疫情期间社会救助工作》，载遵义市民政局网（http://mzj.zu-nyi.gov.cn/mzyw/jcdt/202002/t20200220_55989256.html）。

④《国务院关于全面建立临时救助制度的通知》，载中国政府网（https://www.gov.cn/zhengce/content/2014-10/24/content_9165.htm）。

（二）居家隔离困难户

疫情防控中，对于确诊患者与疑似病例一般采取集中隔离，而由于医疗资源的有限性，无症状的潜在患者只能选择居家隔离。居家隔离困难户主要是指在居家隔离过程中生活困难的群体。这部分群体主要接受了生活救助。在防疫期间，各地方政府和社会力量对本区域进行定期排查，为居家隔离困难群体加大了生活救助力度，密切关注居家隔离中的弱势群体、因公殉职者家属、病亡者家属，必要时进行心理救助。例如，在得知外地返津居家隔离人员面临缺乏生活用品、无法取快递等情况后，天津市和平区南营门街天兴里社区网格员们担起了责任，既当"采购员"又当"快递员"，为居家隔离困难居民提供了多种服务。①疫病隔离不仅是一种医学措施，同时也是一种社会措施与法律措施。②救助居家隔离困难户，从医学角度而言，能让更多人安于隔离，有利于遏制疫情的传播；从社会角度而言，有利于维护特殊困难群体和社会多数人的权利；从法律角度而言，能柔性助推法律法规的贯彻执行。

（三）临时流浪人员

临时流浪人员主要是指在新冠蔓延和传播期间，由于疫情防控造成的临时居无定所的人员，在武汉疫情阻击战中，主要包括滞留在汉外地人员与在外湖北人员。为保障在汉外地人员、在外湖北人员的基本人身安全和其他合法权益，各地政府与社会组织等合力对其进行住房救助、实物救助、现金救助和就业救助等。在本次疫情防控中，对临时流浪人员采取多举并行的社会救助，有利于减少户外传播病毒的流动人口数量，降低风险的不确定性。例如，2020年2月27日，武汉市新冠肺炎疫情防

---

① 《社区工作者上门服务居家隔离居民》，载新华网（http://www.tj.xinhuanet.com/wangqun/2020-02/24/c_1125617878.htm）。

② 李巧梅、宋玥：《电话回访居家隔离患者的实施及效果》，《中国医药科学》2013年第1期。

控指挥部发布了《武汉市新冠肺炎疫情防控指挥部通告（第19号）》，通告中详细列出了以下八点救助措施："一、对因离汉通道管控滞留在武汉、生活存在困难的外地人员（以下简称滞留在汉外地人员），由所在区政府及有关方面提供救助服务。二、滞留在汉外地人员面临住宿困难的，由所在区政府妥善安置，并提供食宿等基本生活保障。三、对在武汉就业就学的人员，由所在单位、学校提供必要生活保障。四、对急需医疗救助的滞留在汉外地人员，由所在区政府安排到指定医院医治，确有困难的，医疗费用由所在区政府负责。五、对生活确有困难的滞留在汉外地人员，由民政部门给予临时生活困难救助。六、对有就业愿望且通过健康检测、医学观察身体健康的人员，所在区可从中招募志愿者，从事社区防疫等工作，并给予一定工作补贴。七、滞留在汉外地人员可通过市民政局疫情防控期间滞留在汉旅客临时生活困难救助申请入口（救助申请二维码）申请救助，也可通过12345市长专线工作平台进行咨询和求助。八、为加强联防联控、群防群控，希望滞留在汉外地人员遵守现住地疫情防控要求，配合做好相关工作，合力打赢疫情防控阻击战。"

（四）临时困难儿童

受到疫情影响而缺失教育资源的城市困难儿童、农村儿童和临时留守儿童，在这里统称为"临时困难儿童"，其中临时留守儿童主要是指因感染新冠或因疫情防控而失去亲人照顾留守在家中的儿童。在突发公共卫生事件中，由于大量患者或医护人员被迫临时远离家庭而突然无法承担家庭抚养义务，滞留在家中儿童的生活教育问题必然成为这些人的沉重牵挂，这些儿童也成为需要社会重点关注的救助群体。除了患者与医护人员的子女，由于疫情影响与物资条件的限制，城市困难儿童、农村儿童教育上的不公平弱点也会更加凸显。为响应教育部"停课不停学"的号召，教育部与社会力量积极对城市困难儿童、农村儿童和临时留守儿童进行教育救助。比如，教育部合并组织现有的优质教学资源，构建全媒体资源生态，有线/无线电视、网络平台、纸媒课本等多终端成为获取教育资源的平台，弥补了偏远农村地区的儿童网络资源落后的缺陷。[①]
又比如，华南师范大学成立了青年战疫云支教突击队，为前线医护人员
子女量身定制线上学业辅导方案。截至2020年2月22日，累计702名大
学生报名加入云支教志愿者队伍。云支教突击队还和中山大学附属第三
医院、第五医院、第六医院等单位对接，完成了需求配岗。[②]

三、一线工作人员

一线工作人员主要是指为疫情防控而直接接触新冠患者，感染概率
较大的人员，其中以一线医护人员为重点。对一线医护群体，政府、企
业、社会组织等主要进行医疗物资救助、生活救助、心理救助等。在物
资层面，各方从医疗物资、饮食方面加强对医护人员的防护。例如，
2020年1月25日，阿里巴巴公开成立10亿元医疗物资供给专项基金，用
于采购医疗物资，并且定点捐赠到武汉市及湖北省的其他医院。[③]再如，
2020年2月9日，为了向医护工作者提供每天最多500份的免费外卖，青
年医生程某和王某让他们创办的柳叶刀烧烤交通大学店提前开业。王某
对店内人员均进行了防疫培训。该店靠近北京大学人民医院、北京大学
口腔医院、中国医学科学院阜外医院、北京积水潭医院、中国人民解放
军火箭军总医院、北京466医院、北京安定医院、中国人民解放军海军
总医院，其服务范围内包含了大量的医务工作者。充分考虑到疫情因素，
柳叶刀烧烤交通大学店堂食不对外开放，仅为医护人员送免费外卖晚
餐。[④]在精神层面，在各地卫生健康委员会、民政局组织下，各地精神卫

---

① 祝智庭、郭绍青、吴砥等：《"停课不停学"政策解读、关键问题与应对举措》，
《中国电化教育》2020年第4期。

② 《华南师大：一对一云支教前线医护人员子女》，载中国教育新闻网（http://
www.jyb.cn/rmtzcg/xwy/wzxw/202002/t20200225_299559.html）。

③ 《抗击疫情 科技企业在行动》，载新华网（http://www.xinhuanet.com/enterprise/
2020-01/30/c_1125512541.htm）。

④ 《青年创业医生"逆风"开店 免费为医护人员提供外卖》，载中国青年网
（https://baijiahao.baidu.com/s?id=1658053921121771500&wfr=spider&for=pc）。

生、心理健康专业队伍采用灵活多样的方式，对一线工作人员提供心理援助。比如，甘肃省疾控中心组织心理咨询专家采用团体辅导、音乐放松训练等方式疏导一线疾控人员。[①]对一线工作人员从物资和精神两个层面进行救助，有利于激励抗击疫情的工作群体，保障人员力量，树立社会典范。

第五节　进一步优化突发公共卫生事件中的社会救助

一、在救助主体上，政府积极引导社会力量协同参与

疫情救助主要依靠政府、企业力量，社会力量也不可或缺。社会组织作为与政府组织和市场组织鼎足而立的第三部门，通过"以志愿求公益"，能弥补政府缺陷和市场失灵[②]，尤其在公益资源动员和募集方面具有优势。因此，要努力完善社会力量参与社会救助的引导机制，充分整合体制内外资源，用法律法规引导各种化解危难的社会主体，使社会力量协同参与具有法治性和持续性。要加大政府购买社会组织服务的力度，疫情期间，资金和资源短缺问题突出，使得社会组织供给的公共服务陷于单一化和粗浅化，多数社会组织面临生存压力。[③]这就需要进一步完善地方政府向社会力量购买服务的指导性目录，细化和充实社会救助、公共卫生等栏目的购买内容。通过政府引导、财政支持、契约保障的形式，

---

① 《甘肃省疾控中心对疫情防控一线工作人员开展心理疏导》，载人民网（http://gs.people.com.cn/n2/2020/0203/c183348-33760719.html）。

② 马庆钰、贾西津：《中国社会组织的发展方向与未来趋势》，《国家行政学院学报》2015年第4期。

③ 《疫情影响下，一线公益机构的眼前与未来》，载中国公益时报网（http://www.gongyishibao.com/html/yaowen/18514.html）。

支持社会组织提供公共服务①，切实实现政府职能转变，逐步构建起协同共治的社会救助大格局。

二、在救助对象上，进行救助群体的细分和精准施策

在重大突发公共卫生事件中，救助对象往往复杂多样，并难以预知与辨别，政府与社会的支援力量又有限，因而，与常态化救助相比，应急救助应更加强调救助对象细分，并对各类对象进行精准施策，以提高应急治理效能。其一，针对患者群体，要挖掘好确诊患者、疑似患者和慢性病患者等的不同需求，对不同类别群体实施不同程度与形式的医疗救助。其二，针对特殊困难群体，要精准识别好临时贫困户、居家隔离困难户、临时流浪人员、临时困难儿童、散居特困供养人员等。对临时贫困户要及时进行就业救助、"先救后补"或一事一议的临时救助等；在生活上要迅速救助居家隔离困难户；给予临时流浪人员住房、现金和就业等方面的帮助；为临时困难儿童提供适宜便捷的教育资源；对散居特困供养人员等常规困难群体，发放足额低保金、临时补贴和进行住房救助等。其三，针对一线工作人员，要区分好一线医护人员与其他工作人员，对医护人员要全方位做好保障，给予其医疗物资救助、生活救助、心理救助，对其他抗击疫情一线工作人员要建立健康档案、提供安全教育、心理疏导等。

三、在救助方式上，运用"互联网+社会救助"模式

"互联网+社会救助"模式是指在重大突发公共卫生事件中，为避免人群聚集造成交叉感染，多元社会救助主体等通过互联网平台办理社会救助相关工作的一种应急性模式。抗击疫情期间，该模式能有效遏制病情的扩散，避免因大规模的人群聚集而产生交叉感染，同时也满足了社会和群众不断上升的对网上政务服务的需求，让社会和公众享受到便捷、

---

① 苏明、贾西津、孙洁等：《中国政府购买公共服务研究》，《财政研究》2010年第1期。

高效、高质量、个性化的政务服务。①"互联网+社会救助"模式在社会救助中的应用，主要体现在以下两个方面：一方面，简化困难群众申办政府社会救助的程序。比如，陕西基层民政局呼吁需要救助的困难群众通过微信关注陕西救助公众号，根据页面提示填写提交申请材料，即可办理救助业务。②另一方面，引导常规患者通过互联网接受诊疗，让互联网医药模式成为抗击疫情的全新门诊药学服务模式。③

四、在救助内容上，拓补患者的医疗救助保障机制

在疫情应急治理中，大量患者在治愈后可能产生各种后遗症，如何保障他们后期的医疗救助成为疫情常态化防控工作中的重要环节。针对确诊新冠患者的后期医疗救助，应当从以下四个方面提升救助效能：确立救助主体、明确救助依据、界定救助对象和提高救助标准。④第一，应当明确政府作为医疗救助的主体，以社会力量为辅助，将患者的医药费用纳入报销范围，同时给予生活补助，加强心理引导。第二，为保障患者治愈后的医疗救助，重点抓重大疫情医疗救治费用保障机制的完善和执行，强化救助的政策依据和执行公信力。第三，应当为治愈后有后遗症的患者进行社会救助评估，通过评估患者的收入水平、家庭人均支出、医疗费用等来确定是否将其纳入医疗救助对象的范围。第四，参照受害者的损害程度、收入现状、抚养子女数量等状况，完善患者的医疗救助标准，尽可能保障患者的基本生活。

---

① 王益民：《我国省级政府网上政务服务的现状与特点》，《行政管理改革》2017年第3期。

② 《疫情防控期间不让一个困难群众掉队，陕西基层民政这么做》，载陕西省民政厅网（http://mzt.shaanxi.gov.cn/html/zt/yqfk/mtgz/202002/31569.html）。

③ 高洋洋、徐珽、金朝辉等：《新冠肺炎疫情期间基于互联网医药模式的门诊药学服务实践与探讨》，《中国医院药学杂志》2020年第6期。

④ 马怀德、林鸿潮、赵鹏：《论重大突发事件国家救助的制度完善——以SARS个案为中心》，《中国应急管理》2008年第6期。

第六节　本章小结

我国新冠疫情防控中的社会救助体系及内容，展现了中国特色社会保障制度的制度优势，为打赢疫情防控的人民战争、总体战、阻击战提供了坚强的制度保证。当然，社会救助施策过程中还存在若干有待提升的地方，应尽快在引导社会协同、救助群体细分、救助智慧化、救助保障常态化等方面予以进一步完善，从而不断提升我国突发公共卫生事件应急管理的现代化水平。当今世界正经历百年未有之大变局，新冠疫情肆虐全球，给全世界人民带来惨痛损失的同时也警醒着我们，让我们深刻思考应对此类突发公共卫生事件如何防患于未然，在事件发生时如何应对并最大限度地保障全体人民的生命财产安全。社会救助作为保障人民生活的"最后一张安全网"，在突发公共卫生事件中应当如何发挥应有的功能？本章探讨了社会救助的接续兜底功能、和谐稳定功能、社会信任功能和恢复发展功能，对突发公共卫生事件中的社会救助对象体系作了总结，笔者认为突发公共卫生事件中社会救助的对象不应仅局限于暴发地的患者，而应该涵盖牵涉到这类事件中的各种人群，其中以特殊困难群体为重点救助对象。本章还对突发公共卫生事件中的社会救助机制的优化途径作了尝试性建议，包括在救助主体上，政府积极引导社会力量协同参与；在救助对象上，进行救助群体的细分和精准施策；在救助方式上，运用"互联网+社会救助"模式；在救助内容上，拓补患者的医疗救助保障机制等。

第五章

社区卫生应急管理的中国模式：

体系、优势与前瞻*

　　*本章主体内容原载《求知》2021年第9期，收入本书时做了修改，黄晓媛参与了本章的文献梳理、框架论证和资料整理等工作。

第一节　问题的提出与文献回顾

随着现代性的狂飙猛进，人类社会已步入社会学家乌尔里希·贝克所说的"世界风险社会"[①]。近百年来，人类见证了传染病在全球大流行的严重后果，快速度、大范围、难防控的重大突发公共卫生事件对包括中国在内的世界各国经济社会发展、人民生命安全都产生了极大冲击和危害。各个国家都通过自己的治理体系与应急管理策略，与重大传染病展开了顽强斗争。令人瞩目的是，中国人民在抗疫斗争中为世界贡献了一份非常具有参考价值的"中国方案"。作为国家治理基础单元、人民群众生活家园的城乡社区，在这份方案中显得特别突出和耀眼。从某种程度上可以说，严把社区防控关隘、织密社区治理体系、释放社区治理效能，是中国之治的重要组成部分，是抗疫"中国方案"取得成功的重要支撑。因此，认真探讨社区在国家公共卫生安全治理中的定位、社区防疫的独特模式及其释放的重大效能，是对中国共产党领导下中国人民战疫集体智慧的重要解读，对增强社区治理效能、推进国家应急管理现代化等，具有重要的理论价值和实践意义。

学界对社区疫情防控进行了多个维度的探究，代表性文献主要来自以下三个视角：一是组织体系视角。这类研究主要分析各类基层组织介入社区公共卫生治理的方式及效果，田毅鹏指出社区网格被迅速升级为"超级网格"[②]。由于党组织在社区应急中的统筹作用，有研究指出这是

---

① [德]乌尔里希·贝克：《世界风险社会》，吴英姿、孙淑敏译，南京：南京大学出版社，2004年版，第6页。

② 田毅鹏：《治理视域下城市社区抗击疫情体系构建》，《社会科学辑刊》2020年第1期。

一个党组织自身建设、党的纵向层级联动、党的横向组织覆盖和党引导多元组织共治的"组织化整合"①过程。另一些研究关注的是专业社工机构，将其分为"项目合作式""岗位派驻式""组织嵌入式""间接服务式"②等类型。二是技术支撑视角。随着5G时代的到来，数字技术的价值在应急场景中得到了充分彰显。这方面，学界侧重分析社区信息治理途径以及技术手段对社区精细化防控的重要意义。例如，何雪松、李佳薇提出了"以人民为中心"的信息资源开发理念、基于数据的信息资源集成以及以整合为导向的信息治理机制。③由于技术性治理是实现精细化管理的重要途径，有研究将其纳入社区精细化防控的分析框架，强调信息技术在风险识别等方面的作用。④三是模式机制视角。应急管理实践中，社区经常被错置为治理工具，针对这种"被动工具型"防控模式及缺陷，文军等人认为应当以社区主体性为价值导向和以社区防控实践的在场为行动导向，构建一种"积极自主型"社区防控模式。⑤更多学者则是深入社区内部探寻有效的实践化机制，例如，吕德文发现，社区战时主要启动运动式治理机制，体现为"治理任务单一化""治理力量集中化"和"治理机制运动化"。⑥社区平战结合或转化路径，得到越来越多研究者的关注，例如，容志等人分析了社区在非常态阶段呈现了统一领

---

① 颜德如、张树吉：《基层党组织统筹社区应急治理的组织化整合路径》，《探索》2021年第1期。

② 杨峥威、孙莹：《社会工作服务机构参与基层社区疫情防控探讨》，《学术交流》2020年第12期。

③ 何雪松、李佳薇：《数据化时代社区信息治理体系的重构——基于新冠肺炎疫情社区防控的反思》，《湖北大学学报》（哲学社会科学版）2020年第3期。

④ 董幼鸿：《精细化治理与特大城市社区疫情防控机制建设——以上海基层社区疫情防控为例》，《社会科学辑刊》2020年第3期。

⑤ 文军、刘雨婷：《从被动工具型到积极自主型：突发公共卫生事件社区防控模式的转变及其反思》，《学术月刊》2020年第11期。

⑥ 吕德文：《社区疫情防控模式及其运作机制》，《暨南学报》（哲学社会科学版）2020年第11期。

导、群防群治、联防联控、资源配置、责任传导等五种机制。①

　　既有文献极大拓展了社区卫生治理的研究理路，但更多的还是在某一个侧面或某一个具体视角上窥探社区抗击卫生风险事件经验，虽能有效透视社区卫生风险防控版图的某些局部，但始终缺乏从整体视野梳理中国社区抗疫的体系和模式。本章将分析对象聚焦到中国的城乡社区，基于国家领导人讲话、官方文件、学者著述、报刊网络等文献资料，总结社区在国家应急管理中的定位，提炼我国社区卫生安全治理的基本模式，剖析这一模式的制度效能，继而从治理现代化角度提出相应政策启示。

第二节　社区：国家应急管理的基础单元

　　社区作为国家基础性、前端性治理单元，并非公共危机时段的临时凸显，而是中国特色社会主义社区治理体系和经验的必然反映，有着深厚的历史、法理、实践支撑和根基。首先，从历史渊源来看，社区一直是一统体制下进行基层社会控制的"节点"。吴晓林等人的一项研究发现，社区治理大体上对应古代社会的"里治"，统治者通过乡里制度、户籍制度和赋税制度直接将控制链条深及"里"这一基层单元，随着历史的演进，其"政治性"和"控制性"功能与色彩不断加强。②新中国成立后，城市社会建立起了一套以单位制为主、以街居制为辅的基层治理体

---

①　容志、秦浩：《再组织化与社会治理现代化：重大公共卫生事件中社区"整体网格"的运行逻辑及其启示》，《上海行政学院学报》2020年第6期。

②　吴晓林、岳庆磊：《皇权如何下县：中国社区治理的"古代样本"》，《学术界》2020年第10期。

制。其中，单位社会是一种"举国一致的纵向一体化社会整合模式"①，即根据"国家政府—单位组织—单位组织成员"的思路，拓展组织功能，整合社会各阶级人群，给予单位成员权利、身份和地位等，整合与控制其行为②。单位制为党和国家延伸政权力量提供了体制保障。通过赋予单位组织行政血缘关系和行政等级，单位被吸纳进行政机构，同时，党的组织系统借助行政组织系统成为最终权力系统，以保证党与国家的政策规定、计划指标和行政命令在单位层面贯彻执行。③作为单位制的辅助体制，由街道办事处和居委会构成的街居制产生于1954年，其工作人员主要由上级组织任命，需要配合国家职能单位下设在街道各部门的工作，管理无工作单位的居民。④依托单位制与街居制，党与国家对改革开放前的社会实行了全面管制。改革开放后，市场经济的发展、单位制瓦解、流动人口急剧增加等因素，使得街居体系面临"职能超载、职权有限和角色尴尬"的困境⑤，为寻求突破，城市社区治理体制由街居制转为社区制。1987年社区服务与2000年社区建设的提出与开展预示着社区制的确立和巩固，居委会成为社区制的核心。社区制背景下，居民自治经验逐步积累，基层民主得到了较快发展，不过学界普遍承认，社区建设与治理置身于强政府格局之下，行政主导色彩依旧十分浓厚，社区治理事实上仍然是"行政性"高于"前沿性"。⑥

其次，国家法律规定和基层党组织全面统领社区治理的顶层设计，

---

① 吕方：《从街居制到社区制：变革过程及其深层意涵》，《福建论坛》（人文社会科学版）2010年第11期。

② 李汉林：《中国单位现象与城市社区的整合机制》，《社会学研究》1993年第5期。

③ 路风：《单位：一种特殊的社会组织形式》，《中国社会科学》1989年第1期。

④ 夏建中：《从街居制到社区制：我国城市社区30年的变迁》，《黑龙江社会科学》2008年第5期。

⑤ 何海兵：《我国城市基层社会管理体制的变迁：从单位制、街居制到社区制》，《管理世界》2003年第6期。

⑥ 孙柏瑛：《城市社区居委会去"行政化"何以可能?》，《南京社会科学》2016年第7期。

为政权有效介入社区提供了空间。1989年颁布的《中华人民共和国城市居民委员会组织法》虽然明确规定社区居民委员会为"居民自我管理、自我教育、自我服务的基层群众性自治组织"，但同时也规定了"不设区的市、市辖区的人民政府或者它的派出机关对居民委员会的工作给予指导、支持和帮助。居民委员会协助不设区的市、市辖区的人民政府或者它的派出机关开展工作"。然而，社区结构的异质性、组织的多样化、要素的分散性使得国家对基层社会的管理不能局限于行政系统，还需要将党建与城市社区治理深度融合，以打造超能型引领主体、中枢型决策平台以及整体性运行机制。①对此，2017年，《中共中央　国务院关于加强和完善城乡社区治理的意见》指出，"以改革创新精神探索加强基层党的建设引领社会治理的路径"，"有效发挥基层政府的主导作用"。党的十九大报告提出"坚持党对一切工作的领导"，基层党组织要成为"宣传党的主张、贯彻党的决定、领导基层治理、团结动员群众、推动改革发展的坚强战斗堡垒"。党的二十大报告提出，"加强城市社区党建工作，推进以党建引领基层治理，持续整顿软弱涣散基层党组织，把基层党组织建设成为有效实现党的领导的坚强战斗堡垒"。

最后，技术性治理的发展让社区更隐蔽地被拉入国家权力的治理之网。改革开放后，"总体性支配权力"逐渐消解，为应对社会经济各领域的诸多矛盾，在科学发展观的引导下，行政规范与行政监督不断技术化，技术治理逻辑贯穿于社会建设。②通过掌握运转经费、目标责任制、费随事转和以奖代补等方式，街道与职能部门将大量的行政任务下沉到社区，社区居委会也设置了对接政府部门的各类专干岗位，并实行值班制和全天候服务制度。依托社区党组织、社区工作站、社区服务中心、"一站式"服务中心、网格化管理等，国家的在场作用不断增强，行政职能大

---

① 姜晓萍、田昭：《授权赋能：党建引领城市社区治理的新样本》，《中共中央党校（国家行政学院）学报》2019年第5期。

② 渠敬东、周飞舟、应星：《从总体支配到技术治理——基于中国30年改革经验的社会学分析》，《中国社会科学》2009年第6期。

量下移。进入新时代社区治理阶段后，在嵌入治理理念的影响下，国家一方面高度重视党在社区治理中的地位与作用，创新党组织的设置形式，设立"社区党群服务中心"，扩大基层党组织的覆盖面；另一方面，从制度、技术、主体等多个维度对社区组织与居民进行了增权、赋能，为社区组织的发展与居民参与提供政策引导、资源支持和环境营造，从而实现国家对社区的嵌入性治理。①

可以说，在常态化时期，社区已是一个自上而下建构起来的实施基层行政管理和社会控制的国家治理单元，即国家实施决策、实现社会控制和社会整合的基本单位。②这种权威主导形态和特征在社区进入非常态时期则会表现得更明显，随着重大突发公共卫生危机事件的冲击，社区势必走向高度原子化与隔绝化。除了不得不运转的政府、医疗机构和少部分企业外，城乡居民聚集于社区，并以家庭为单位形成隔离机制。在社区集体行动急速弱化的危机中，作为居民自治场域的社区与作为治理基础单元的社区，在意义和价值上实现了同构，在危机情景中，基层应急管理系统不可避免地要启动非常态管理程序、手段和策略，让社区承担起大量的基础性防控重任。同时，联防共治网络也会在社区迅速被生产出来，危机中的社区通过"建立健全社区党组织领导，社区自治组织、社区卫生服务机构负责，社区物业服务企业、社区经济社会组织积极协同的社区防控组织机制"③，在广大城乡地区，迅速打造出一道道阻击卫生危机的关键防线、一座座防控病毒的坚强堡垒。

---

① 袁方成：《国家治理与社会成长——中国城市社区治理40年》，上海：上海交通大学出版社，2018年版，第298—299页。

② 杨敏：《作为国家治理单元的社区——对城市社区建设运动过程中居民社区参与和社区认知的个案研究》，《社会学研究》2007年第4期。

③ 《民政部、国家卫生健康委关于印发〈新冠肺炎疫情社区防控与服务工作精准化精细化指导方案〉的通知》，载中国政府网（http://www.gov.cn/zhengce/zhengceku/2020-04/16/content_5503261.htm）。

第三节 社区公共卫生应急模式："一核五元"

社区应急的背后是中国特色社会主义制度和国家治理体系，公共卫生危机在城乡社区得到有效阻截和防控，形式上看是社区公共卫生应急合力的结果，内在其实是国家应急管理制度体系的检验和制度效能的有序释放。总体上看，这是我国制度性治理的胜利，社区应急管理模式可以用"一核五元"的逻辑结构进行阐释。

一、先锋性政党

这个先锋性政党是指中国共产党，先锋性政党的引领是中国善治的关键和根本优势，党的先锋性是政党权威的基础，是实现组织功能的前提。[①]在社区抗疫行动中，中国共产党的先锋性与组织性体现在以下四个方面：其一，上下统领，即上下层级之间的党组织坚决贯彻落实习近平总书记有关社区防控的重要指示，形成自上而下的指挥体系。首先，很多地方的省、市、区、街道、社区五级书记深入第一线，指导、调查、督导社区各项防控工作。其次，社区党组织根据实际需要对各级企事业单位下沉人员、社区社会组织和驻区单位等的防控工作进行统筹协调。另外，"社区党组织—党支部—党小组—党员"也成为上下层级联动的一种形式。其二，横向动员。为扩大党组织的横向覆盖面，驻区单位、社区物业、社区社会组织等中的党组织或（在职）党员遵循就近就地原则，成立临时党委、党支部或党小组，将常态治理阶段的区域化党建打造成危机状态下的横向先锋网络，编织最强大的战斗堡垒之链。其三，纵向下沉。在社区应急管理中，各地各级众多党政机关中的党员干部下沉到

---

① 鄢一龙：《党的领导与中国式善治》，《行政管理改革》2020年第1期。

社区防控中，健全疫情防控的分级责任包保制，壮大社区的防控队伍和力量，精准指导和协调社区抗击疫情斗争。其四，内外联合，即党组织带领多元主体形成抗疫共同体，灵活发挥各自优势，在党建引领下，以社区"先锋驿站"为力量凝聚平台，各类社会组织不仅能做好自我约束，还能发挥专长，提供各类以志愿为导向的服务。

二、应急响应机制

应急响应是指在公共危机发生后，应急管理者根据实情，立即启用应急预案，联动不同区域与各个部门，汇集救援队伍和社会力量，开展专业的处置与救援工作，同时做好应急保障。纵观社区疫情防控过程，社区应急响应机制可主要分为以下三种方式：一是识别风险等级，即根据风险严重程度，将社区划分为不同等级，并采取对应级别的防控策略。根据病例数量与传染规模，社区被划分为"低风险地区和未发现病例社区""中风险地区和出现病例或暴发疫情社区""高风险地区和传播疫情社区"，与此对应，在"社区防控"策略、"社区服务"、"群众参与"以及"信息化建设应用"四大方面分别采取差异化的具体防控措施。二是区分不同群体，即社区根据不同类型的群体采取有针对性、多样化的防控手段。社区对入境人员、高风险地区返回人员、非高风险地区返回人员采取不同防控措施。三是分辨社区类型，即根据社区实际情况，选择合情合理且可行的社区防控模式。比如，社区工作者可根据小区的物业管理情况，安排不同的防控主体、工作内容等。

三、网格化管理

网格化管理是党的十八大以来基层社会治理的一种创新模式，在该模式中，社区工作者依托信息技术，对社区按网格进行划分并进行精细化管理。在公共危机管理中，社区网格化管理的具体过程如下：第一，织密网格。社区根据实际情况细化乃至重构网格，以避免社区疫情防控出现漏洞与盲点。第二，配齐人员。社区网格既吸纳了基层自治组织与党政机关工作人员，又包括社会组织、驻区单位、物业公司的工作者等。第三，落实责任。各级政府通过网格化管理将社区防控责任落实到具体个人。不少地方将网格工作人员划分为多个层级，各级网格员各司其职，分别履行宣传、排查、督查等职责。第四，实施防控。社区的防控任务包括风险监测、信息填报、宣传教育、环境消杀等，在完成这些任务时，网格员运用信息化手段，启用法治化思维，呈现人性化服务，避免形式主义与官僚主义。

四、群防综合体

在突发公共卫生事件的催化下，政府机构和多元主体整合形成跨部门的协作组织联合体。社区公共卫生之治中，防疫联合体主要采用了联防联控机制和群防群控机制。联防联控机制是指破除部门壁垒，并借助政府、企事业单位的科层制架构，将党中央、国务院的防控部署落实到基层社区层面，形成协调有力、"上下一体、政社合力、分工协作的联防联控网络"①。具体到社区层面，组织网络体现为社区党组织领导，社区自治组织、社区卫生服务机构负责，社区物业服务企业、社区经济社会组织积极协同。群防群控机制则是指社会工作者组织社区居民力量，发动群众参与社区防控，引导居民做好自我防控与自我服务。当然，根据风险等级的不同，居民参与展现出一定的层次性与差异性。比如，民政部、国家卫生健康委员会倡导低风险地区和未发现病例社区的居民普遍参与社区防控与服务；在中风险地区和出现病例或暴发疫情社区，则鼓励社区志愿者参与防控行动；而在高风险地区和传播疫情社区，则要求具有志愿服务经验的社区志愿者参与相关工作。

五、大数据支撑

常态化时期的社区信息运用具有选择性、行政性、静态化和有限性，

---

① 海云志：《转危为机：中国应对新冠肺炎疫情的组织机制》，《北方民族大学学报》2020年第3期。

而危机管理倒逼着社区信息的"整体集成与深度应用"①。数字技术对社区防控的支持主要体现在以下三类场景中：其一，自动监测。例如，一些社区两委干部和社区网格员通过"云封条"对居家隔离过程进行实时监控和精准监控。另外，还有社区工作人员使用红外体温检测设备对社区出入人员进行体温检测。其二，精准管理。通过社区防控数据平台、社区防控小程序和二维码、电信企业的"到访地查询服务"等，社区可以对重点人群、社区流动人员、信息报送等进行高效管理。其三，全面服务。社区工作者、志愿者等借助社区综合服务平台、社区公共服务综合信息平台、全国志愿服务信息系统、在线购物平台等，提供救助服务、公共服务、志愿服务和生活服务，为慢性病患者提供"互联网+医疗健康"服务、为社区老年人提供健康监测与紧急呼叫服务等。

六、共同体意识

精神共同体由地缘共同体发展而来，"意味着人们朝着一致的方向、在相同的意义上纯粹地相互影响、彼此协调"②。社区共同体意识是指"社区成员在长期、稳定的共同生活中形成的共同的心理认同感、归属感，以及自我身份的确立"③。与常态化时期的冷漠社区有所不同，广大社区在抗疫期间呈现出了较强的共同体意识，主要体现在三个层面：第一，自律服从意识。为降低因人员流动造成的交叉感染风险，广大社区居民顾全大局，响应党与国家的号召，做好自我约束，自觉接受居家隔离，并主动填报信息，积极配合社区各项抗疫工作。第二，牺牲奉献精神。不少社区工作者、社区志愿者与居民等甘于奉献，舍小家为大家，关护众生、向险而行，守护社区居民的健康安全。第三，团结互济情谊。

①何雪松、李佳薇：《数据化时代社区信息治理体系的重构——基于新冠肺炎疫情社区防控的反思》，《湖北大学学报》（哲学社会科学版）2020年第3期。

②[德]斐迪南·滕尼斯：《共同体与社会——纯粹社会学的基本概念》，张巍卓译，北京：商务印书馆，2019年版，第87页。

③陈宗章：《城市社区"共同体意识"的现代性解构及其重建》，《理论导刊》2010年第3期。

很多社区居民群众与社区一道，众志成城、同舟共济，纷纷捐钱捐物，参与社区志愿行动，与社区工作者同甘共苦、共克时艰。

第四节　"一核五元"模式的比较优势

"一核五元"模式是中国特色社会主义制度和国家治理体系在社区应急管理层面的折射，"一核五元"模式下的社区抗疫具有多层面的比较优势，这些优势是我国社区应急治理效能转化的杠杆。具体而言，主要体现在政治引领优势、科学施策优势、精细管理优势、协同治理优势、技术赋能优势和精神加持优势六个方面（见图5-1）。

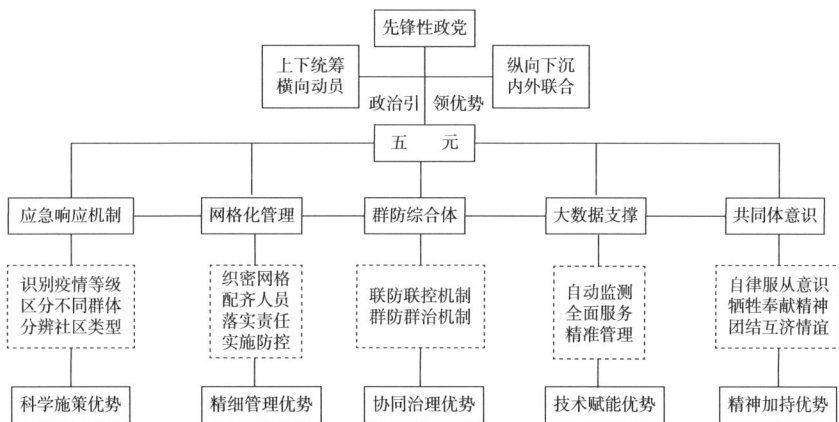

图5-1　重大突发公共卫生事件中的社区应急体系与优势

一、政治引领优势

"中国特色社会主义最本质的特征是中国共产党领导，中国特色社会主义制度的最大优势是中国共产党领导，党是最高政治领导力量。"①这

---

① 《习近平谈治国理政》（第三卷），北京：外文出版社，2020年版，第94页。

一最大优势在抗疫中得到了很好的展现。一是政治优势，基层党组织在社区治理中处于领导核心的地位，在本辖区内起着总揽全局、协调各方的作用。公共卫生危机袭来时，街居党组织在党中央的坚强领导下，迅即闻令而动，全面贯彻落实党中央和国务院决策部署，承接上级党组织和政府的治理力量下沉，在街道社区纷纷构建起强大、周密的抗疫联合阵线，始终把居民群众的生命安全和身体健康放在第一位，将社区力量凝聚到统筹推进疫情防控与经济社会发展上。二是组织优势，党的基层组织是党在社会基层组织中的战斗堡垒，是党的全部工作和战斗力的基础，街居党组织不仅投身在抗疫第一线，而且坚持党建引领，注重将区域治理、部门治理、行业治理、基层治理、单位治理有机结合起来，做到"纵向到底、横向到边、不留死角"，编织起基层最广泛的抗疫联合阵线和防护网络，对抗击重大传染病起到了重要的组织动员和支持作用。三是密切联系群众优势。广大街居党组织坚持党的群众路线和密切联系群众的工作作风，号召党员投身防控一线、发挥先锋模范作用，广泛开展社会动员、发动群众参与，紧紧依靠人民群众实施抗疫斗争。政治优势、组织优势和密切联系群众优势的有效发挥，让基层党组织汇聚起强大的政治引领优势，呈现出巨大的领导能力和治理效能，成为居民群众心中牢不可破的主心骨和贴心人。

二、科学施策优势

相对于党中央的战略决策和国务院的联防联控部署，社区抗疫行动更多属于政策执行，不过由于地理区域、社区类型、风险等级等多重差异，应急响应机制实际上为社区留有因地制宜、灵活机动的空间。在抗疫斗争中，广大社区启动了应急响应机制，依据风险程度、群体特征、社区发展情况准确定位，实行差异化行动，使得社区防控具有科学施策的优势，主要体现为以下三点：一是提升防控与服务的精准度。应急响应启动后，城乡社区瞄准应急管理的靶心。通过分级、分区、分群体等方式，社区更能聚集人力、物力、财力，集中应对重点社区与重点人群，隔断传染源与传染渠道。另外，进入常态化防控时期，大多数低风险社区能摆脱初始严格的封闭管控，采取"外防输入"的防控策略，聚焦于恢复经济社会秩序。二是兼顾社区防控与经济发展。在保障社区居民生命安全的前提下，应急响应机制尽可能、尽早地避免大量社区"停摆"，缓解疫情防控与经济社会发展的矛盾。三是灵活调节社区的防控尺度。公共卫生突发事件具有的高度复杂性与不确定性，决定了必须根据客观情况变化及时调整防控行动尺度。社区依据疫情风险等级与自身实际，有序调整防控方案，展现了松弛有度的社区防控过程。

三、精细管理优势

精准对症的行动能避免社区应急行动的空转与脱靶。网格化管理作为新时期基层社会管理的创新实践模式，有助于打破官僚制结构中部门、层级以及职能边界，使得最基层的公众获得一种个性化、全方位、无缝隙的公共服务。[①]抗疫斗争中，社区将常态网格升级为抗疫超级网格，驱使突发公共卫生事件社区防控呈现如下精细管理优势：其一，责任化。各级政府通过网格化管理将社区防控责任落实到具体个人，网格责任人以具体的、可操作的、清晰的防控目标为导向，有助于防止推诿扯皮、逃避责任等。其二，精细化。网格是设置在街道与社区之下更微小的管理单元，网格化管理更有利于社区网格员进行全面排查，精确地摸清疫情底数，有利于将防护服务覆盖到网格内的所有对象，确保各项防控措施落实到位、不留死角。其三，整合化。网格化管理结构有助于破除部门壁垒，改变社区应急管理碎片化的状况，促进条条联合、条块联动，整合下沉的各类行政和服务资源。其四，即时化。网格员主动入户摸排，实时了解社区居民的日常问题及细节情况，能及时排除潜在的传染源，处置风险隐患，起到风险预警作用。

---

① 竺乾威：《公共服务的流程再造：从"无缝隙政府"到"网格化管理"》，《公共行政论》2012年第2期。

四、协同治理优势

党的十九届四中全会提出了"建设人人有责、人人尽责、人人享有的社会治理共同体"。单靠基层政府和社区的力量难以应对带有突发性、复杂性、危害性、传播性的公共卫生事件。党的十八大特别是十八届三中全会以来，中央将社会管理升级为社会治理，及时吸纳了"治理"中呼唤多元主体、协同互动的蕴涵。抗疫斗争中，社区以基层党组织为核心和枢纽，将党组织、居民自治组织、社区卫生机构、专业型社会组织、物业公司、公安民警等力量嫁接到社区中，凝聚成一支有机的群防综合体，这使得社区抗疫具有较强的协同治理优势。一方面，提高了基层党组织的适应性、凝聚力。促成了党政机构与社会的资源共享、功能衔接、人才共用，形成多方服务合力，满足了社区居民多样化需求。同时，基层党组织能规范各类组织专业运作，助力各类组织及其成员依法依规防疫。另一方面，加快了社会自治与共治力量生长，形成了开放式、横向联合型的社会聚合模式。社区居委会、社区卫生服务机构、社会组织、驻区单位、居民等积极涌入防控第一线，有助于培育社会信任精神，释放社会生机与活力。总之，防疫联合体形成了联防联控、群防群治、专业防治的协同治理网。

五、技术赋能优势

技术赋能是社区工作者依托信息技术手段，通过"技术扩散、场景改造和提供平台"①等方式，赋予个体或组织过去不具备的行动能力，达成过去不能实现的目标。在自动监测、全面服务、精准管理等场域中，数字技术的赋能优势体现为：一方面，增强了基层防疫人员的行动能力。

---

① 王丹、刘祖云：《乡村"技术赋能"：内涵、动力及其边界》，《华中农业大学学报》（社会科学版）2020年第3期。

大数据技术带有"广覆盖、深挖掘、高效处理以及准确分析等特点"[1]。通过集成各类信息资源和数据库，大数据能为社区工作者提供居民行动轨迹等信息，有利于防疫人员精准识别风险源头，提高社区工作人员应对公共卫生危机的灵敏度、精准度。另一方面，实现了社区工作者的减负增效。作为公共卫生应急管理的末梢，城乡社区工作者肩负着重要的防控责任，管控居家隔离人员、复工复产、信息上报等事项给基层工作者增加了工作负担并带来巨大的工作压力。"云封条""社区防控小程序和二维码"和基础电信企业的"到访地查询服务"等信息技术产品能大大降低社区工作者的监管和审批工作量，极大地减轻了基层入户摸排的负担，提高了社区防控的效率。

六、精神加持优势

社区共同体精神与中华民族长期形成的特质禀赋和文化基因一脉相承，是爱国主义、集体主义、社会主义精神的传承和发展。社区共同体意识能促使社区组织或居民在公共场域基于集体利益而互动，形成守望相助的道德原则，避免社区退化成"丛林世界"[2]，从而展现强有力的精神加持优势。一方面，社区党组织与下沉的党政机关力量始终坚持以人民为中心，坚持生命至上的理念，并且集中人民群众的力量办大事、办难事，发挥中国特色社会主义制度的优势。另一方面，共同体精神激励着多元组织自觉接受党的领导，主动参与社区应急治理，分工协作，积极交流专业技能与应急知识，共担风险，孕育了深厚的抗疫情谊。这种公共精神能弥合利益分歧，打破组织壁垒，赋予各主体相互协作的合作品格，减轻了制度规则的执行成本。另外，共同体意识使社区公众能自觉响应党与政府的号召，积极参与志愿服务或捐款捐物等，体现了中华

---

[1] 高小平、刘一弘：《中国应急管理制度创新：国家治理现代化视角》，北京：中国人民大学出版社，2020年版，第147页。

[2] 杨开峰等：《统筹施策：疫情之后的公共卫生之治》，北京：中国人民大学出版社，2020年版，第139—140页。

民族的家国情怀与和衷共济的精神。

第五节 社区应急与常规治理能力建设

社区治理形态在常态化时期与非常态化时期存在某种转换，社区将常态化的治理形态升级为超常战争状态，通过"一核五元"的抗疫体系和治理过程，释放出巨大的治理效能，将社区打造成公共安全的安全阀。当进入统筹疫情防控与经济社会发展的常态化时期，非常态化的社区应急如何走向常态化社区治理，如何挖掘和承继非常时期的治理经验并转化为常态时期的制度化效能，是亟须认真总结和考量的问题。笔者认为，从平战结合、承继优势、拓展效能的视角来看，以下六个方面的治理启示值得重视（见图5-2）。

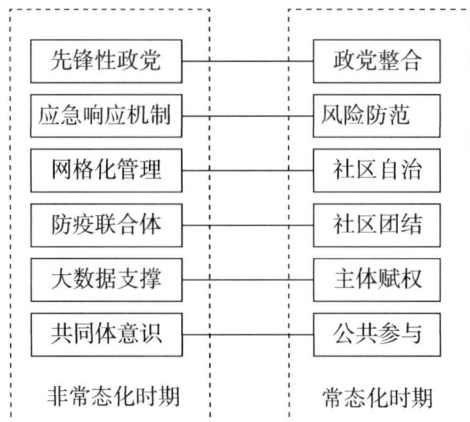

图5-2 平战结合视野下社区疫情防控机制转变逻辑结构

一、汇聚政治引领优势，统筹推进政党动员与政党整合

塞缪尔·亨廷顿认为，"动员"和"组织"是共产党政治行动的孪生

口号，精确地指明了增强政党力量之路，能一身而二任的政党和政党体系可使政治现代化与政治发展二者并行不悖。[①]在党组织统一领导下，党员向社区下沉，动员和引领群众，发挥示范作用。战时状态和形势下，政党主要呈现为一种动员工具，催生的主要是群众运动，而转入常态治理阶段，则需要政党对社会进行组织与整合，不断融合社会群体，以提高政党制度化水平，打造政治共同体。这表明，应在战时政党动员能力的基础上，及时提升常态化时期的政党整合能力，在组织战略上，要树立政党整合的理论和行动自觉，将党组织自身建设与社会多元组织的能力建设与动员相结合，构建以政党为中心的协同治理网络。同时，要深化党建与社区治理的融合，通过功能整合、主体整合、资源整合、平台整合[②]等多种方略，搭建党建引领社区治理的制度化框架，建构并完善"政党整合型"[③]治理。

二、激发科学施策优势，统筹推进应急处置与风险防范

由《中华人民共和国突发事件应对法》可知，应急管理的全过程为"预防与应急准备、监测与预警、应急处置与救援、事后恢复与重建"，而实现"全过程均衡"在应急管理体系建设中至关重要。[④]然而，传染病蔓延初期疫情网络直报系统往往滞后甚至失灵，暴露了风险预警机制建设的不足。因此，社区风险防范体系建设刻不容缓。一是要将社区纳入国家传染病及其他重大信息直报系统，这有利于社区工作者摆脱填表负担，也保证了从基层到市、省、中央信息的互联互通。二是要完善街居

---

① [美]塞缪尔·P.亨廷顿：《变化社会中的政治秩序》，王冠华、刘为等译，上海：上海人民出版社，2008年版，第336页。

② 周俊、徐久娟：《从嵌入到整合：商务楼宇党建新发展——基于上海市H镇的实证分析》，《东北大学学报》（社会科学版）2020年第1期。

③ 唐文玉：《政党整合治理：当代中国基层治理的模式诠释——兼论与总体性治理和多中心治理的比较》，《浙江社会科学》2020年第3期。

④ 张海波：《应急管理的全过程均衡：一个新议题》，《中国行政管理》2020年第3期。

层面重大突发公共卫生事件应对的预案与技术规范，市、区政府要指导街道、社区，分领域制定完善社区应急综合预案或专项预案，应急管理技术规范的具体表现形式为技术标准、规程、指南等，要通过制定完善的工作流程和细致的执行预案，助力社区防疫人员迅速有序进入角色、规范工作。三是要制定保护与激励"吹哨人"的法律法规或规章制度，健全"吹哨人"的容错机制，科学设计"吹哨人"法律责任豁免制度。

三、发挥精细管理优势，统筹推进社区精控与社区自治

在公共卫生危机重压下，网格化管理变相成为强大的管控手段，社区网格承担起部分"统筹资源、协调分配"的职权，当其不具备足够的处理权能时，行政化压力便会传递给自治组织，侵蚀社区自治空间。[1]国家将社区作为应急管理的行政末梢和基础单元，绝不是要以牺牲民主自治为代价，行政的渗入需要与自治的发展相协调，因为自治是构建社区治理共同体的根本追求和价值愿景，是社区治理现代化的基石。将网格化的精细管理优势与社区自治相连接，一是要积极推动街道管理体制改革，充分汲取"街道吹哨，部门报到"的有益经验，发挥街道的统筹协调作用，当好"吹哨人"和协调者，街居定期联动化研究网格管理服务，推动网格治理疑难问题及时解决。二是要推动落实社区工作事项准入制，强化准入事项的审核报批程序，细化准入事项授权内容、对象、权限、时间和工作经费。明晰社区依法工作事项清单和依法协助上级党委政府事项清单，切实推动社区减负增效。三是要积极开拓创新，吸纳近年来"居站分设"、"三社联动"、社区协商、网格自治等多重社区治理改革的创新成果，推动社会治理重心下移，不断壮大社区及更小单位的自治空间，探索和扩展居民自治在网格、楼栋等空间的有效实现形式。

---

① 刘春呈：《疫情社区防控中对网格化管理的再审视》，《理论月刊》2020年第6期。

四、激活协同治理优势，统筹推进社区联合与社区团结

"社会性起源于人与人的连结，公共性则有赖于人与人的团结。"[1]在应急管理实践中，社会动员仍然存在应急动员迟缓、社区干部群众基础薄弱、社区居民参与不足等问题。对此，为培育社区公共性，应从以下三点切入：首先，完善社区防控的公共规则。社区党组织、居民委员会、业主委员会等组织应当依据《中华人民共和国传染病防治法》等法律法规，制定社区应急规则和行为规范。[2]这一过程可创造条件吸纳社区各类代表人士的意见和建议，尽可能植厚地方性规则产生的民主土壤。其次，培育发展内生型社会组织。政府应当通过财政资金投入、购买专业服务等方式，培育孵化社区各类自组织，提升居民群众的自我组织能力和共建共享意识，发挥社会组织的技术与专业优势。最后，开拓社区公共空间。为改变城市社区居民原子化、陌生化的状态，应当进一步完善社区听证会、议事厅等公共空间，为居民参与社区公共事务提供固定的场所或载体，特别要搭建社区协商民主制度平台，让社区居民群众积极参与协商讨论社区公共事务。

五、释放技术赋能优势，统筹推进技术治理与主体赋权

在常态化时期，国家需要在巩固技术优势的基础上，着力强化数字技术对个人和组织的技术赋能与赋权[3]，进一步提升基层政府的社区治理能力和社会协同能力。一是坚持人民至上的智能治理理念。以社区居民为中心的民主决策与民主协商机制能阻止智能技术公司肆意妄为，解除智能技术对治理主体的"绑架"，由社区居民来决定引入智能技术的方

---

① 冯仕政：《社会治理与公共生活：从连结到团结》，《社会学研究》2021年第1期。

② 高其才：《自我卫护：习惯法视野下非常时期的城市社区管控规范——以2020年初防控新冠肺炎疫情为对象》，《法学杂志》2020年第4期。

③ 孟天广：《政府数字化转型的要素、机制与路径——兼论"技术赋能"与"技术赋权"的双向驱动》，《治理研究》2021年第1期。

式、范围和程度。二是基层政府对智能技术进行规制。政府应重点监督技术治理主体采集与使用公民个人信息过程中的合法性与合理性，明确规定相应的权责边界与范围。三是促进社区的共建共治共享。通过技术产品汇集政府、科技企业、社会力量掌握的重要治理资源，为市场主体、社会主体的协同治理进行技术赋权，构建社会共治格局。四是弥合社区老年人的"数字鸿沟"。一方面，社区"两委"可以联合社会组织、志愿者开展技术产品运用培训，开展面向老年人的信息技术课程，提高其数字素养。另一方面，要为弱势群体保留传统的办事渠道。

六、拓展精神加持优势，统筹推进价值重塑与公共参与

"社群性、超越血缘与地缘的'社缘'、关联主义、关联物权、孔子人格和社区社会主义"[1]衍生中国社区特殊的精神禀赋。这些禀赋因公共卫生事件而得到放大和升级，并形成公共危机面前的社区共同体意识，应从核心价值、公共价值、社会资本等层面巩固这种共同意识的重要价值。一是要实现社会主义核心价值观与社区治理的深度融合。社会主义核心价值观有助于增强社区文化软实力、接续民族精气神之脉，是统领社区精神气质的根本，要加强基层新时代文明实践中心建设，在居民公约等非正式规范中积极融入社会主义核心价值观，用社会主义核心价值观引领社会思潮、凝聚社区共识。二是要持续强化社区公共价值的生产机制和生产能力，依托党建对社区服务、社区自治与社区共治领域的链接，拓展社区公共话语空间，构建导向公共价值的社区治理网络。[2]三是要顺畅公民参与机制建设，夯实社区社会资本。社区居民在合作、互惠、参与社区集体行动中能够提升单个公民的"属于"他们自己的社会归属感。[3]

---

① 刘建军：《论中国社区精神》，《广西师范大学学报》（哲学社会科学版）2021年第1期。

② 容志、孙蒙：《党建引领社区公共价值生产的机制与路径：基于上海"红色物业"的实证研究》，《理论与改革》2020年第2期。

③ [美]卡罗尔·帕特曼：《参与和民主理论》，陈尧译，上海：上海人民出版社，2006年版，第26页。

第六节 本章小结

城乡社区是国家治理延伸到基层的基础单元，也是重大风险危机应急管理的根本组织单位，是解锁中国抗击新冠疫情取得重大胜利的关键"密码"。通过梳理我国各地方和基层抗疫历史实践能够发现，面对史无前例的新冠疫情危机，中国城乡社区形成了包含六大要素的"一核五元"公共卫生应急治理模式，涵盖先锋性政党、应急响应机制、网格化管理、群防综合体、大数据支撑和共同体精神，"一核五元"在卫生应急实践中能够释放出政治引领优势、科学施策优势、精细管理优势、协同治理优势、技术赋能优势和精神加持优势等，把广大城乡社区打造成牢固的公共卫生应急管理大堡垒和安全阀。后疫情时代，城乡社区要承继抗击疫情阶段形成的重要治理经验，在创新性继承中将其转化成常规治理的效能，要着力推动六个统筹，即统筹推进政党动员与政党整合、统筹推进应急处置与风险防范、统筹推进社区精控与社区自治、统筹推进社区联合与社区团结、统筹推进技术治理与主体赋权、统筹推进价值重塑与公共参与，把城乡社区真正建设成为保障人民群众享受美好生活的乐园。

第六章

社会组织在突发公共卫生事件应急管理中的作用：逻辑、体系与路径[*]

[*] 本章主体内容原载《学会》2020年第7期，收入本书时做了修改，黄晓媛参与了本章的资料搜集、案例整理和政策建议论证等工作。

第一节　问题的提出与文献评论

高歌猛进的现代性在让人类享受到空前的物质文明外，也滋生了高度的复杂性，"不确定性已经渗透到了我们个体和共同的环境"①，人类逐步进入一个带有反思现代性特征的风险社会，而"风险社会是一个灾难社会"②。以传染病疫情为代表的重大突发公共卫生事件，就是时常侵蚀人类健康、吞噬人类生命的风险和灾难，给各个国家的经济发展和人民群众的生命财产带来了巨大的冲击和创伤。面对新冠疫情这场空前的公共卫生危机，党中央和国务院团结带领全国各族人民，进行了艰苦卓绝而又卓有成效的抗疫大战，取得了抗击疫情斗争的伟大胜利，创造了人类同疾病斗争史上的伟大壮举！回溯抗击疫情实践可以发现，一个重要的"中国故事"就是社会力量在疫情阻击战中的广泛参与及良好的协同效果。那么，社会组织何以能够在重大突发公共卫生事件应急管理中承担"协同"之重担？在疫情防控阻击战中它又究竟发挥了怎样的作用？如何更好地激发社会组织的协同作用？探索这些问题并深入总结抗击疫情中社会组织参与的经验教训，对提升国家公共卫生事件应急体系与能力现代化具有重要的理论与实践意义。

疫情防控中社会组织的功能是多面且复杂的，国内学界对此高度关注，并初步形成了一定的研究成果。这里将既有研究粗线条地归纳为两类主要研究视角：一是治理体制视角。采用这类视角的学者较多，并普

---

① [英]齐格蒙特·鲍曼：《被围困的社会》，郇建立译，南京：江苏人民出版社，2005年版，第75页。

② [德]乌尔里希·贝克：《风险社会：新的现代性之路》，张文杰、何博文译，南京：译林出版社，2018年版，第10页。

遍认为当前治理体制或体系不够完善，导致社会组织无法充分地参与疫情防控。为摆脱"体系之外"的尴尬处境，应建构起"具有整合性治理取向的重大公共卫生事件防控机制和治理体系"①；应从志愿者、社区、公益组织和慈善基金会四个方面着力构建社会治理共同体②。以基层防疫体系为例，有研究指出应以网格化管理为基础，推动形成"街道干部+社区工作者+网格员+物业公司+医务人员+志愿者"的社区基层防控队伍。③二是具体功能领域视角。有学者阐述了社会组织在公共卫生应急管理中能有效地动员社会资源，提供差异化和精细化的社会服务④；有学者以单类社会组织如科技社会组织为例，描述该类组织在"专业技术支持、广泛动员与整合社会资源、供给多样化公共安全服务产品等方面"的作用⑤；有学者重点研究社会组织发挥作用的实践机制，从结构性组织角度总结出疫情期间社会组织参与实践的时序、科学性与专业性融合的组织形式、多部门之间相互协同等特征，又从疫情不同阶段提炼出社会组织的干预过程。⑥

既有研究为探究重大突发性公共卫生事件中的社会组织提供了有益启发，但也存在着一些不足，特别是对社会组织作用的研究不够聚焦，尚缺乏专题性的深入剖析。此外，有关探讨要么集中于某类社会组织，要么集中于社会组织的某一类作用，缺乏整合和系统分析。本章以社会组织在疫情中发挥的作用为视角，主要解决社会组织何以能够参与、如

---

① 徐选国：《专业自觉与体系之外：社会工作介入新冠肺炎疫情初期防控的双重逻辑及其反思》，《华东理工大学学报》（社会科学版）2020年第2期。

② 朱健刚：《疫情催生韧性的社会治理共同体》，《探索与争鸣》2020年第4期。

③ 孙彩红：《地方政府危机治理的系统与联结机制分析——从疫情防控视角观察》，《兰州学刊》2020年第5期。

④ 鲁全：《公共卫生应急管理：类型、流程与责任分配机制》，《人文杂志》2020年第5期。

⑤ 孟凡蓉：《科技社会组织应在公共危机治理中发挥更大作用》，《科学学研究》2020年第3期。

⑥ 方琦、范斌：《突发公共卫生事件中社会工作的实践机制：结构性组织与阶段性服务》，《华东理工大学学报》（社会科学版）2020年第1期。

何参与这两大问题，并基于参与过程中的若干困境提出相应对策建议。有必要说明的是，为更好地展示社会组织在疫情防控中何以能够参与、如何参与的逻辑，本章陈述的数据资料主要截至新冠疫情暴发期间，对于此后的过程，本章不作处理和分析。

第二节　社会组织与突发公共卫生事件应对： 四重合法性

重大疫情的复杂性、危害性及其防控难度，实际上考验的是一个国家的突发公共卫生事件应急管理体系与制度效能，只有真正实现全党、全国、全民族、全社会的高度动员，才有可能彻底打赢这场无硝烟的战争，而衡量这种全面动员的一个重要指标，就是社会组织在疫情防控全过程中的参与和协同程度。在推进实现国家治理现代化的进程中，加快建立健全社会组织参与突发公共卫生事件应急管理的体制机制，具有重大的战略性意义，这一构建过程本身具有事实、规范、理论和政策的四重合法性。

一、事实层面：规模不断壮大

社会组织能成为现代社会治理体系的一类主体，基础在于改革开放以来我国社会公共领域的孕育和成长。随着改革开放的深入和社会主义市场经济的发展，一个"总体性社会"开始向分化和流动的社会转型[1]，社会组织开始逐渐获得生存和发展空间，总体数量不断攀升（见图6-1）。

---

[1] 孙立平、王汉生、王思斌等：《改革以来中国社会结构的变迁》，《中国社会科学》1994年第2期。

据民政部2019年4季度民政统计数据，中国社会组织已达到86.7万个。[①]
有学者将这一过程惊呼为一场中国的"社团革命"[②]。在数量增长和规模
壮大的同时，社会组织在社会经济发展中的服务作用不断增强，2018年
全国社会组织捐赠收入达到919.7亿元，社会组织行业吸纳社会各类人员
就业980.4万人。[③]

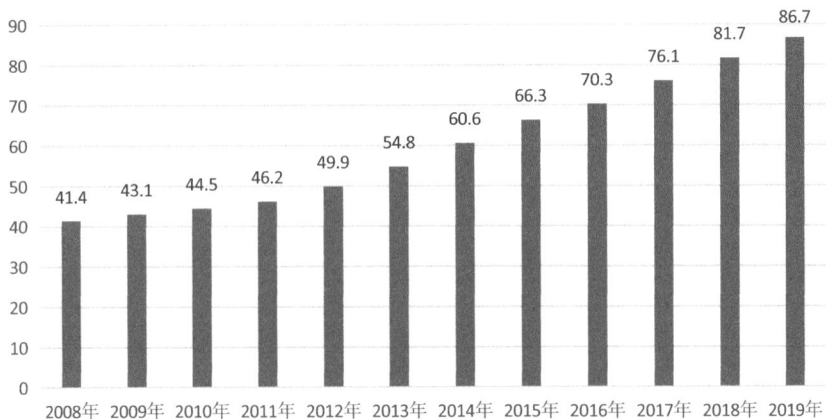

图6-1　2008—2019年全国社会组织总数（单位：万个）

资料来源：中华人民共和国民政部网（http://www.mca.gov.cn/article/sj/tjgb/）。

社会组织的功能已辐射到科学研究、教育、卫生、文化、社会服务、
农村及农村发展等国民经济与社会建设的各个领域（见表6-1），以卫生
行业为例，2018年全国该领域社会团体8707个，基金会177个，民办非
企业单位30882个。其中的组织类型非常丰富，蕴藏着巨大的公益资源。
具体而言，卫生类社会团体主要指相关行业协会和学会，它们能够围绕
提供服务、反映诉求、规范行为等准则发挥功能[④]，通过政策倡导、健康

[①] 《2019年4季度民政统计数据》，载中华人民共和国民政部网（https://www.mca.
gov.cn/mzsj/tjjb/qgsj/2019/th20200804201904.html）。

[②] 王绍光、何建宇：《中国的社团革命——中国人的结社版图》，《浙江学刊》2004
年第6期。

[③] 《2018年民政事业发展统计公报》，载中华人民共和国民政部网（https://www.
mca.gov.cn/images3/www2017/file/201908/1565920301578.pdf）。

[④] 王名：《社会组织论纲》，北京：社会科学文献出版社，2013年版，第145页。

教育、服务提供、信息提供等多种形式参与卫生领域的各项工作[①]；卫生类基金会则可集中做好资金募集和资源动员工作；卫生类民办非企业单位很多是民办医院，它们非常有活力且服务形式灵活机动，疫情期间能成为公立医疗机构很好的补充。这还仅仅是卫生类社会组织的简单分析，尚未涉及其他能够投入公益资源的社会组织类别。因此，从社会组织规模和能力的既成事实来看，它们完全能够也应该成为参与疫情防控的重要补充和支撑力量。

表6-1　2018年度社会组织按主要活动领域分类情况

领域	社会团体/个	基金会/个	民办非企业单位/个
科学研究	14838	504	14665
教育	10102	1511	240012
卫生	8707	177	30882
社会服务	49409	2341	73024
文化	41835	295	26614
体育	33722	42	19986
工商业服务	42510	224	5437
农村及农村发展	64745	86	3060
其他	100366	1854	30412

资料来源：中华人民共和国民政部网（http://images3.mca.gov.cn/www2017/file/201908/1565920301578.pdf）。

二、规范层面：发展日益规范

公共领域社会组织的增长和壮大，实际上是在社会主义市场经济背景下整合形成的新型社会建构体系，林尚立将其称为"社会组织化的社会建构体系"[②]。这一建构体系的确在不断丰富着社会治理网络，但也带

[①] 唐玲、朱莹、刘浏等：《社会组织在卫生健康领域的现状和展望》，《中国农村卫生事业管理》2020年第2期。

[②] 林尚立：《两种社会建构：中国共产党与非政府组织》，《中国非营利评论》2007年第1期。

来了治理成分的多样性和复杂性，甚至会侵蚀对国家的认同以及国家合法化能力。正如乔尔·S.米格代尔所说："当这些社会力量创造或发现了能够维持有时甚至增加其在国家道德秩序和规则框架以外的社会和经济力量的空间和方法的时候，社会就会表现统治分散化的特征。"①这就不可避免地对国家建构能力提出了考验或挑战，进而产生了规范行业发展、规制组织行为的需要。因此，国家自一开始就高度重视加强对社会组织的监督、管理和规范。不过在法治国家建设尚未成熟的过程中，国家出于"生存性智慧"往往会交织运用法律和非常态社会的统治策略以达至有效治理②，后者常体现为冲突色彩较浓厚的清理整顿运动或其他临时性政策调整。

当然，随着全面依法治国进程的加快推进，冲突性、临时性、非常规性的限制、打压或整顿措施日益捉襟见肘，而"走出这种困境的一条出路是对策略性互动的规范性调节"③，逐步确立协商性、制度化、常规化的互动模式，主要依托法律法规和制度等加强规范性管理。如图6-2所示，在新冠疫情暴发前，我国有关社会组织的政策法规总数已初具规模，达到332部，法治领域同时体现了综合性与专项性的特征。法治化和规范化程度的提升，使得社会组织可以不断释放正能量，在党的路线、方针、政策和国家法治框架下进行利益聚集、利益表达、行业规范、社会服务和参与社会治理。同时，对于广大公众而言，信任是社会组织能够撬动公益资源、参与社会治理的前提和纽带，法治化和规范化程度的提升，能够在相当程度上保证公众对社会组织的信任，激活更多的社会资本。这些都加强了社会组织自身的力量，让其能够成为突发公共卫生事件应急管理的重要主体。

---

① [美]乔尔·S.米格代尔：《社会中的国家：国家与社会如何相互改变与相互构成》，李杨、郭一聪译，南京：江苏人民出版社，2013年版，第133页。

② 邓正来、丁轶：《监护型控制逻辑下的有效治理——对近三十年国家社团管理政策演变的考察》，《学术界》2012年第3期。

③ [德]哈贝马斯：《在事实与规范之间：关于法律和民主法治国的商谈理论》，童世骏译，北京：生活·读书·新知三联书店，2014年版，第32页。

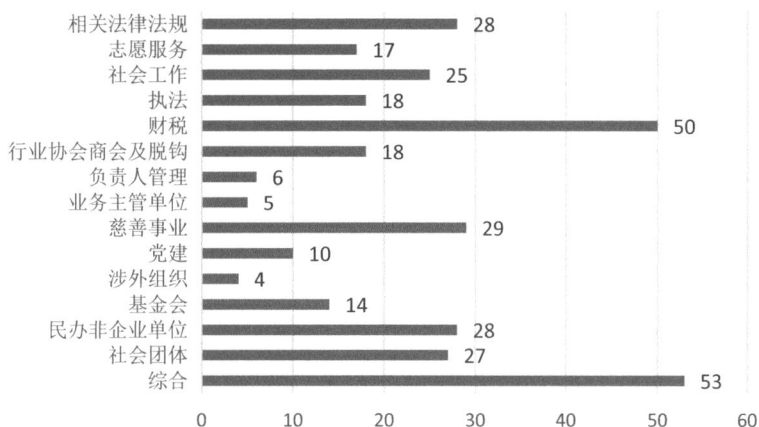

图6-2　截至2020年社会组织公共服务政策法规总数（单位：部）

资料来源：中国社会组织政务服务平台网（http://www.chinanpo.gov.cn/zcfgindex.html）。

三、理论层面：理论的持续演进

社会组织参与重大疫情防控已具有较深厚的理论积淀，特别是20世纪90年代以来强势崛起的治理理论和治理话语。虽然治理概念自其受到追捧开始就存在内涵不清和运用泛化的弊病，但它反映了公共政策、社会治理中的一根主线或一项显著的变化，即对非政府机构在治理当中的作用予以更多认可——以话语、实践和组织形式。[①]社会组织便是介入公共治理网络并与其他参与主体交织互动的重要行动者。特别是伴随着20世纪后期"全球结社革命"[②]的浪潮，公共领域的大量社会组织不断介入政府治理与公共服务，逐渐形成所谓公私伙伴关系。国家转而利用大量的第三方机构来实施政府职能，进而呈现出一个精巧的"第三方治理"体系，"在这个体系中，政府与第三方执行者在很大程度上共享对公共资金的支出和公共权威运用方面的裁量权"[③]。

① Colebatch, H.K.: Making Sense of Governance. *Policy and Society*,2014,33(4),pp.307-316.

② Salamon,L.M.: The Rise of the Nonprofit Sector. *Foreign Affairs*,1994,73(4),pp.109-122.

③ [美]莱斯特·M.萨拉蒙：《公共服务中的伙伴——现代福利国家中政府与非营利组织的关系》，田凯译，北京：商务印书馆，2008年版，第43页。

治理理论及其实践创新对我国的公共管理、社会政策等产生了较大影响，结合我国已有的传统治理文化和革命、改革时代积累的治理技术，党的十八届三中全会直接将治理理念整合到治国理政的顶层设计中，提出了推进国家治理体系与治理能力现代化的目标。在这一背景下，国内学界也纷纷呼唤要结合中国的党情、政情、民情和历史等基本元素，规避概念术语的简单套用或提高理论在本土的适用性①，构建中国本土的治理理论和话语体系。一些新概念或新领域被开发并得到深入研究，如"项目制治理""专项治理""运动式治理""技术治理""复合治理"等。不管这些新概念或领域有多复杂，它们在结构设计的价值或目标取向上，一般都倾向于治理的开放性，期待以社会组织为主干的社会力量在国家治理中发挥更大的协同作用②，强调政党或政府主导下的社会多元参与。具体到本书所说的突发公共事件应急管理，理论界也比较赞同构建以合作伙伴关系为重点的新型政社关系③，认为社会组织的积极参与能够提升社会资本④，有助于提升公共危机应急管理的制度效能⑤。

四、政策层面：鲜明的政策倡导

国家政策对社会组织参与疫情防控，呈现出不断强化并具体化的过程。在新冠疫情暴发之前，构建一个健全且强大的社会治理体系已经成为国家治理现代化的重要组成部分。党的十九届四中全会明确提出了，

---

① 郁建兴、王诗宗：《治理理论的中国适用性》，《哲学研究》2010年第11期。

② 杨丽、赵小平、游斐：《社会组织参与社会治理：理论、问题与政策选择》，《北京师范大学学报》（社会科学版）2015年第6期。

③ 陶鹏、薛澜：《论我国政府与社会组织应急管理合作伙伴关系的建构》，《国家行政学院学报》2013年第3期；朱正威、吴佳：《中国应急管理的理念重塑与制度变革——基于总体国家安全观与应急管理机构改革的探讨》，《中国行政管理》2019年第6期。

④ 杜旭宇、白书祥、程洪宝等：《突发事件应急管理中的社会资本：作用及其机理分析》，《探索》2010年第6期；高芙蓉：《社会资本视域下社会组织参与应急治理的路径研究》，《河南社会科学》2020年第2期。

⑤ 李琦：《自组织视阈下应急管理的社会参与》，《理论月刊》2016年第8期。

要坚持和完善共建共治共享的社会治理制度，加强和创新社会治理，完善党委领导、政府负责、民主协商、社会协同、公众参与、法治保障、科技支撑的社会治理体系。①疫情暴发后，鉴于社会组织在参与疫情防控中的作用，国家及时予以肯定并进行政策倡导。例如，2020年2月23日，习近平总书记在统筹推进新冠疫情防控和经济社会发展工作部署会议上的讲话强调，要发挥社会工作的专业优势，支持广大社工、义工和志愿者开展心理疏导、情绪支持、保障支持等服务。民政部等国家部委也积极且迅速地发布通知和指导意见，如《民政部、国家卫生健康委关于进一步动员城乡社区组织开展新型冠状病毒感染的肺炎疫情防控工作的紧急通知》《民政部办公厅关于印发〈养老机构新型冠状病毒感染的肺炎疫情防控指南（第二版）〉的通知》《关于民政部业务主管社会组织在参与疫情防控工作中发挥示范引领作用的通知》《民政部办公厅关于印发〈志愿服务组织和志愿者参与疫情防控指引〉的通知》《民政部关于学习贯彻习近平总书记重要回信精神 进一步做好社区疫情防控工作的通知》等。这些通知和指导意见都一再地肯定社会组织的重要协同作用，并要求各地鼓励吸纳社会组织介入疫情治理体系。

第三节 突发公共卫生事件中的社会组织： 党建引领"复合防控"

中国国家治理最重要的底色与核心特征是中国共产党的领导，国家治理现代化的组织体系是"以党组织为主导的多元治理结构"②，推动实现党领导下的政府治理、市场治理和社会治理现代化。中国的新冠疫情

①《中共中央关于坚持和完善中国特色社会主义制度 推进国家治理体系和治理能力现代化若干重大问题的决定》，《人民日报》，2019年11月6日。

②俞可平：《国家治理的中国特色和普遍趋势》，《公共管理评论》2019年第3期。

防控能在短时间内取得巨大成效，客观上彰显了这一国家治理结构体系的科学性及其制度效能的强大。在这套多元治理结构体系中，社会组织是重要的协同主体，相较于政府与企业，社会组织在重大突发公共卫生事件应急管理中具有专业、资源、效率、沟通和协调等方面的优势。[①]中国抗疫成功的经验和法宝，在于将党的坚强领导与社会多元力量的协同作用有机地协调和整合起来，在抗疫的人民战争、总体战、阻击战中检验和优化国家治理体系、提高治理能力、提升为民服务质量。本章将社会组织参与疫情防控职能体系提炼如下（见图6-3）：

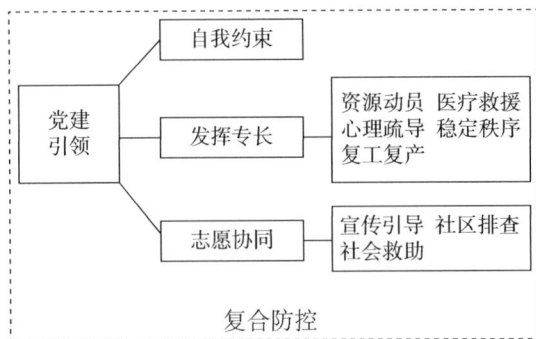

图6-3　社会组织参与疫情防控职能体系逻辑结构

一、党建引领

这里说的党建引领，是指党组织与党员在疫情防控中发挥战斗堡垒作用和先锋模范作用，在加强组织自我管理的同时，通过宣传、动员等方式领导社会组织成员积极投身于疫情防控的各项实际工作。疫情中社会组织的党建引领，实质上是"三位一体"基本功能的发挥过程。具体而言，其一，强化社会组织自我约束，提高疫情期间组织行为的规范性。例如，浙江省嘉兴市嘉善县通过县、镇、村三级社会组织党群服务中心动员全县社会组织进行内部管理，要求社会组织尽量减少人员流动，为

① 金华：《我国公共危机治理的挑战与回应——社会组织参与的视角》，《甘肃社会科学》2019年第4期。

内部人员测量体温等。①其二,引导社会组织发挥在专项领域的特长。例如,义乌市抗疫过程中,市社会组织综合党委按照"社会组织党建+抗疫"工作模式,引导激励广大党员骨干带头冲锋疫情防控一线,义乌市稠州医院党总支部成立党员应急先锋队,组织200余名党员及医护人员每天加班加点,分赴核酸检测、现场流调等重点场所,全方位展开疫情防控工作。②其三,引导社会组织及成员开展各类志愿服务。例如,安徽省社会组织各行业坚持党建引领、开展志愿服务,省家庭服务业协会开展线上知识培训、辅导,为社区、村庄、医院等防控一线提供清洗消毒、科学知识宣传、人员排查等志愿服务近万人次;省茶叶行业协会围绕茶企复工复产的关键时间节点,引导会员企业做好办公区域、厂房及生产设备消毒,及时添置各类生产物资;池州蓝天救援队义务深入贵池区工业园复工企业,对厂区、车间、办公楼等区域进行全面消杀。③

二、自我约束

自我约束是社会组织常规化内部建设在疫情期间的延续与提升,即在党建引领下各社会组织做好组织内部的人员约束和加强组织规范建设,从而助力全社会的疫情防控。其中,复工复产后各地区行业协会与异地商会对各会员单位的相关约束是疫情防控的关键。自我约束职能具体表现为:做好组织成员或会员单位的安全防护教育、制定并实施会员管控措施、加强会员关怀等。例如,湖北商会等20余家异地商会纷纷对同乡企业会员发出不提前返汉、不提前开工倡议,用心守护"第二家乡";汉中市婚庆行业协会及其党支部向全体原定疫情期间结婚的新人发送"婚礼可以迟来,幸福从未缺席"倡议书,在行业协会的号召下,全市近百

---

① 《嘉善县社会组织"四心"聚力齐抗疫 擦亮初心显担当》,载浙江省民政厅网(https://mzt.zj.gov.cn/art/2020/2/15/art_1632804_41920636.html)。

② 《金华义乌:积极发动社会组织参与疫情防控》,载澎湃网(https://m.thepaper.cn/baijiahao_19413605)。

③ 《社会组织发挥专长助战"疫"》,载人民网安徽频道(http://ah.people.com.cn/n2/2020/0302/c358428-33841419.html)。

家婚庆机构延期举办婚礼服务；市、县餐饮业协会积极动员会员单位，加强防疫知识宣传，落实本单位消毒措施，自觉停办酒宴，先后发放相关资料和知识手册3000余份。[1]疫情中的社会组织自我约束职能实际上是充分运用各社会组织与其成员的紧密关联，协同政府有效约束社会组织内部的潜在感染群体，从而实现对病毒传染源的阻隔，同时社会组织的自我约束可有效实现组织成员或会员中感染群体的分割包围，从而大大降低基层在信息搜集、社区排查等过程中的交易成本。

三、发挥专长

在公共危机应对中，领域各异、大小不一的社会组织，能够凭借其所拥有的专业知识、专业技能以及专业行动发挥着独特的优势。社会组织发挥专长的职能是指社会组织依据自身专业的知识或技术力量，为疫情防控提供专业化服务与支持行动。据笔者的观察，社会组织的专长职能主要可以分为以下五类。

1.资源动员。在疫情治理中，慈善组织或基金会短时间内迅速为抗疫一线工作人员与特殊困难群体等筹集急需的物资。慈善组织依赖其公益、志愿、博爱、慈善等宗旨和理念感动社会、影响社群、收集资源，及时弥补政府资源的不足，提高抗疫物资的筹集与分配效率，动员效果非常可观。例如，2020年1月26日，中国社会福利基金会在腾讯公益平台发起"紧急救援，共抗疫情"公益项目。5天时间里，100万人次爱心人士参与，募集善款5557万元。[2]截至2020年3月8日24时，全国各级慈善组织、红十字会接受社会捐赠资金约292.9亿元，捐赠物资约5.22亿件。全国各级慈善组织、红十字会累计拨付捐赠资金约239.78亿元，发

---

[1]《汇聚社会组织力量齐抗"疫"》，载中华人民共和国民政部网（https://www.mca.gov.cn/n152/n166/c42923/content.html）。

[2]《凝聚社会组织力量 众志成城抗击疫情》，载中华人民共和国民政部网（https://www.mca.gov.cn/n152/n166/c42068/content.html）。

放捐赠物资约4.66亿件。①

2.医疗救援。属地化管理和全行业管理往往会导致地区之间信息与急救资源缺乏共享，医药类社会组织恰恰能发挥其灵活、专业的优势，在各地积极展开医疗救援服务，协调并补充当地医院的医疗资源。具体而言，医药类社会组织既可以前往抗疫前线辅助医护人员进行医疗救助，也可以通过线上平台为慢性病患者等提供医疗服务，缓解医疗压力，降低医院内部交叉感染的可能。例如，针对重大疫情区确诊患者，湖北省民政厅、省社会工作联合会组织160余名社工志愿者积极开展"方舱医院"医务社工志愿服务，他们采取"线上+线下"服务、"舱内+舱外"联动方式，即"线上"社工及时回应患者需求，"线下"社工直接提供服务、解决实际问题，"舱内""舱外"密切配合，减轻了一线医务工作者的负担。②又比如，陕西省医学会、陕西省预防医学会、陕西省医师协会等向广大会员发布倡议书，截至2020年2月12日，共有72名专家驰援湖北，1539位会员前往抗疫前线；为减少医院内的感染，许多医疗卫生类社会组织会员通过互联网，为群众提供一般疾病、慢性疾病的医疗服务。③

3.心理疏导。心理疏导职能是指心理健康类社会组织或志愿者通过心理咨询服务热线、网络辅导服务和上门咨询等方式，对疫情期间心理障碍人群进行心理危机干预和心理援助。社会组织或志愿者发挥心理疏导作用，不仅有利于维护心理障碍群体的心理健康，增强该群体的社会适应能力，还能最大限度地降低不良心理和非理性行为对一线工作人员

---

① 《民政部：全国社会捐赠资金已达292.9亿元》，载中华人民共和国民政部网（https://www.mca.gov.cn/zt/n401/n486/c89138/content.html）。

② 《湖北发挥社工优势 凝聚行业合力 投身疫情防控》，载中华人民共和国民政部网（https://www.mca.gov.cn/n152/n166/c42919/content.html）。

③ 《陕西农村报：陕西省医疗卫生行业社会组织全力应对疫情防控》，载陕西省民政厅网（http://mzt.shaanxi.gov.cn/html/zt/yqfk/mtgz/202002/31597.html）。

等造成的危害，提高全体群众的安全感。①疫情暴发后，全国有大量的心理健康类社会组织或志愿者积极对目标群体进行心理疏导。例如，舟山市普陀区美丽心灵工作室和六横爱帮义工协会中的9名专业心理咨询师，主动干预隔离留观人员，对疫情恐慌或心理不适人员进行心理疏导。截至2020年1月31日，这9名专业心理咨询师共提供了心理咨询服务200余次。②

4.稳定秩序。这一职能的发挥主体主要是各类行业协会商会，是指各个领域的行业协会商会发挥行业引导、规范、自律的作用，根据行业实际情况有针对性地指导会员落实防控措施，坚决杜绝会员企业囤积居奇、哄抬物价等行为。与政府相比，行业协会商会更贴近市场，更了解企业、行业和市场等信息，能更容易促使会员企业接受行业协会的决策，因而具有一定的市场管理能力。③新冠疫情暴发后，不少行业协会商会积极参与行业管理、稳定市场秩序。例如，宣城市装饰行业协会通知会员单位，按照国家规定推迟开工时间，自觉维护市场秩序，坚决抵制借助疫情扰乱装饰市场价格、提前开业做活动等违法行为。④

5.复工复产。行业协会商会也是这一职能的重要承载主体，在党和政府的指引下，行业协会商会在疫情防控前期协助生产生活必需品的企业提前复工复产，为疫情防控提供物资保障；在疫情防控后期搭建政府与企业信息沟通平台，同时为企业提供资金、物质、人力、专业化服务等支持。这些职能的发挥，不仅保障了疫情期间口罩等紧缺物资的供应，还由于能及时跟进党和政府的复工复产政策，有利于促进经济的复苏。例如，广东省行业协会商会通过帮助企业做好复工备案、拓宽渠道筹集

---

① 袁银传、王晨霁：《突发公共卫生事件的舆论引导与心理疏导——以新冠肺炎疫情应对为例》，《国家治理》2020年第Z1期。

② 《普陀区民政局引导社会组织开展心理服务助力疫情防控》，载舟山市民政局网（http://mz.zhoushan.gov.cn/art/2020/1/31/art_1229203425_54369309.html）。

③ 郁建兴：《改革开放40年中国行业协会商会发展》，《行政论坛》2018年第6期。

④ 《宣城市装饰行业协会积极参与新冠肺炎疫情防控工作》，载宣城市装饰行业协会网（http://www.xczshyxh.com/newsinfo/2109354.html）。

企业防疫物资、及时调查上报复工困难等多项措施，引导各类企业科学有序复工复产[①]；陕西省中小企业协会向企业收集到285份需求调查表，向政府部门上报中小企业的困难和需求，为帮助企业采购原材料，该省农业产业化龙头企业协会发布168家会员企业的采购需求[②]；威海市人力资源服务业协会为会员企业招纳296名熟练工人，解决了一线工人短缺的难题[③]。

四、志愿协同

各类社会组织不仅可以发挥多样专业职能，还可以以志愿为导向开展各类服务和支持行动。社会组织的志愿协同职能主要包含以下三个方面。

1.宣传引导。疫情防控中，社会组织积极发挥宣传引导的作用，一方面对内以线上线下相结合的方式动员会员支持慈善活动，努力得到会员单位和企业家的积极响应；另一方面对外开通"疫情防控"专栏，向群众发布正确的疫情信息，积极总结经验并宣传疫情防控的先进感人事迹，形成示范带动效应。内部宣传能凝聚成员力量共同抗疫，外部宣传则能引导群众理性对待疫情、减少恐慌。内外结合式宣传引导让社会组织能够协同政府有效进行危机传播管理。[④]例如，截至2020年3月6日，在浙江省社会组织总会的号召下，各会员单位捐赠了共计7560.5万元的款物[⑤]；山东省沙画协会广大沙画文艺工作者们用沙画艺术、VCR等新颖

①《引导企业复产复工，广东行业协会商会用了这几招！》，载澎湃网（https://www.thepaper.cn/newsDetail_forward_6152509）。

②《陕西社会组织深度参与疫情防控》，载中华人民共和国民政部网（https://www.mca.gov.cn/n152/n166/c42174/content.html）。

③《威海市引导社会组织群策群力抗疫情助复业》，载中华人民共和国民政部网（https://www.mca.gov.cn/n152/n166/c43518/content.html）。

④胡百精：《"非典"以来我国危机管理研究的总体回顾与评价——兼论危机管理的核心概念、研究路径和学术范式》，《国际新闻界》2008年第6期。

⑤《主动出击！浙江3.4万家社会组织参与疫情应对》，载澎湃网（https://www.thepaper.cn/newsDetail_forward_6367491）。

的形式记录抗疫过程，并联合山东省音乐家协会、山东省广播电视台广播新媒体中心进行创作和宣传①。

2.社区排查。社区排查职能是指社会组织通过紧急招募组建志愿团队等方式扩大组织力量，积极协助社区做好疫情摸底排查、宣传教育和疫情汇报等工作。在社区干部和年轻党员严重不足的前提下，社会组织带领志愿者积极响应当地政府的号召，主动配合基层政府、辅助社区稳控疫情发展趋势。疫情防控过程中，全国有大量社会组织深入城乡社区，做好社区的"守门员"。例如，江西省赣州市南康区外来人口多、流动性大，社区防控任务十分繁重。依据"社区吹哨，社会组织各支部、党员到社区支部报到"的工作机制，全区各类社会组织迅速招募志愿者600余人，组建志愿服务队，在区防控指挥部统一指挥调度下，协调配合街道乡镇、社区和相关部门开展宣传教育、摸底排查、卫生消毒、街头巡查等疫情联防联控工作。②

3.社会救助。社会救助是指社会组织针对各个地区的特殊弱势群体或因疫情而产生的新困难群体，采取多种措施进行专项救助与指导，以保障困难群众的基本生活。具体而言，社会组织工作人员可详细记载低保对象、特困人员等救助对象，以及新冠感染者的生活状况，对基本生活存在困难的群体，通过发放临时救助金、捐赠防护用品等措施进行救助。社会组织的这些积极作用使得它们成为社会救助中的新型实践主体③，实现了社会救助的体系扩容，及时给予困难群体各种帮扶帮助。例如，疫情暴发后，12家社会组织通力实施"通惠明天"儿童福利服务项

---

① 《战"疫"，山东文艺界在行动》，载山东艺术网（https://www.sdwenlian.com/article/10_13533.html）。

② 《投身防控一线 南康社会组织在行动》，载中华人民共和国民政部网（https://www.mca.gov.cn/n152/n166/c41218/content.html）。

③ 梁立新、兰俏梅：《社会组织：社会救助实践参与的新型主体》，《兰州学刊》2018年第5期。

目，为北京市通州区16个街乡的800余名困境儿童提供专业服务[1]；武汉博雅、武汉爱心天使、荆州四叶草等社工机构纷纷对困境儿童、留守儿童和留守老年人开展排查工作，对重点服务对象进行危机干预和个案服务，最终跟进服务了760名困境儿童和留守儿童、660名留守老年人[2]。

第四节　社会组织参与突发公共卫生事件应对的若干困境

社会组织上述职能的发挥，极大地补充了党和政府抗击疫情的力量，优化了社会治理体系，促进了我国突发公共卫生事件应急管理水平的提升。当然，在看到这些成绩的同时，也要清醒地认识到，我国社会组织参与重大疫情防控的专业化水平还不高，仍有一些梗阻有待打通，仍有一定的空间可供挖掘。

一、人才资源稀缺，专业能力不足

突发公共卫生事件具有突发性、高度专业性、群体性、社会性以及应对协同性[3]，特别是应对像新冠疫情这样传染性强、扩散速度快、病毒机理复杂的重大疫情，需要整合全社会的专业资源。对于参与共治的社会组织而言，它们要能够快速补充政府服务的漏洞，贡献专业人才、开展专业服务。观察一些地方的抗疫过程可以发现，社会组织参与抗疫虽然取得不少亮点和成效，但也呈现出社会组织人才力量薄弱、专业服务

---

[1]《多措并举温情守护 全力做好新冠肺炎疫情期间困境儿童保障工作》，载中华人民共和国民政部网（https://www.mca.gov.cn/n152/n166/c40877/content.html）。

[2]《湖北发挥社工优势 凝聚行业合力 投身疫情防控》，载中华人民共和国民政部网（https://www.mca.gov.cn/n152/n166/c42919/content.html）。

[3] 王芃、梁晓峰：《专业学会在应对突发公共卫生事件中的作用——以新型冠状病毒肺炎疫情应对为例》，《行政管理改革》2020年第3期。

能力不足等短板。①特别是一些志愿服务组织虽然积极性很高但解决实际问题的能力不足，限制了它们参与抗疫的效度。

二、志愿机制失灵，公益形象受损

及时有效的物资分配机制是解决疫情困境的重中之重，特别是春节等特殊时期，医疗物资生产企业和物流基本处于停产停运状态，无法保证物资的及时生产与运输，从而会加重医疗物资的缺乏和分配不均等问题。社会组织作为与政府组织和市场组织鼎足而立的第三部门，通过"以志愿求公益"，能弥补政府缺陷和市场失灵②，特别是在公益资源动员和募集方面具有优势。畅通的制度通道能让更多的慈善组织充分竞争，让捐赠者通过"用脚投票"的方式筛选出合格的慈善组织，能防止垄断格局的出现③。不过在疫情防控初期，极少数地方政府对社会力量信任度较低，简单地指定少数官办机构垄断非定向捐赠物资的接收和发放，这会影响志愿机制的生长壮大，也不利于缓解疫情地区对物资的急迫需求。

三、造血能力不强，财政支持微薄

在开放系统中，组织系统需要从社会环境中获得物质、能量、信息，以保证组织系统的延续④，这就要求社会组织通过自身能力建设或者政府扶持等方式，与外界环境交换生存和发展资源。但在疫情特殊时期，社会组织无法从外界环境中得到足够的资金等资源。社会组织之所以面临巨大的资金压力，可以从内外因两个方面进行分析。从内因分析，社会

---

① 《中国社区报：社会组织参与疫情防控的经验及反思》，载中国社会组织促进会网（https://www.chinanpo.org.cn/ds/230437e520.html）。

② 马庆钰、贾西津：《中国社会组织的发展方向与未来趋势》，《国家行政学院学报》2015年第4期。

③ 沈国琴：《基于慈善法社会法属性的慈善网络募捐关系的应然走向分析》，《学术交流》2019年第3期。

④ [美]W.理查德·斯科特、杰拉尔德·F·戴维斯：《组织理论：理性、自然与开放系统的视角》，高俊山译，北京：中国人民大学出版社，2011年版，第120—121页。

组织自我造血能力低下，经济独立性有待提高。从外因分析，社会组织的人员支出严重依赖政府[①]，但是由于疫情的影响，政府购买服务的资金势必缩水，社会组织原本与政府签约的某些项目也无法完成，导致资金的缺乏。社会组织面临的资金短缺问题，使得社会组织提供的公共服务单一化、粗浅化[②]，从而会进一步加大社会组织的生存压力。

四、运行机制不畅，联动网络缺失

普遍的互惠是一种高度生产性的社会资本，而密集的社会交换网络有助于普遍互惠规范的形成。[③]在突发公共卫生事件应急管理中，社会组织为实现防控效能最大化，应当与多元治理主体形成一张紧密的防控联动网络，通过强大的共识性社会资本提高疫情防控的集体行动能力。但在疫情防控过程中，社会组织的应急协调运行机制并不畅通，多数社会组织倾向于单兵突进，采取松散的形式开展活动，缺乏与其他治理主体的联络联动。这种分散行动、互不交流的疫情行动模式往往效果不佳。比如，对于社会组织而言，容易导致重复建设、整体服务效果低下、缺乏监管等后果；对于社会组织服务对象而言，增加了其选择高质量服务的难度，不利于其对社会组织进行有效的评估。[④]

五、科技支撑不足，线上服务困难

新兴技术在重大疫情的精准、快速防控中占有重要地位。在抗击新冠疫情过程中，大数据、5G、人工智能等数字治理技术极大地助力了对

---

①　王芃、梁晓峰：《专业学会在应对突发公共卫生事件中的作用——以新型冠状病毒肺炎疫情应对为例》，《行政管理改革》2020年第3期。

②　《激活社会组织 服务社会治理》，载人民网（http://paper.people.com.cn/rmrb/html/2020-04/09/nw.D110000renmrb_20200409_1-19.htm）。

③　[美]罗伯特 D·帕特南：《使民主运转起来》，王列、赖海榕译，南昌：江西人民出版社，2001年版，第202页。

④　陈雪峰、傅小兰：《抗击疫情凸显社会心理服务体系建设刻不容缓》，《中国科学院院刊》2020年第3期。

密切接触者的追踪、数字办公、智能问诊等。然而，一些社会组织运用科学技术参与疫情治理的能力不强。例如，在疫情影响下，绝大多数社会组织采用了远程办公、网络办公等方式，但由于硬件配置差、网络技术应用能力和远程协作能力不足，社会组织在线上服务过程中往往显得无力。[①]社会组织新兴科技应用能力的不足，在很大程度上会降低其开展活动的效度，制约社会组织参与疫情治理的效能。

第五节 社会组织参与突发公共卫生事件应对的优化路径

上述社会组织在疫情防控中的短板，实际上并不完全是在疫情应对中才有的，这就说明公共危机状态下的许多问题，可以通过社会常态时期的制度机制建设进行弥补。童星指出，"风险-灾害（突发事件）-危机"是一个连续不断的客观演化过程，相应地就需要风险治理-灾害救援（应急处置）-危机治理的全过程管理，要处理好应急体制常态化与非常态化的转化与衔接。[②]为保障非常态背景下社会组织的协同能力，必须在常态治理阶段加大组织培育、能力提升力度并打通协同机制的各类梗阻，真正构建起中国特色的应急管理社会参与模式。

一、强化专业技能培训，丰富志愿服务

政府能向社会组织转移职能、推进简政放权的前提是，社会组织具有一定的实际承载能力，而承载能力又依赖于社会组织的专业人才力

---

① 《疫情之下，社会组织在行动——北京社会组织应对疫情状况调查报告》，载北京市协作者社会工作发展中心网（http://www.facilitator.org.cn/news/aboutus01/news-id/814/）。

② 童星：《兼具常态与非常态的应急管理》，载中国应急管理研究基地网（http://ccmr.sppm.tsinghua.edu.cn/papers/940.jhtml）。

量。①疫情的突发性与大规模暴发，加大了社会对各类社会组织专业人才的需求。在社会组织人员数量不足、专业性欠缺的情况下，紧急向社会招募各类志愿者，并通过线上课堂等方式，及时对社工、志愿者进行专业技能培训，往往是紧急状态中行之有效的策略。社会组织在招募管理各类志愿者的过程中，应遵循以下三方面的要求：其一，多渠道扩充专业志愿者的数量与类型。通过线上线下相结合，招募医护物资生产志愿者、心理疏导志愿者、培训志愿者和物资整理志愿者等。其二，给予志愿者充足的医疗物资等，保障志愿者的人身安全。其三，规范对志愿者的管理。比如，建立相应的志愿者数据库，建立统一的志愿者服务认证制度，记录志愿者的工作并给予相应的激励。②

二、健全危态募捐机制，坚持政社协同

在重大疫情暴发的特殊时期，政府指定少数社会组织，统一调配社会捐赠物资的政策往往不能赢得公众信任，一旦发生信息不透明、公开不及时等问题，就很有可能产生信任危机。应当从以下三个方面完善社会危态下的募捐机制：其一，政府应当重视志愿机制，增强对各类慈善组织的信任度。在应急管理过程中，政府可指定有资质、有能力的慈善组织作为管理物资的重要主体，也应当允许其他有资质的慈善组织根据公民意愿组织募捐活动，发挥社会力量的优势。其二，应着手完善募捐监督机制。例如，将慈善组织年度财务会计报告、慈善财产的管理和使用情况等纳入国家审计监督的范围，并且规范慈善组织行政管理费用的使用等。其三，各类社会组织应不断加强募捐能力，并依法募捐。组织慈善组织工作人员在平时接受应对突发性公共卫生事件的培训，掌握高效鉴别捐赠物资的技能，提高社会组织的统计能力与组织能力。同时严

---

① 陈书洁：《治理转型期社会组织专业人才生长机制研究——基于深圳的实践》，《中国社会科学院研究生院学报》2016年第5期。

② 雷晓康：《构建社会力量参与疫情防控的引导机制》，载第一智库网（http://www.1think.com.cn/ViewArticle/html/Article_4FFA4A807C07BCF4B4EF9BFBD2A90C8B_48319.html）。

格依照法律法规要求，有序地组织募捐活动。

三、加大政府购买力度，激励社会力量

政府购买社会组织服务机制是指通过契约化的形式，政府以公共财政支持让社会组织协助承担公共服务，从而提高公共服务的效率与质量，这是现代公共财政支出发展的一种全球趋向。[①]政府在购买公共服务的过程中，应当摒弃"大包大揽""单打独斗"的思想，发挥社会组织在公共管理、利益协调方面的作用，促进公共服务供给的多元化。[②]具体而言，可以从以下三个方面完善危态下政府购买社会组织服务的机制：其一，在观念上，政府应当坚持行政机制、市场机制和社群机制互动式协同治理的思维。[③]其二，在范围上，政府应当主要向社会组织购买有利于保障和改善民生的服务，发挥社会组织的多元、灵活、及时、直接、细化、亲民等作用。其三，在评价上，为达成外部制衡的目标，应当健全第三方评估制度，即除了政府主管部门评估、高校专家评估外，还应当大力发挥社会组织专业评估机构等的评估作用。[④]

四、畅通整体运行机制，多元协调防控

为提升疫情治理中社会组织的参与程度和整体效能，应畅通联防联控联治机制，形成多元协调的防控治理格局。畅通整体运行机制的途径，可以概括为以下三点：第一，强化社会组织党组织联动建设。通过刚性

[①] 苏明、贾西津、孙洁等：《中国政府购买公共服务研究》，《财政研究》2010年第1期。

[②] 刘舒杨、王浦劬：《中国政府向社会力量购买公共服务的深度研究》，《新视野》2018年第1期。

[③] 顾昕：《新时代新医改公共治理的范式转型——从政府与市场的二元对立到政府–市场–社会的互动协同》，《武汉科技大学学报》（社会科学版）2018年第6期。

[④] 徐家良：《政府购买社会组织公共服务制度化建设若干问题研究》，《国家行政学院学报》2016年第1期。

嵌入与柔性融入相结合的社会组织党建工作路径[①]，由社会组织联合党委引领社会组织搭建协同合作的服务平台，整合各类社会组织的资源，提升社会组织参加抗疫的领导力。第二，发挥枢纽型社会组织的作用。枢纽型社会组织遵循着"组织化—再组织化"的交互逻辑、政府与组织资源的互依逻辑，不仅能整合、协调多个会员社会组织的利益，而且能代表社会组织，向政府提供政策建议，以获取行政资源、政策支持。[②]第三，大力发展社区社会组织，加快"五社联动"建设进程。社区社会组织在常态化时期与社区"两委"、居民志愿者、社会慈善资源等形成良好的联动与合作，积累社会资本和联动经验。在突发公共卫生事件状态下，社区社会组织应当主动与基层政府和下沉到街居的党政机关工作人员、驻区单位、物业公司形成超级网格[③]，推动疫情的基层防控与合作治理。

五、提高线上服务效能，适应智慧社会

智慧性、协同性、参与性是智能时代社会治理的特性，作为重大突发公共卫生事件的治理主体之一，社会组织理应适应智能时代的发展，提高治理能力，促进治理模式的转型。[④]可以从以下三个方面提高社会组织对智能时代的适应性：第一，在"大数据+基层治理"新型格局中，扎实推进城乡基层治理公共资源数据共享，提升城乡基层治理的智能化和智慧化水平。第二，推进社会组织管理与智慧城市、智慧社区建设的融合，引导社会组织积极参与信息共享平台的建设与应用，鼓励社会组织在信息共享平台中收集、处理和传递各类信息，提高社会组织参与疫情治理的决策和处置能力。第三，社会组织应当使智慧工作模式常态化。

---

① 徐宇珊：《刚性嵌入与柔性融入：社会组织党建工作路径探索——以深圳市社会组织党建工作为例》，《中共福建省委党校学报》2017年第4期。

② 刘耀东：《中国枢纽型社会组织发展的理性逻辑、风险题域与应对策略——基于共生理论的视角》，《行政论坛》2020年第1期。

③ 田毅鹏：《治理视域下城市社区抗击疫情体系构建》，《社会科学辑刊》2020年第1期。

④ 解轶鹏、李懿：《智能时代的社会治理转型综述》，《国家治理》2017年第37期。

社会组织应将5G、物联网、大数据、云计算等新一代信息技术纳入到常态工作中，力争成为运用数字技术的行家里手。

第六节　本章小结

社会组织参与重大突发公共卫生事件应急管理，具有事实、规范、理论与政策的四重合法性。发挥社会组织在重大危机事件应急管理中的协同作用，是推进国家治理体系现代化、健全共建共治共享社会治理制度的有效策略和关键行动。本章以社会组织参与抗击新冠疫情为分析对象，研究发现，我国广大社会组织在疫情防控中实现了党建引领和推进善治的协同效应，切实提高了疫情的"复合防控"效果。各类社会组织的自我约束，极大降低了病毒的传播风险。社会组织促进资源动员、医疗救援、心理疏导、稳定秩序和复工复产等多样化功能的发挥，能够有效地提升重大疫情治理的专业性。同时，在宣传引导、社区排查、社会救助等方面，以志愿为导向的各类服务起到了拾遗补漏和支持作用。总体来看，以社会组织为核心的社会力量积极参与疫情防控，是我们党领导和打响抗击疫情人民战争的重要体现，是中国取得抗击新冠疫情斗争伟大胜利的又一项宝贵经验。当然，这一过程中出现的若干参与困境表明，迫切需要在常态化时期进行社会治理质量的提升，增强社会组织多方能力，如志愿服务专业能力、公益募捐能力、承接政府购买服务能力、内部科学管理和外部联动能力以及适应智能治理能力等，进而真正构建起中国特色的应急管理社会参与模式。

第七章 社会组织介入医疗群体性纠纷化解：基于协商治理的视野 *

* 本章主体内容原载《中国卫生事业管理》2018年第3期，收入本书时做了修改，郭淑云参与了本章的资料搜集、框架论证等工作。

第一节　问题的提出

在人类发展的历史长河中，突发性公共卫生事件对于国家与社会的发展向来都是重大挑战，尤其是我国发展进入战略机遇和风险挑战并存、不确定难预料因素增多的时期，这一挑战对于国家与经济社会的影响尤为显著。近年来，市场经济的迅速发展促使社会各领域呈现崭新面貌，与此同时，社会结构转型节奏的加快也诱发了一系列社会问题，其中，医疗群体性纠纷事件较为典型，它不仅对社会秩序造成破坏，也在一定程度上侵蚀着社会最基本的价值准则与道德底线。自 2009 年国家实行"新医改"以来，我国的医疗卫生事业取得长足进步，迈出了构建"健康中国"的第一步。但是，十余年以来，各种医疗群体性纠纷也偶有发生，改善医患关系是我国公共卫生事业发展进程中一个重要的理论和实践课题，实务界与理论界对此都给予了高度关注。医疗纠纷不仅对医患双方的生命安全及医院诊疗秩序产生不良影响，也成为构建和谐互信医疗氛围的重要障碍。因此，构建和谐的医患关系、维护医患双方的合法权益，是实现社会安定和谐的现实需求，是保障和改善民生的题中之义。

习近平总书记指出："要健全风险防范化解机制，坚持从源头上防范化解重大安全风险，真正把问题解决在萌芽之时、成灾之前。"①党的十八大以来，在总体国家安全观的引领下，社会稳定风险治理的重要性及其在国家总体安全治理体系中的重要地位愈发凸显。党的十九届四中全会指出，完善党委领导、政府负责、民主协商、社会协同、公众参与、

---

① 《习近平在中央政治局第十九次集体学习时强调　充分发挥我国应急管理体系特色和优势　积极推进我国应急管理体系和能力现代化》，载人民网（http://jhsjk.people.cn/article/31483202）。

法治保障、科技支撑的社会治理体系，建设人人有责、人人尽责、人人享有的社会治理共同体，确保人民安居乐业、社会安定有序，建设更高水平的平安中国。为实现这一目标，政府作为公共服务的提供者、公共秩序的维护者，负有规制责任。但在国家与社会关系结构转型的背景下，以政府为单一治理主体的医疗纠纷治理模式正在逐渐消退。作为成长于市场经济发展与社会转型时期的新兴力量——社会组织，在推动社会转型、转变政府职能、提供公共服务、促进社会治理过程中发挥着越来越重要的作用。在政府的扶持下，发挥社会组织在解决医疗纠纷中的独特优势和重要作用，不失为一种崭新视角。《国家突发公共事件总体应急预案》中规定了"快速反应，协同应对"的工作原则，要求"加强以属地管理为主的应急处置队伍建设，建立联动协调制度，充分动员和发挥乡镇、社区、企事业单位、社会团体和志愿者队伍的作用"。《国务院关于印发"十三五"卫生与健康规划的通知》提出"倡导卫生应急社会参与"。《国务院办公厅关于印发"十四五"国民健康规划的通知》也提出"创新社会动员机制"，"培育相关领域社会组织和专业社工、志愿者队伍"的相关要求。这表明，政府日益意识到社会力量参与医疗群体性纠纷治理的重要价值，并逐步为社会组织的参与提供合法性依据。本章首先描述转型时期医疗群体性纠纷的内涵和过程性特征，再搭建一个社会组织何以能够介入该类纠纷解决的分析框架，并对这些参与机理予以阐释，最后提出相应的对策建议。

第二节　医疗群体性纠纷的内涵与特征

医患关系是指医患双方在医疗实践过程中建立的人际关系，从更广义范围来看，则指以医生为代表的医疗群体与以患者为中心的社会群体之间发生的相互关系。随着社会经济的发展，医患关系由古代饱含泛道德化色彩的相对和谐状态，逐渐演变为现代充满博弈的状态，出现了一些不和谐现象，产生一些医疗群体性纠纷事件。①学界对社会组织参与突发事件治理展开了广泛研究，但内容较为分散，而且缺少具有重要意义的代表性文献与观点。大量的研究集中在社会组织参与突发事件治理、政府与社会合作的必要性讨论；阐述政府和社会组织参与突发事件治理各自的比较优势和劣势，提出解决问题的对策；介绍西方发达国家和地区的经验；以突发事件为切入点，讨论政府与社会组织合作模式等。②在突发事件类型上，社会组织参与的应急管理最多是自然灾害和公共卫生事件。在社会组织参与应急救援方面，受到较多关注的是社会组织的管理能力问题，具体来说包括两个方面：一是资金筹措能力，二是资源分配能力。也有学者从脆弱性、韧性与适应性等方面对社会组织参与突发事件应急管理的目标导向展开讨论。③总体来说，这些学术成果为进一步探索建立更加科学完善的应急管理体系提供了学术思想和理论参考，但既有研究多是比较概括地描述了社会组织介入突发公共事件的机制，对于社会组织参与医疗群体性纠纷并未详述其化解过程与机制。本章以此为出发点，我们认为，医疗群体性纠纷事件是指患者方就特定的医疗纠纷，因与医方信息沟通不畅、缺乏信任等原因，以获得赔偿、讨要说法为目的，通过各种法外手段以致妨碍医疗秩序、危害医方安全及声誉的非理性维权冲突事件。医疗群体性纠纷在社会转型过程中有自身发展的轨迹，呈现出一系列新特征，概括如下。

一是信息不对称导致沟通障碍。基于经济学视角，信息不对称往往

---

① 彭红、李永国：《中国医患关系的历史嬗变与伦理思考》，《中州学刊》2007年第6期。

② 孔娜娜、王超兴：《社会组织参与突发事件治理的边界及其实现：基于类型和阶段的分析》，《社会主义研究》2016年第4期。

③ Sharma,M.G.,Srivastava,S.K.: Leveraging the Social Welfare Chain to Provide Resilience During Disaster. *International Journal of Logistics Research and Applications*, 2016, 19(6), pp.509-519.

是引发医疗群体性纠纷的重要原因，且贯穿于医疗纠纷事件起因、爆发、高潮、处置的整个过程。一方面，医院对于药价、诊疗费、治疗方案等拥有绝对的信息垄断权，患者处于信息弱势一方，获取信息的渠道欠缺、成本较高，且专业知识不匹配。这种垄断优势可能会促使医院和医者形成高高在上的自大意识、排斥社会批评和建议的封闭意识。另一方面，公众对医院的期待近乎理想化，一旦患者的公益型、服务型医院的期待遭遇现实中逐利化、权威型的医疗实践，就会导致认知差异的持续扩大，进而患者会因为过度反差产生负面情绪。由这两方面共同作用的信息不对称现象，极易导致道德风险与逆向选择，医患双方就此展开博弈。①同时，医患双方在专业学识、思想观念、身份地位等各方面的差异，犹如一道天然屏障，阻碍了双方的沟通交流，二者之间缺少制度化、常态化的沟通平台。

二是行动方式易滑向极端化。观察一些医疗群体性冲突事件能够发现，医患矛盾导致的患者及其家属的行动表达方式存在暴力倾向。站在患者角度而言，其诉求可大致分为情感类、经济类及伦理类诉求，当各类诉求无法在既有法律框架和表达体制下达成时，逾越法律界限的表达方式就会出现。极端化行动的一种表达方式是毫无征兆的单纯泄愤式暴力，另一种往往是从隐性暴力逐渐向显性暴力蔓延，如从医患双方的口角争执到当众辱骂乃至持械伤害等。极端化表达方式不仅不利于解决问题，还会影响医院正常运转和社会秩序稳定，侵蚀社会黏合度，进一步加大医疗纠纷事件的处理难度。

三是非理性情绪形塑表达行为。互联网时代，以患者方及其家属为主体掀起的医疗群体性纠纷事件，往往能够在线引发更大范围的网络舆论风暴，容易导致医患矛盾进一步升级，甚至使得医务工作者及医院被"污名化"。同时，处于非理性状态的民众极易被网络谣言蒙蔽，情绪受到感染。民众在"我群"与"他群"对立中形成的行动认同分化，往往

---

① 弓宪文、王勇、李廷玉：《信息不对称下医患关系博弈分析》，《重庆大学学报》（自然科学版）2004年第4期。

在作为"弱者的武器"的情感动员的作用下，将积聚已久的情绪迸发出来。①由于情感或情绪是贯穿在社会运动或抗争政治每个阶段以及各个方面的，因此它能激励和形塑人群的行动目标，对抗争动员及其成功具有重要影响。②由此可见，医疗群体性纠纷中民众的非理性情绪不容小觑。

四是刚性维稳理念有待改观。在传统的政府危机管理模式下，肩负社会管理与服务职能的地方政府毋庸置疑地成为应对医疗群体性纠纷事件的责任主体。受到传统管理模式的局限，一些地方政府对民众表达行动的回应主要是一种压力型的运动式治理，这种自上而下的治理方式实际上是一种政治化的维稳政治。③在这种维稳政治框架下，管理主体单一、管理方式落后、偏重结果导向。刚性维稳体制的特点容易将已有的不稳定危机升级，政府大包大揽的惯习与僵化低效的事件处理手段，也是阻碍医疗群体性纠纷有效解决的重要因素。

第三节　理论框架：协商治理视角下的社会组织参与路径

"协商民主是中国社会主义民主政治中独特的、独有的、独到的民主形式……协商民主深深嵌入了中国社会主义民主政治全过程。"④自20世纪90年代起，协商治理诞生并逐渐成长为一种新的公共治理范式。协商治理进一步强调了主体理性参与公共事务治理的重要作用，作为解决基

---

① 姜方炳：《污名化："网络暴力"的风险效应及其现实隐喻——以"李刚门"事件为分析个案》，《中共浙江省委党校学报》2012年第5期。

② Jasper,J.M.: Emotions and Social Movements: Twenty Years of Theory and Research. *Annual Review of Sociology*,2011,37,pp.285-303.

③ 肖唐镖：《当代中国的"维稳政治"：沿革与特点——以抗争政治中的政府回应为视角》，《学海》2015年第1期。

④ 《习近平著作选读》（第一卷），北京：人民出版社，2023年版，第271页。

层社会利益冲突问题的重要方式，协商治理并不依赖行政手段来解决问题，而是凭借社会与公众的参与能力来化解难题。①协商民主在我国社会治理场域中生存并发展的根本原因是这一范式与我国社会治理的基本理念相契合，这可以从多个层面来分析。从主体来看，协商民主强调主体间理性，认为理性是由主体互动而产生的，这与社会治理所主张的主体多元化趋势相契合；从过程来看，协商民主讲究合法性与程序性，立法和决策必须遵守现行法制体系并建构符合实际的协商议事流程，这与社会治理要求的法治性、制度性不谋而合，协商民主本身就是一种社会治理方式和过程；从手段来看，协商民主强调通过参与和对话达成基于公共利益的理性共识，这与社会治理的合作与协商精神相呼应。总的来说，协商民主在我国社会治理创新场域中具有生存优势与发展潜力。②

在社会治理的多元主体结构中，社会组织致力于社会治理现代化的推进，越来越受到关注，具有蓬勃的发展势头。近年来，随着市场经济的迅速发展以及行政管理体制的改革，国家与社会关系开始出现转型，各类社会组织在社会治理中扮演着愈加重要的角色，在处理社会问题的过程中，以其自身特点与协商民主融合发挥了重要作用。社会组织，又有非营利组织、第三部门等称谓，莱斯特·M.萨拉蒙等对其基本属性进行了界定，即组织性、私立性、非利润分配性、自治性和志愿性。③在现代民主社会，社会组织参与协商是民主与公民理性表达的重要体现。在我国，社会组织具有明显的"官民二重性"，这一点为公民参与社会治理提供了重要的渠道与平台。通过社会组织协商，公民的参与意识逐渐增强，从而进一步拓展了民主政治的社会基础。社会组织作为联结国家与社会之间的重要载体，在链接资源与协调动员方面具有天然优势。这对

① 唐皇凤：《协商治理的中国实践：经验、问题与展望》，《中共中央党校学报》2020年第1期。

② 王滢淇、翁鸣：《协商治理：当前中国社会治理创新的方向与路径》，《社会主义研究》2016年第1期。

③ [美]莱斯特·M.萨拉蒙等：《全球公民社会：非营利部门国际指数》，陈一梅等译，北京：北京大学出版社，2007年版，第12—13页。

于公民参与社会治理来说，是提升其参与积极性的重要砝码。[①]因此，协商性治理视角下社会组织在参与社会治理的过程中，具有不可忽视的优势。

首先，社会组织可以充当社会利益的协调者，建立各群体间的信息沟通与利益表达机制。社会组织在做好自身专业能力建设的同时，也会完善标准和制度，提升自身的运营管理能力，增加与其他相关领域社会组织合作的资本，从而通过常态化信息互动、资源共享、取长补短，实现应急管理的合力。[②]其次，作为"草根"组织的社会组织具有平等交流的协商对话机制优势。在协同共治型模式中，社会组织在参与基层协商治理中的自主性和嵌入性都较强。[③]治理目标在于通过政府行政与社会自治的有效衔接，形成政社互动的协商治理结构。再次，社会组织是进行信任生产与再生产的重要载体之一。有研究发现，社会组织与社区等通过网络活动建立起来的信任使其更能有效地应对公共危机。[④]最后，社会组织具有的资源整合与协同动员优势使其成为协同共治的重要参与主体。社会组织具有链接丰富资源的特性，社会组织借助关系网络寻求与社区、企业、政府的合作机会，进而获取更大范围的应急资源。由此，形成了协商性治理视角下社会组织参与的独特路径（如图7-1所示）。

① 宋雄伟：《社会组织参与城市社区治理的制度环境与行动策略》，《江苏社会科学》2019年第2期。

② 向春玲、吴闫、张雪：《社会组织参与应急管理的作用与对策研究》，《广东青年研究》2023年第3期。

③ 杨柯、张长东：《自主与嵌入：社会组织参与基层协商治理的逻辑与模式》，《北京行政学院学报》2021年第5期。

④ Kilby, P.: The Strength of Networks: the Local NGO Response to the Tsunami in India. *Disasters*, 2008, 32(1),pp.120–130.

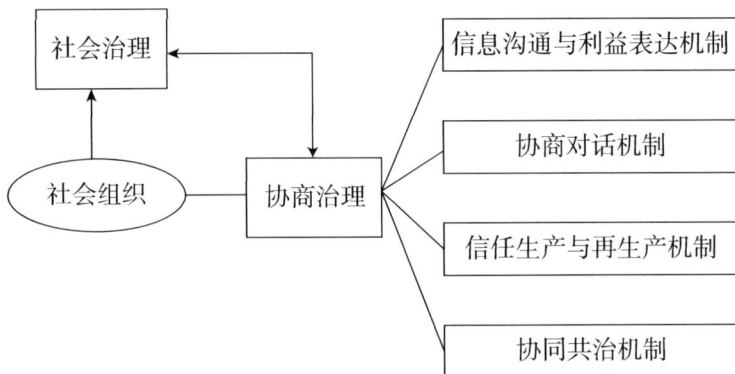

图7-1 协商治理视角下社会组织参与路径

第四节 社会组织参与医疗群体性纠纷化解的作用机制

"在容易出现市场失灵、政府失灵和社会失灵的领域，协同治理可以成为一种有效的战略性解决方案。"[1]医疗群体性事件显示了跨界协作治理的价值和意义，发挥以已经逐步成长起来的社会组织为代表的社会力量的协同参与作用，关系着公共卫生应急管理现代化的实现。当前社会组织对医疗群体性纠纷或事件介入度不高，在一定程度上已成为医患关系网络化治理中的短板，长此以往不利于医患双方的有效沟通交流。对此，有学者提出"柔性治理"的理念，主张将社会组织引入社会冲突治理领域，以相对"柔性"的治理模式来处理民事冲突，有助于摆脱治理困境，促进国家在治理社会冲突方面思路的整体转型。[2]社会组织参与医

---

[1] 王有强、叶岚、吴国庆：《协同治理：杭州"上城经验"》，北京：清华大学出版社，2015年版，第30页。

[2] 张晶：《正式纠纷解决制度失效、牟利激励与情感触发——多重面相中的"医闹"事件及其治理》，《公共管理学报》2017年第1期。

疗群体性纠纷治理的契合性主要体现为以下四类机制及其效能。

一、信息沟通与利益表达机制引导建立医患沟通渠道

信息不对称、沟通渠道不完善易诱发民众非理性的行动表达，进而产生社会矛盾。在社会矛盾的调解过程中，人民调解作为纠纷化解的第一道防线，在人力、物力及能力等方面存在短板，在调解遭遇瓶颈时，调解责任往往涌向政府，但政府经常被误解为刻意替医院"站台"，因而往往无法达到成功调解矛盾的理想结果。社会组织作为独立于政府和医院的第三方，能以体制外特有优势成为调解纠纷的第二道防线。其一，行业性专业性调解组织可使原子化的个人利益表达组织化，从而构建制度化的信息沟通平台。①其二，贴近基层的行业性专业性社会组织作为政府与群众之间独立的第三方，以为公众提供公共服务的姿态和形象，疏通并延展了民众利益表达的渠道，在促进医患双方进行充分沟通的同时，缓和医患双方之间的僵持状态，推动形成一种平等交流的互信氛围，助益于搭建一种制度化、常态化的信息沟通与利益表达平台。其三，一些行业性专业性调解组织，常年跟踪行业发展形势，熟谙行业内的相关法律法规、政策标准、行业规范等，由这些社会组织出面调停和化解冲突，能够更好地传达准确的公共信息，规避以讹传讹现象，推动公共信任的落地。

二、协商对话机制引导形成平等交流对话氛围

和谐社会建设在对政府提出柔性治理要求的同时，也为社会组织的发展指引了方向，和谐的要义就是"以和为贵"，社会组织的协商性与此完美契合，协商性治理对医患纠纷治理的法治化具有重要意义。协商性治理承认不同利益主体之间存在利益诉求的差异，通过公开、平等、自由地参与和对话，把个体偏好和公共利益有机结合起来，以协商达成共

①　王中汝：《利益表达与当代中国的政治发展》，《科学社会主义》2004年第5期。

识，实现多元统一。①此外，贯彻政社分开原则，实行行业协会商会与行政机关脱钩的政策，是提升行业性专业性协会独立性的重要举措。社会组织在参与医疗群体性纠纷的治理过程中，以协商对话的治理方式克服了政府传统的管理方式的不足，通过构建程序合理、环节完整的协商民主体系，完善协商落实机制，这对于达成平等交流、协商对话式的新型平衡状态具有重要意义。这具体体现为，在协商过程中，医患双方陈述并听取对方意见、坦诚沟通，从而促进医患双方化解矛盾。

三、信任生产与再生产机制重塑公民公共精神

民众行为的非理性化是社会民粹化的重要表现，更是公共领域发育不成熟的表现，而公共领域的发育程度，在一定程度上又决定着现代公民意识形态的成长，对和谐社会的构建有着深刻影响。构建民主与和谐社会需要政府打造社会资本，以此鼓励民间组织的健康发展，从而为社会发育和发展创造条件。②罗伯特 D·帕特南认为社会资本指社会组织的某种特征，诸如信任、规范和网络，它们能够通过促进合作行动而提高社会效率。③从社会资本的视角来看，信任既是社会组织发展的关键因素，也是应对社会矛盾、构建和谐社会的重要文化黏合剂。针对医疗群体性纠纷中出现的"我群"和"他群"对立而形成的认同分化问题，社会组织的信任生产与再生产机制首先作用于民众间的相互信任，引导群体行为回归理性；其次，信任机制对于社会组织内部、社会组织与医院及政府之间横向关系的加强具有重要作用。此外，信任机制还有助于培养公民的公共精神，提升公众对于社会事务的理性参与度。

---

① 吴翠丽：《邻避风险的治理困境与协商化解》，《城市问题》2014年第2期。

② 燕继荣：《民主：社会资本与中国民间组织的发展》，《学习与探索》2009年第1期。

③ [美]罗伯特 D·帕特南：《使民主运转起来》，王列、赖海榕译，南昌：江西人民出版社，2001年版，第195页。

四、协同共治机制打造多元伙伴关系

在医疗群体性纠纷的治理中，如果沿袭压力型、运动式治理模式，只会出现一种全面维稳局面，打压、限制、退缩等回应策略的采用更使得社会陷入"越维稳越不稳"的恶性循环。[①]这就要求政府由单方管理模式逐渐向多元协同的网络治理模式转型，而社会组织则成为实现社会善治的重要角色。"政府-市场-社会"三维框架下的"多中心"治理模式，意味着有许多在形式上相互独立的决策中心从事合作性活动，或利用核心机制来解决冲突。[②]政府与社会组织的关系也逐渐向莱斯特·M.萨拉蒙所提出的"伙伴关系"延展，政府与社会组织的合作就"是一种逻辑和理论上都很明智的折中方案"[③]。在医疗群体性纠纷事件的处理过程中，社会组织充分发挥其优势机制，与政府、市场互动耦合，结合各自角色定位、资源优势展开深层次合作，以最小的成本实现公共利益最大化，妥善化解医疗群体性纠纷。

第五节　完善社会组织参与化解医疗纠纷的对策建议

社会组织充分发挥其优势和特点，对症下药，在医疗群体性纠纷的化解过程中发挥着重要作用。当然，从一些地方医疗突发事件应对过程

---

① 肖唐镖：《当代中国的"维稳政治"：沿革与特点——以抗争政治中的政府回应为视角》，《学海》2015年第1期。

②［美］埃莉诺·奥斯特罗姆、帕克斯、惠特克：《公共服务的制度建构——都市警察服务的制度结构》，宋全喜、任睿译，上海：上海三联书店，2000年版，中文版序言第11—12页。

③［美］莱斯特·M．萨拉蒙：《公共服务中的伙伴——现代福利国家中政府与非营利组织的关系》，田凯译，北京：商务印书馆，2008年版，第51页。

和成效来看，目前仍存在"自主不足""身份不正""能力不高""动力不强"等内部缺陷及"制度环境不够优""社会支持较有限"等外部限制[①]，这制约了社会组织参与效能的释放，对此，本章提出如下相关对策建议。

一、强化党建引领，构建"党建+调解"工作体系

医疗卫生行业存在不少行业性专业性社会组织，这些社会组织紧跟行业发展形势、熟谙国家法律政策、掌握行业规范标准。着力引领这些社会组织的正确发展方向，发挥这些社会组织在医疗群体性纠纷化解过程中的作用，是推动医疗卫生行业和谐稳定的重要工作策略。要着力加强社会组织中党的建设，强化党在医疗卫生行业类社会组织中的组织覆盖和工作覆盖，"坚持组织嵌入与功能发挥的有机结合"[②]，依托医疗卫生行业协会商会建立党组织，聚焦医疗卫生和谐发展问题，推动开展政策宣传、行业座谈、协商议事、困难帮扶、思想疏导、纠纷化解等工作。要依托行业协会商会等枢纽型社会组织，以党建引领为抓手，形成并践行"党建+调解"思路，发挥社会组织中党组织战斗堡垒作用和共产党员先锋模范作用，健全行业性内部矛盾多元化解体系，优化矛盾化解工作流程，开展医疗卫生行业内矛盾纠纷积案攻坚化解专项行动，健全行业调解党员志愿队伍、打造党员调解专家工作室，充分释放党建引领对行业矛盾纠纷化解的重大效能，营造浓厚的医疗卫生行业平安建设氛围。

二、加大政府扶持力度，吸纳社会协同治理

政府作为社会治理的主导力量，其对于社会组织的观念转变与行为支持成为社会组织赖以成长的重要资源。其一，真正树立起协同化治理理念。观念是行为的先导，政府要转变传统单方管理的观念，鼓励社会

---

① 何水：《社会组织参与服务型政府建设：作用、条件与路径》，北京：中国社会科学出版社，2015年版，第187页。

② 孔卫拿：《社会组织党建研究》，芜湖：安徽师范大学出版社，2018年版，第251页。

力量参与社会治理，树立多元主体参与社会治理的新理念，赋予社会组织在医疗卫生领域更多的参与机会和渠道。其二，继续深入推动社会组织双重管理体制改革。在坚持党建引领和法治底线的原则下，不断放宽社会组织准入资格，降低社会组织准入门槛。其三，政府作为公共资源的支配者，应对社会组织进行资金、人力、物力支持。加大政府购买公共服务力度，逐渐形成一种稳定帮扶机制，由此形成政府与以社会组织为代表的社会力量联动治理的常态化机制。《"十四五"国家应急体系规划》明确提出："要广泛吸引各方力量共同参与应急管理信息化建设，集约建设信息基础设施和信息系统，推动跨部门、跨层级、跨区域的互联互通、信息共享和业务协同。"因此，要进一步通过政府购买服务、资金支持和组织孵化的方式大力发展应急救援、志愿服务、心理疏导、卫生医疗、环境保护、中介枢纽、政策倡导类社会组织，优化社会组织的类型结构，特别是注重枢纽型社会组织的发展，形成社会组织间协同的社会网络。①其四，完善社会组织协商体制机制，要认真落实中共中央《关于加强社会主义协商民主建设的意见》提出的、党的二十大报告再次强调的开展"社会组织协商"的要求，特别要"加快基层协商民主制度化建设，构建基层利益表达与协调机制"②，着力健全行业性专业性社会组织参与协商民主建设的体制，制定社会组织在行业协商、社区协商、公共决策协商等领域的制度化参与办法，明确协商领域、参与主体、协商平台、协商流程、成果运用等内容，打造一批社会组织协商的行业代表和优秀案例，助力我国社会组织协商的高质量发展。

三、赋权增能，提升调解组织自主性

从资源供给角度来看，我国社会治理的现实状况仍为社会组织之于

---

① 刘冰、傅昌波、郭成：《中国特色社会组织参与应急管理机制研究——基于新冠肺炎疫情防控的连续性观察》，《社会政策研究》2022年第2期。

② 孔卫拿、安建增、徐彬：《芜湖市三潭社区基层协商民主建设：理论、实践与政策》，芜湖：安徽师范大学出版社，2016年版，第222页。

政府的"非对称性依赖"①。因此，基于资源依赖视角，为充分提升社会组织自主性，当务之急是全面推进行业协会商会与行政机关脱钩改革，社会组织的自主性集中体现为其对于社会资源的自主支配能力。政府应赋予社会组织自主治理的权力，不断提升社会组织的社会资本，充分挖掘社会组织汲取社会资源的能力，拓宽筹资渠道，进一步提升社会组织的自主性，使得社会组织真正成为独立于政府之外的第三方合作伙伴。同时，推动能力建设是提升社会组织参与应急管理效能的重要路径，其中包括应急响应能力、专业技术能力、组织管理和协调能力等。这一系列能力的提升，必须辅以相应的政策和资金支持。要求社会组织运行更加规范，并开展常态化的合作与培训，确保其在突发性公共事件发生时能够及时切换到应急状态，同党委政府一道形成一个紧密合作的韧性整体。

四、完善法律体系建设，构建法治化医疗纠纷调解机制

机制是应急管理系统的运作过程与方式②，科学顺畅的运行机制是现代化应急管理体系的重要特征。解决医疗群体性纠纷的关键，还在于完善法律法规及医疗体制。社会组织参与应急管理机制是指社会组织制度化、程序化参与应急管理的具体方式③，推动应急"管理"向"治理"转型④。首先，制定规范医疗纠纷调解主体的法律法规，依法界定医患双方的权利义务，规范双方解决纠纷的手段和方式。其次，基于执法必严、违法必究的原则，严厉打击"医闹"事件，对于涉事人员及单位严惩不

① 苗红培：《政府与社会组织关系重构——基于政府购买公共服务的分析》，《广东社会科学》2015年第3期。

② 钟开斌、薛澜：《以理念现代化引领体系和能力现代化：对党的十八大以来中国应急管理事业发展的一个理论阐释》，《管理世界》2022年第8期。

③ 钟开斌：《中国应急管理体制的演化轨迹：一个分析框架》，《新疆师范大学学报》（哲学社会科学版）2020年第6期。

④ 张海波、童星：《中国应急管理结构变化及其理论概化》，《中国社会科学》2015年第3期。

贷，遏制非法行为。最后，加强对于医疗纠纷调解组织的法律规制，进一步修订现有社会组织管理相关条例，改革与时代不相适应的政策，推动社会组织参与调解纠纷矛盾法治化。此外，要进一步完善社会保障制度、医疗责任保险制度以及社会救助制度，这既是解决患者"看病难、看病贵"的根本措施，也是医院避免因"医闹"事件遭受职业风险的保护屏障。

五、加强组织人才建设，提升组织社会形象

一支专业化、高素质的人才队伍是社会组织发展进步的内在力量源泉。一方面，从组织内部建设来说，应加强专业指导与培训，提升社会组织对医疗群体性事件的应对能力，同时，应适当提高社会组织工作人员的薪酬标准，加强对工作人员的关怀，吸引高素质人才。另一方面，应加强社会组织智库建设，加强校社联动，确立专家联席制度，并利用实习平台、就业基地等吸引高校相关专业学生参与志愿服务，扩大专业人才队伍。此外，社会组织治理能力的持续提升有赖于其社会形象的塑造。建立诚信执业、公平竞争、规范运行、自我约束的社会认同机制，加快有竞争优势的能力建设，是提升社会组织的社会认同度与社会形象的必经之路。[①]在社会组织的建设进程中，需进一步完善人才招募和管理制度。鼓励志愿者服务体系的主管部门或枢纽机构设置准入门槛，提供系统培训，以提升社会组织成员的专业性。

六、加固监督体系，推动多元监管常态化

完善的监督体系对社会组织的廉洁、高效运作大有裨益，"自律"与"他律"相结合的监督体系是推动多元监管体系常态化的重要举措。在"他律"体系建构方面，首先，政府强有力的监督举措与法律法规并行始终是维持社会组织廉洁运行的防线；其次，加强公众监督机制建设，改

---

① 张勤、华炜：《社会组织治理社会风险的能力研究——基于江苏社会风险的视角》，《行政论坛》2015年第2期。

变传统监控方式，注重发挥公众监督的协同作用；再次，强化新闻媒体对社会组织的监督功能，规范新闻媒体公开报道，发挥其引导社会舆论的作用，在对社会组织的监督管控中提升社会组织形象；最后，网络监督因其高效便捷、广泛互动的特点，也应纳入"他律"体系。在"自律"体系建设方面，首先，社会组织建设过程中形成的制度机制与文化体系，对社会组织内部规范的形成有重要意义；其次，尝试建立本行业内的行为准则与职业道德，是行业内部自我管理、自我监督意识的集中体现；最后，组织内部的评估认证工作与第三方评估机构的有机结合，也是监督社会组织有效运行的重要手段。对于政府而言，要进一步强化应对突发公共卫生事件、各个主体间组织协调的能力，加强突发公共卫生事件治理效果的检查和评估。

七、营造社会互信氛围，建设和谐医疗环境

搭建互信的社会氛围对维护和谐的医疗环境具有重要意义。一方面，进一步加大信息公开力度。规范化信息公开制度的建立、翔实的信息公开范围的界定，都是提升其公信力的重要手段。信息公开与医患双方的沟通交流密不可分，应通过新闻媒体加强公众对医疗信息的知情权，畅通医患双方之间的交流渠道。另一方面，医患双方作为医疗群体性事件纠纷的主体，双方的意识和态度的转变至关重要。在不断加强对患者的普法宣传力度及文明就医素质培养的同时，医院应进一步加强人文关怀，树立新型医德医风，医务人员应自觉加强自身道德修养，促进医患互信机制的建立以及社会互信氛围的构建。

综上所述，社会组织嵌入性地参与医疗群体性纠纷的治理，在展现社会组织参与社会冲突治理独特优势的同时，正推动着我国医疗群体性纠纷善治格局的塑造，呈现由国家主导向国家与社会协同共治新模式的转型。我们期待在社会组织的有效参与下，医疗群体性纠纷能够在法治轨道内实现有效治理，使医患关系不断得到改善，形成良性循环，形成社会组织有效参与的医疗纠纷化解的协商性治理格局。

第六节　本章小结

　　党的二十大报告明确提出"我国发展进入战略机遇和风险挑战并存、不确定难预料因素增多的时期"，各类突发事件随时可能发生。在新的历史阶段，社会组织在医疗群体性纠纷事件的化解中具有巨大的发展潜力与显著优势。由于信息不对称及沟通障碍、医患纠纷暴力化、民众行为非理性化、政府单方刚性维稳等原因，医疗群体性纠纷事件成为影响基层平安建设的一个重要问题。而社会组织作为成长于市场经济发展与社会转型时期的新兴力量，对于参与化解医疗群体性纠纷具有独特优势与价值。其一，可通过信息沟通与利益表达机制引导建立医患沟通渠道；其二，可通过协商对话机制引导形成平等交流对话氛围；其三，可通过信任生产与再生产机制重塑公民公共精神；其四，可通过协同共治机制打造多元伙伴关系。由此，社会组织在医疗群体性纠纷化解的过程中发挥了重要作用。为进一步加强其作用机制，本章提出若干建议：第一，强化党建引领，构建"党建+调解"工作体系；第二，加大政府扶持力度，吸纳社会协同治理；第三，赋权增能，提升调解组织自主性；第四，完善法律体系建设，构建法治化医疗纠纷调解机制；第五，加强组织人才建设，提升组织社会形象；第六，加固监督体系，推动多元监管常态化；第七，营造社会互信氛围，建设和谐医疗环境。总而言之，要持续完善应急管理类社会组织培育发展机制，畅通社会组织参与应急管理机制，不断增强社会组织参与应急管理的内生动力和服务能力，不断拓展各种社会主体之间、政府和社会之间的协作机制，着力推动打造共建共治共享的应急治理新格局。

第八章

公共卫生应急管理中的公民参与：理论与实证[*]

＊本章主要内容和核心观点曾在笔者讲授的研究生课程"社会研究方法"上进行展示，与安徽师范大学2022级、2023级公共管理硕士研究生进行了研讨式交流，张倩、刘鋆博、唐丽丽等参与数据搜集工作，黄晓媛参与数据整理和模型分析等工作。

第一节　问题与文献

新冠自2019年底被发现以来，迅速蔓延全球，很大程度上改变了世界各地的卫生系统和社会生活，新冠疫情对人类社会产生的深远伤害及抗击疫情的复杂性再次表明，应对重大公共卫生危机仍然是人类社会一个长期而艰巨的挑战，而应对危机需要建构社会治理共同体，需要公民积极有效的参与。20世纪90年代以来，治理理论话语及其实践创新在中国强势崛起，治理理论持续影响着中国的公共管理与社会政策，党的执政方式、国家社会关系发生了变迁，不少学者"对非政府机构在治理当中的作用予以了更多认可——以话语、实践和组织形式"①。公民便是介入公共治理网络并与其他参与主体交织协同的重要行动者。世纪之交以来，民主恳谈、参与式预算等政府主导型政治参与逐渐兴起，公民与政府、社会与国家之间呈现更加良性的互动格局。②随着国家与社会治理现代化的推进，公民参与在党和政府政策框架中的地位得到了较大提升，这一事实在应急管理领域也得到了印证。中国公民在抗击新冠疫情中的参与实践等情况为我们提供了一个独特的研究样本。疫情防控与公民的配合和参与是分不开的，公民在疫情防控中既是主体，也是对象；既是受益者，也是贡献者；既是责任承担者，也是权利享有者。

公民是社会共同体的一员，公民既是作为个体又是作为社会关系而存在于历史实践过程的，公民共同体的公民身份"首先是由积极参与公

---

① Colebatch, H. K.: Making Sense of Governance. *Policy and Society*, 2014, 33(4), pp.307–316.

② 易申波、聂平平：《当代中国公民政治参与70年回顾：发展历程、逻辑与动力》，《上海行政学院学报》2019年第4期。

共事务来标示的"①。作为影响公共治理绩效的一类因素，公民参与能够培养共同体成员合作和团结的习惯进而激发公共精神，推进观点价值相近的人群进行利益表达进而增进民主治理。当社会遭遇公共危机和灾难时，非常规治理活动的利益直接相关者同样是广大公民，只有广泛深入地拓展民主参与，才能实现政社有序衔接和合作互动，以保卫人类共同的家园。因此，公众参与理当成为衡量公共卫生危机应对质量的重要标准。公众不仅是灾害的直接受害者，还是抵御灾害的关键主体。灾害发生时，最早察觉事件、最早接近事发地、最早展开救援行动的往往是居民群众。政府和非政府组织应该在培训和资源支持方面加大对社区居民的投入，以提高其抗灾能力。②我们的研究目的是加强公共卫生危机中的公民参与，通过了解公民参与的影响因素，提升应急管理的开放性和有效性，这能够极大地影响我们应对重大公共卫生危机的方式，从而使应对措施更有效。在本研究中，我们尝试回答以下问题：在公共卫生危机爆发期间，不同公民的参与行为是否存在差异？哪些因素会影响他们的参与行为？我们可以采取什么样的改进措施？

相对于已有的公民参与应急管理研究成果，本章试图对现有的文献作出以下贡献。第一，笔者强调公共卫生危机中公民参与及其影响因素的重要性。已有研究大多数关注的是公民参与应急管理的重要作用、困境等，并提出了一系列改进措施或参与机制。③也有少部分学者探究了公民如何有序参与应急管理，如有学者将公民参与新冠疫情防控行为划分为四种模式，并指出"正内部性+正外部性"模式、"负内部性+正外部

①[美]罗伯特 D·帕特南：《使民主运转起来》，王列、赖海榕译，南昌：江西人民出版社，2001年版，第100页。

② Paton, D., Millar, M., Johnston, D.: Community Resilience to Volcanic Hazard Consequences. *Natural Hazards*, 2001, 24,pp.157—169.

③ 徐庆利、臧传敏：《公共危机治理中公民参与的路径构建》，《陕西行政学院学报》2018年第4期；万朝珠：《公共危机决策中的公民有序参与》，《行政论坛》2012年第4期；王雅琴：《突发事件应对中的公民参与》，《中国党政干部论坛》2010年第5期。

性"模式属于有序参与的范畴。①另外，也有学者总结出公民在不同防控阶段中的义务，对公民有序的参与行为进行了全过程性梳理。②可见，现有研究普遍忽略了公共卫生危机中公民参与影响因素的研究，有关应急管理中的公民参与现状量表也亟须进一步开发与完善。

第二，本章的第二个贡献点是关注了宏观层面的党政体制与社会因素。回顾已有的文献，从微观层面探索抗击疫情期间公民参与影响因素的研究成果相对较多。一些研究表明，公民自愿模型、价值交换机制对其网络政治参与的意愿与行为有影响。③还有学者提出公众环境风险感知会影响其行为选择。④这表明现有研究多侧重于公民心理因素，忽略党政与社会因素等。卡罗尔·佩特曼提出"应当接受一些在国家政治过程之外的民主'训练'"⑤，而民主训练最适合的场所即公民熟悉且与其息息相关的工作生活领域，其中，社区便是最理想的公共训练场所。我国的社区治理主体除了公民之外，还包括基层党组织、居民委员会、志愿组织等。因而，我们认为公民参与应急治理的影响因素不仅包括公民个体心理，还应涉及党政体制与社会因素。

本章拟采用回归分析方法，对公共卫生危机的应急响应进行量化研究，侧重探讨影响公民参与的关键因素。本章第二节提出本章研究的三大视角：党政体制、社会交往密度和公民获得感，第三节具体描述研究数据的收集和分析方法，第四节展示量化分析结果，第五节给出了结论和相关启示，第六节是本章的小结。

---

① 周楠：《突发公共卫生事件中的公民参与——以新冠肺炎疫情为例》，《党政干部学刊》2021年第1期。

② 高卫明：《论突发传染病疫情防控中的公民义务》，《法商研究》2010年第1期。

③ 朱永涵、王睿：《突发公共卫生事件中网络政治参与影响要素的实证研究——基于公民自愿与社会价值交换的视角》，《情报杂志》2020年第6期。

④ 王晓楠：《公众环境风险感知对行为选择的影响路径》，《吉首大学学报》（社会科学版）2019年第4期。

⑤ [美]卡罗尔·佩特曼：《参与和民主理论》，陈尧译，上海：上海人民出版社，2012年版，第44页。

第二节　危机参与的三层理论视角及假设

一、党政体制

中国政治最大的特色是以中国共产党为政治体制的中轴进而形成了一种党政体制。融政党于国家并与国家权力高度结合的政治形态，构成了中国党政体制内在规定和根本特征。[①]党组织与政府是公共卫生应急管理中的主导力量，党政维度的关键要素可分为制度化参与渠道、基层干部服务群众的能力、信息公开、政府回应性。第一，制度化参与渠道是党政系统推动公民参与必不可少的环节。中国社区是一个自上而下建构起来的实施基层行政管理和社会控制的国家治理单元。[②]社区治理带有行政化色彩，这有可能影响基层自治空间。制度主义基于国家管理制度和体制的视角指出了这种困境的实质根源，即制度供给不足导致公民参与渠道的缺乏与阻塞。[③]不过随着市场经济的发展和私人领域空间的拓展，"从中可能发展出国家与私人之间的'公域'，这也为参与行为提供了主体准备"[④]。因而，依托于政策文件、规则程序的制度化参与渠道与公民参与息息相关。第二，村委会、居委会（合称"村居两委"）与群众的关系也会影响公民的参与行动。虽然村居两委在实践运作中呈现较强的行政化色彩，但其在法理上依旧是村（居）民自我管理、自我教育、自

---

① 景跃进、陈明明、肖滨主编：《当代中国政府与政治》，北京：中国人民大学出版社，2016年版，第13—14页。

② 杨敏：《作为国家治理单元的社区——对城市社区建设运动过程中居民社区参与和社区认知的个案研究》，《社会学研究》2007年第4期。

③ 徐林、徐畅：《公民性缺失抑或制度供给不足？——对我国社区参与困境的微观解读》，《苏州大学学报》（哲学社会科学版）2018年第2期。

④ 郁建兴、王诗宗：《治理理论的中国适用性》，《哲学研究》2010年第11期。

我服务的基层群众性自治组织，因而基层村居两委的工作能力与态度会影响公民的政治信任，在公民参与应急管理过程中发挥重要的动员与组织作用。第三，官方发布的信息是公民行动取向的重要参照。信息传达是保障公众履行义务的关键机制，信息传播贯穿于应急管理的全过程。[①]在公共卫生应急管理不同阶段，全面、真实的信息具有权威性，对公众会产生极大的影响。第四，政府回应性是指政府通过官方平台等载体，对公民的诉求与需求进行反馈与回应，解答公众的疑惑。研究表明，公众的政治效能感会受到政府回应性的影响，政治效能感会显著正面影响公众的参与意愿。[②]基于这些论述和发现，我们提出4个研究假设：

假设1：在控制其他因素条件下，制度化参与渠道会对公民在应急治理中的参与程度起到显著促进作用。

假设2：在控制其他因素条件下，基层干部服务群众的能力会对公民在应急治理中的参与程度起到显著促进作用。

假设3：在控制其他因素条件下，当地政府或村居两委公开信息会对公民在应急治理中的参与程度起到显著促进作用。

假设4：在控制其他因素条件下，当地政府或村居两委回应性会对公民在应急治理中的参与程度起到显著促进作用。

二、社会交往密度

人除了自然属性外，更重要的是社会属性，在人际互动中人学会了如何与人相处，如何建立组织并按组织规则行事，这种参与横向组织网络并形成自治精神的过程，就是社会资本的孕育过程。根据帕特南的界定，社会资本即社会组织的特征，比如信任、规范和网络，其能促成合作行为，合作本身又能带来信任，进而提高社会效率。[③]在社区治理实践

---

① 高卫明：《论突发传染病疫情防控中的公民义务》，《法商研究》2010年第1期。

② 陈升、卢雅灵：《社会资本、政治效能感与公众参与社会矛盾治理意愿——基于结构方程模型的实证研究》，《公共管理与政策评论》2021年第2期。

③ [美]罗伯特 D·帕特南：《使民主运转起来》，王列、赖海榕译，南昌：江西人民出版社，2001年版，第195页。

中，居民或村民交往互动越频繁，就越会形塑参与网络，进而彼此之间的信任度越高，有利于形成良性的自治循环。在重大突发公共卫生事件应对过程中，如果公民之间或公民与基层组织之间缺乏交流合作与信任，双方就陷入隔阂和冷漠化，应急管理中的组织动员成本就会被拉高。任何交往都是有风险的，但信任会让这种风险最小化，因此，常态化下的交往合作产生的信任会使得公民在危机情境中更愿意承担一定风险①，有助于促进公共卫生应急管理中的公民参与。总而言之，在社会维度方面，我们认为公民之间的交往密度会影响公民参与行为，并提出如下研究假设：

假设5：在控制其他因素条件下，社会交往密度会对公民参与应急治理的积极性起到显著促进作用。

三、公民获得感

公民的心理特征或主观偏好等方面具有差异性，公民个体在与权力组织、市场组织、社会组织互动后，会表现出不同的参与行为。受行为主义的影响，有学者强调应当关注公民参与行为的经验事实，并提出公民的"文化传统、心理因素、能力素养和情境因素"②会明显地、直接地影响其参与选择和参与行为。关于公民心理因素影响参与行为的研究成果颇为丰富，其中，最具有中国本土化特色的概念当属公民获得感。学界对此进行了多维度的思考和探索，例如，学者王浦劬、季程远指出人民获得感是指多元利益主体在改革与发展的客观运行中对其所得的主观感受评价③。虽然研究的重点不同，但普遍认同人民获得感是一种在新时代背景下基于客观实际获得的正向积极心理体验，其中的"客观实际获得"包括有形的物质获得与无形的精神获得两个层面。通过实证研究，

---

① 李艳春：《社会交换与社会信任》，《东南学术》2014年第4期。

② 秦攀博：《公众参与的多维审思：分化与融合》，《求实》2019年第6期。

③ 王浦劬、季程远：《新时代国家治理的良政基准与善治标尺——人民获得感的意蕴和量度》，《中国行政管理》2018年第1期。

有学者得出获得感会影响公民有序参与政治活动的意愿等结论①。基于这些研究的启发,我们提出第六个假设:

假设6:在控制其他因素条件下,公民的总体获得感会对公民参与应急治理的积极性起到显著促进作用。

第三节　数据与变量

一、数据收集

在本章研究中,我们采用了定量研究方法。研究所使用的数据来自课题组组织的"抗击疫情中公民态度与行为调查"。为了响应国家防疫期间的"居家隔离"号召,确保研究工作的及时性和准确性,我们于2021年4月份开展了一次在线问卷调查,调查经过互联网监管部门同意,通过问卷星进行网络公开调查。为了确保问卷质量,我们先发放50份问卷进行预调查,在收到预调查受访者的反馈后,经过专家多次修改设计了正式问卷。在调查阶段共收集了547份问卷(不包括预调查问卷)。由于问卷内容较多,受访者平均3分钟才能完成问卷。如果在线答题时间少于1分钟,就视为无法完成问卷。根据在线问卷的特点和问卷的答题时间,我们淘汰了4份答题时间少于1分钟的问卷、5份由同一IP地址提交的问卷,以及6份信息不完整或未通过逻辑一致性检查的问卷。即总共淘汰了15份无效问卷,留下了532份有效问卷,有效问卷率约为97.3%。根据上述方法和有效样本的分布,本章所使用的数据和得出的结果具有较高的可信度。

---

① 李辉婕、胡侦、陈洋庚:《资本禀赋、获得感与农民有序政治参与行为——基于CGSS2015数据的实证研究》,《农业技术经济》2019年第10期。

二、问卷设计

课题组经过多次修改，开发了公共卫生应急领域的公民参与现状量表，然后从党政体制、社会交往密度和公民获得感三个层面，对影响公民应对公共卫生危机的因素进行分析。基于此，问卷共分成三个部分：第一部分主要为性别、年龄、政治面貌等人口学变量题项，第二部分涵盖了公民参与疫情防控现状的题项，第三部分为有关影响因素的题项。

三、因变量

因变量是公民参与公共卫生事件应急管理现状。自阿诺德·考夫曼和卡罗尔·佩特曼等学者提出参与民主理论后，雪莉·阿恩斯坦提出了"公民参与阶梯理论"，并将公民参与划分为操纵、治疗、告知、咨询、安抚、合作伙伴、代理权、公民控制八个层次。[1]然而，西方与中国在政党体制和社会结构方面存在巨大差异，非常态化时期，特别是突发公共卫生事件下的公民参与行为模式不同于常规公民参与，雪莉·阿恩斯坦的"公民参与阶梯理论"并不能直接搬到本土运用。根据我国在公共卫生应急管理中的具体实践情境，课题组开发了公共卫生应急领域的公民参与现状量表，该量表由15个题项组成，计分方式使用李克特五点计分法，有"完全不符合""不符合""一般""符合""完全符合"五个选项，分别赋值1、2、3、4、5分。

探索性因子分析可用于提取公共卫生应急管理中公民参与的维度。首先，笔者对量表进行了KMO检验和Bartlett球形检验，结果显示KMO检验值为0.957，Bartlett检验值为9256.962（$p<0.001$），表明各个题目有共享因素的可能性，适合进行探索性因子分析。其次，经过主成分分析，提取特征值大于1的因子，并进行最大正交旋转。因子分析如表8-1所示，两个公因子的累计方差贡献率为79.108%，表明因子分析结果比较理想。结合

---

[1] Arnstein, S. R.: A Ladder of Citizen Participation. *Journal of the American Institute of Planners*, 1969, 35(4), pp.216–224.

两个因子包含题项的含义，这里将这两个因子分别命名为自我防护型参与和协同响应型参与，体现了公民参与由低程度转向高程度。其中，自我防护型参与主要是指公民在突发公共卫生事件期间进行自我管理与自我防护，维护自身的健康与安全；而协同响应型参与则指公民在做好自身防护的前提下，积极协助村居两委基层工作者，参与本辖区的志愿服务、慈善捐助、舆情管理等活动。最后，通过回归分析的方法求出两大因子的得分，将其加权求和，得到了因变量公民参与总体现状的得分。

表8-1　因子结构及各项目旋转后的因子负荷矩阵（N=532）

题名	因子载荷	
	自我防护型参与	协同响应型参与
Q10 您会主动监督社区或村内防控物资的使用情况	—	0.887
Q12 您会协助防疫工作者在社区或村内的卡点值守	—	0.871
Q8 若遇到居民或村民有矛盾时，您会努力调解他们的矛盾	—	0.861
Q15 面对网络中流传的一些谣言或无法确认真伪的信息，您会向相关部门举报	—	0.858
Q9 您会协助防疫工作者加强社区或村庄的环境卫生整治	—	0.847
Q13 您会尽力帮助社区或村内的特殊困难群体，比如代购物资、捐款捐物等	—	0.846
Q7 您会协同防疫工作者入户走访，做好人员排查工作	—	0.804
Q14 您会积极主动地向重灾区捐款捐物	—	0.781
Q6 您会积极地协助防疫工作者登记好出入社区或村庄的人员、车辆	—	0.765
Q5 您会积极地协助防疫工作者为居民或村民测量体温	—	0.678
Q4 您会号召亲朋好友积极接种新冠疫苗	—	0.669
Q11 您会积极主动地劝说亲朋好友做好自身防护，科普健康知识，宣传相关政策	—	0.649
Q3 你会配合防疫工作人员的要求，准确、全面地填报个人信息（如出行记录、家庭住址等）	0.91	—
Q1 您认真遵守居家隔离的要求	0.867	—
Q2 您出门必戴口罩	0.836	—
解释变异	26.7%	79.11%

四、自变量

（一）党政体制

该维度分解为制度化参与渠道、基层干部服务群众能力、政府信息公开、政府回应性四个方面。制度化参与渠道是一个有序变量，我们通过"在公民如何参与疫情防控政策的制定、执行和评估方面，您的了解程度如何"题项来测量公民参与的制度化渠道，有"不知情或没有参与渠道""几乎没有参与渠道""参与渠道较少""有一些参与渠道""足够多的参与渠道"五个选项，分别赋值1、2、3、4、5分。在评估基层干部服务群众能力上，我们将题项设定为"您与社区工作者或村干部的关系如何？"，有"很不融洽""不融洽""一般""融洽""非常融洽"五个选项，分别赋值1、2、3、4、5分。我们还通过"政府会及时地公开疫情相关信息"，"政府会及时地回应您的需求"两个题项测量政府的信息公开与回应性情况，有"很不符合""不符合""一般""符合""很符合"五个选项，分别赋值1、2、3、4、5分。

（二）社会交往密度

社会交往密度是社会维度的代表性要素。对此，我们设置了"您周围的居民或村民的人际关系非常热情友好，常常互帮互助"的题项，有"很不符合""不符合""一般""符合""很符合"五个选项，分别赋值1、2、3、4、5分。

（三）公民获得感

在公民维度，我们需要测量公民的获得感。公民的获得感可分解为总体获得感、纵向获得感、横向获得感与参与获得感，题项分别设为"您认为自己目前总体的生活状况很理想""您相信自己的生活水平会越来越好""与亲朋好友相比，您认为自己的生活状态要好得多""在参与本次疫情防控的活动中，您感到很有收获"，选项有"很不符合""不符合""一般""符合""很符合"，分别赋值1、2、3、4、5分。

五、控制变量

控制变量包括性别、年龄、文化程度、政治面貌、所处地区的风险程度。其中，男性赋值1分，女性赋值0分；年龄为周岁数；文化程度包括"初中及以下""高中/中专/技校""专科""大学本科""硕士研究生及以上"五个选项，分别赋值1、2、3、4、5分；政治面貌包括"非党员""党员或预备党员"两个选项，分别赋值0分和1分；所处地区的风险程度的测量题项为"您所在地区大部分时间属于以下哪一类型"，选项分别为"低风险地区、未发现病例社区或村庄""中风险地区、出现病例或暴发疫情社区或村庄""高风险地区、传播疫情社区或村庄"，分别赋值1、2、3分。

第四节　计量结果与分析

一、描述性统计

表8-2展示了问卷受访者基本情况，关于性别分布，男性占总样本的23.68%，女性占76.32%。年龄分布显示，大多数受访者的年龄集中在18—30岁，占样本的77.82%。相比之下，31—40岁年龄段的受访者占比较低，为8.08%。在文化程度方面，受访者的受教育水平普遍较高。大学本科学历的受访者占绝大多数，占样本的63.16%，而硕士研究生及以上学历的受访者也占比较高，为17.86%。政治面貌显示，非党员受访者占总样本的74.62%，而党员或预备党员占25.38%。所处地区风险程度显示，在研究中，绝大多数受访者所在地区被归为低风险地区，占总样本

的93.99%。相比之下，中风险地区的受访者占4.51%，高风险地区的受访者占1.50%。总的来说，这些分析结果显示，研究样本在性别、年龄、文化程度、政治面貌和所处地区风险程度等方面呈现出多样性，这为研究的代表性和可信度提供了坚实的基础。

表8-2　受访者基本情况

变量		频次/人	百分比
性别	男性	126	23.68%
	女性	406	76.32%
年龄	18—30岁	414	77.82%
	31—40岁	43	8.08%
	41—50岁	35	6.58%
	51—60岁	31	5.83%
	61—70岁	8	1.50%
	70岁以上	1	0.19%
文化程度	初中及以下	18	3.38%
	高中/中专/技校	33	6.20%
	专科	50	9.40%
	大学本科	336	63.16%
	硕士研究生及以上	95	17.86%
政治面貌	非党员	397	74.62%
	党员或预备党员	135	25.38%
所处地区风险程度	低风险地区、未发现病例社区或村庄	500	93.99%
	中风险地区、出现病例或暴发疫情社区或村庄	24	4.51%
	高风险地区、传播疫情社区或村庄	8	1.50%

二、多重线性回归分析

（一）模型构建

我们的研究侧重于探究多个自变量对一个因变量的影响，其中每个自变量对因变量的影响可能会受到其他自变量的影响。也就是说，它们的实际影响可能不同于它们的乘积矩相关系数。因此，需要进行多元回归分析，以解决使用多个自变量来估计或预测因变量值的问题，并明确不同自变量对因变量的实际影响。本研究使用普通最小二乘估计法，建立如下多元线性回归模型来进行分析：

$$Y = \alpha_0 + \beta_1 X_1 + \beta_2 X_2 + \cdots + \beta_p X_p + \varepsilon$$

其中，Y表示被解释变量，即公民参与应急管理的现状，α_0是回归常数，β_1，β_2，$\cdots$，β_p分别表示各自变量的偏回归系数，ε为随机误差，X_1，X_2，$\cdots$，X_p为模型的各解释变量。

（二）模型估算结果

我们使用SPSS 25统计软件对问卷数据进行回归分析。本研究依次加入各类变量进行观察，最终形成了四个回归模型（见表8-3）。模型（1）只加入了党政体制层面变量，拟合优度已经达到了0.706，随着其他各类解释变量的加入，模型（4）拟合优度已升高到0.815，可见，此时模型中所有自变量能够解释因变量81.5%的变化，是一个质量较好的多元线性回归模型。

表8-3　公共卫生应急管理领域中公民参与因素多元线性回归模型

—	因变量：公民参与总体现状			
	模型（1）	模型（2）	模型（3）	模型（4）
制度化参与渠道	0.133***	0.073***	0.08***	0.077***
	(4.784)	(2.711)	(3.48)	(3.351)
基层干部服务群众能力	0.129***	0.065**	0.051**	0.045**
	(4.537)	(2.35)	(2.180)	(1.884)
政府信息公开	0.29***	0.252***	0.114***	0.114***
	(9.541)	(8.742)	(4.31)	(4.291)
政府回应性	0.495***	0.452***	0.273***	0.285***
	(15.187)	(14.644)	(9.374)	(9.728)

	因变量：公民参与总体现状			
	模型（1）	模型（2）	模型（3）	模型（4）
社会交往密度	—	0.246***	0.165***	0.172***
	—	(8.712)	(6.69)	(6.847)
公民获得感	—	—	0.429***	0.422***
	—	—	(14.15)	(13.711)
性别	—	—	—	−0.021
	—	—	—	(−1.085)
年龄	—	—	—	0.016
	—	—	—	(0.636)
文化程度	—	—	—	0.02
	—	—	—	(0.790)
政治面貌	—	—	—	0.008
政治面貌	—	—	—	(0.430)
所处地区的风险程度	—	—	—	0.056***
	—	—	—	(2.935)
调整后的 R^2	0.706	0.742	0.813	0.815
F	319.289	306.917	386.004	214.154
N	532	532	532	532

注：表中系数为标准化回归系数，括号内数值为T检验值；*，**，***分别表示 $P<0.1$，$P<0.05$，$P<0.01$。经过诊断，以上各模型各变量间均不存在共线性问题，且模型均没有受到异常值的影响（vif值最高为2.723）。

首先，党政维度中的四个核心解释变量在四个模型中均通过了显著性检验。四个变量在四个模型中都呈正向显著作用，这说明制度化参与渠道越丰富、基层干部服务群众能力越强、政府信息公开越及时、政府回应性越及时，公民在公共卫生应急管理领域的参与行动就越积极。除了基层干部服务群众能力，制度化参与渠道、政府信息公开、政府回应性三个变量都在p<0.01的水平下通过了显著性检验。因而，本章的假设1、假设2、假设3、假设4都成立。模型（4）表明，在这四者中，政府

回应性回归系数最大，达到了0.285，即政府回应性指数每增加一个单位，公民参与指数就会增加0.285个标准差。其次，在社会层面，社会交往密度在四个模型中都以p<0.01的水平通过了显著性检验，与公民参与指数呈正相关，社会交往密度越大，公民参与程度越高，即本章假设5通过了显著性检验。由模型（4）可知，在控制其他变量的前提下，社会密度每增加一个单位，公民参与指数就会增加0.172个标准差。最后，公民获得感同样通过了显著性检验，即本章假设6成立。这一变量在模型（3）与模型（4）中都在p<0.01的水平下通过了显著性检验，同样呈正相关，公民获得感越强，参与积极性越高。在模型（3）与模型（4）中，与党政维度、社会维度各个变量相比，获得感的回归系数最高，这说明，公民的总体获得感对于其参与行为有非常大的影响。

　　为更加深入地探讨公民参与应急管理的影响因素，我们分别以自我防护型参与和协同响应型参与为因变量进行回归分析，进一步观察两个层次的公民参与的作用因素（见表8-4）。由表8-4可知，模型（1）的拟合优度仅有0.336，而模型（2）的拟合优度较好，达到了0.564。可知，自变量对协同响应型参与因变量的解释力度更大。观察表中数据可知，其一，制度化参与渠道、基层干部服务群众能力、政府回应性与社会交往密度对公民协同响应型参与具有更大的影响。从通过显著性检验的变量来看，制度化参与渠道、基层干部服务群众能力均通过了显著性检验，而政府回应性与社会交往密度在自我防护型参与中没有通过显著性检验，在协同响应型参与中却在p<0.01的水平下通过了显著性检验。另外，在回归系数上，制度化参与渠道、基层干部服务群众能力变量与自我防护型参与呈负向显著作用，与协同响应型参与呈正向显著作用。原因可能为党政体制工作能力越强的地区，传染病控制效果越佳，公民的自我防护参与需求有所下降。其二，政府公开信息会促进公民加强自我防护，却抑制公民的协同响应积极性。在表8-4中，政府信息公开在两个模型中均在p<0.01的水平下通过显著性检验，但与自我防护型参与呈正相关，与协同响应型参与呈负相关。其三，公民获得感对公众自我防护型参与

和协同响应型参与都具有重要作用。公民获得感变量在两个模型中都在 p
<0.01 的水平下通过显著性检验，且都呈正向显著作用。

表8-4　自我防护型参与与协同响应型参与因素多元线性回归模型

—	因变量：自我防护型参与	因变量：协同响应型参与
—	模型（1）	模型（2）
制度化参与渠道	−0.119***	0.182***
	−2.736	5.160
基层干部服务群众能力	−0.092**	0.079**
	−2.053	2.164
政府信息公开	0.376***	−0.154***
	7.463	−3.763
政府回应性	−0.047	0.319***
	−0.854	7.082
社会交往密度	0.004	0.227***
	0.079	5.860
公民获得感	0.329***	0.277***
	5.639	5.861
性别	−0.098***	0.028
	−2.709	0.946
年龄	0.143***	−0.024
	2.943	−0.607
文化程度	0.127***	−0.02
	2.646	−0.511
政治面貌	−0.027	0.018
	−0.716	0.581
所处地区的风险程度	0.113***	0.007
	3.119	0.225
调整后的 R^2	0.336	0.564
F	25.398	63.359
N	532	532

注:表中系数为标准化回归系数,括号内数值为T检验值;*,**,***分别表示P<0.1,P<0.05,P<0.01。经过诊断,以上各模型各变量间均不存在共线性问题,且模型均没有受到异常值的影响(vif值最高为2.723)。

第五节　提升公共卫生危机管理公民参与质量的对策建议

本研究基于已有理论与实践情况,通过计量分析可知,在公共卫生应急管理领域,公民参与可分为自我防护型参与和协同响应型参与两个层面。在"党政-社会-公民"的分析框架下,本文运用回归分析得出,制度化参与渠道、基层干部服务群众能力、政府信息公开、政府回应性、社会交往密度、公民获得感对公民参与的总体现状均具有显著性影响。具体而言,政府公开信息越及时与公民获得感越高,自我防护型参与水平越高;制度化参与渠道、基层干部服务群众能力、政府回应性与社会交往密度、公民获得感是推动公民从自我防护型参与升级为协同响应型参与的关键着力点。综上,我们建构了公共卫生应急管理领域的公民参与影响因素逻辑结构图(见图8-1)。

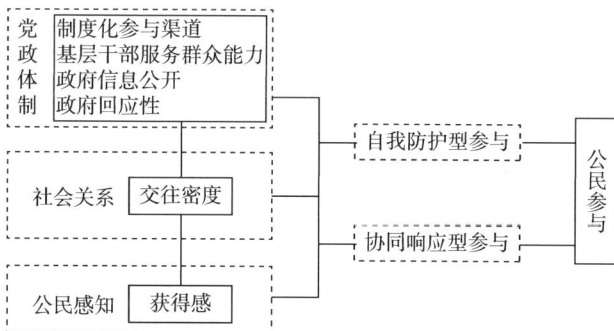

图8-1　公民参与公共卫生应急管理影响因素逻辑结构

"社会性起源于人与人的连结，公共性则有赖于人与人的团结"①，在重大突发公共卫生事件应急管理中，虽然在基层党组织的带领下防疫联合体得以成功组建，但观察一些地方的应急活动可以看到，基层仍然存在应急动员迟缓、社区干部群众基础薄弱、社区居民参与不足等问题。对此，为培育社区公共性，构建公民参与公共体，应从以下六个方面切入。

一是增强政党动员整合能力。有学者将我国疫情危机应对经验所反映的社会治理形态或模式称为"政党整合型社会治理"，指出政党能通过发挥核心功能实现有效的社会整合和广泛的社会动员②，由于执政党在政治体制中的核心地位，党的动员与整合能力关乎应急管理效能。因此，政党应转变公共危机治理的传统思维模式，吸纳多元协同治理的理念，以党组织为领导，以政府为主导，统合公众、市场和社会力量，形成群防群治、群策群力、多元共治的格局。为提升政党服务群众的能力，国家应统筹推进街道管理体制改革、社区工作事项准入制、"居站分设"等基层关键改革的落实，开拓基层自治空间，促进村居两委依托网格化平台，主动发现并满足群众需求，通过功能整合、主体整合、资源整合、平台整合③等多种方略，发挥党建引领城乡社区治理的作用。

二是完善制度化参与渠道。国家应倡导依法参与，在与突发公共卫生事件相关的法律、法规和规章制度中，明确规定公民参与的地位、方法、责任、权利、程序和范畴等，为公民参与提供法律依据，以引导公众正确、规范地融入公共危机治理。具体而言，公民参与的沟通渠道、决策渠道和监督渠道是应急管理法治化建设的重中之重。国家要善于搭建制度化参与平台，让公民参与危机预警、识别、评估、处置、恢复与

① 冯仕政：《社会治理与公共生活：从连结到团结》，《社会学研究》2021年第1期。

② 赵黎：《政党整合型社会治理：后疫情时代社会治理的中国范式》，《中国农村观察》2020年第6期。

③ 周俊、徐久娟：《从嵌入到整合：商务楼宇党建新发展——基于上海市H镇的实证分析》，《东北大学学报》（社会科学版）2020年第1期。

重建等应急全过程，同时尽可能地公开政务信息，采用新闻发布会、听证会等形式，鼓励公民主动、直接地监督政府的应急决策与执行。

三是健全风险信息公开机制。在公共危机事件中，透明公开的信息公开机制有利于增强公民对政策的理解与配合。首先，政府公开信息应遵循及时性原则，应将可能危及人民生命、财产安全的信息快速、准确地告知公众，做好舆情预警。其次，拓宽公民获取信息的渠道，国家可以通过官网、新闻发布会、新媒体、引导公民主动查询等方式公布相关信息。再次，发挥大众监督功能，鼓励、引导公众举报造谣、违法的自媒体平台。最后，提高政府传播信息的艺术性与准确性，新闻发言人的专业能力应较为突出，发布信息应准确无误，用语通俗易懂。

四是促进政府回应群众需求。在危机情境中，国家积极了解并回应民众诉求，能弱化民众的偏激倾向。一要依托技术提高政府的回应能力。地方政府应搭建起信息沟通平台，比如开发社区治理 App、在官方新媒体中设置留言专区，畅通政府与群众的沟通渠道，广泛征求并反馈民意，引导民众有序地参与应急治理。二要提高公众与政府互动能力。地方政府应引导公众了解相关政策文件，积极参与应急治理活动，自觉遵守相应的规章制度，对政府回应的数量与质量进行有效监督。

五是培育基层民众公共性。为改变民众之间冷漠化的状态，基层组织可以采取以下三点解决措施。其一，依托党建生产并强化社区公共价值。基层党组织应通过党建衔接社区服务、社区自治与社区共治领域[①]，拓展公共话语空间，构建社区公共价值。其二，打造公共空间。村居两委应通过创建社区议事厅、协商民主制度平台等，为公民参与公共事务提供固定场所或载体。其三，培育孵化内生型社会组织。政府应当在政策上放宽准入，在资金方面给予适当资助，在技术和管理方面给予必要支持，提升居民群众的自我组织能力和共建共享意识。

六是增强社会公众获得感。由于公民获得感是公民基于客观所得的

---

① 容志、孙蒙：《党建引领社区公共价值生产的机制与路径：基于上海"红色物业"的实证研究》，《理论与改革》2020年第2期。

主观评价，所以在常态化时期，国家应运用各种收入再分配手段，缩小收入差距，保障公民在住房、医疗、教育等方面的基本需求。同时，建立健全社会保障制度，特别是养老保险与医疗保险相关制度，提高公民抵抗社会风险的能力。在重大突发公共卫生事件后的社会生产生活恢复与重建阶段，政府不仅应改进疾病预防控制体系，还要完善就业救助制度，拓宽公民的就业渠道，提升就业质量，为群众提供高质量的公共服务，提升国家与社会应对公共危机的韧性。

第六节　本章小结

公民参与对于应对不断升级的风险危机至关重要。在党政体制、社会联系、个体心理特征综合作用下，公民呈现出差异化的参与行为。然而，关于公民参与及其影响因素，特别是在公共卫生危机等情境下的相关研究有限。我们的研究以应对新冠疫情为例，以网络调查形式向公众公开采集了532份有效问卷调查数据。此外，本研究采用了多元线性回归模型，分析了在公共卫生危机下影响公民参与的因素。研究结果显示，在"党政-社会-公民"三重分析框架下，党政体制、社会交往密度与公民获得感对于公共卫生应急管理中公民参与产生了较大影响。制度化参与渠道、基层干部服务群众能力、政府信息公开、政府回应性、社会交往密度、公民获得感能正向影响公民总体参与积极性；其中，制度化参与渠道、基层干部服务群众能力、政府回应性、社会交往密度与公民获得感是推动公民从自我防护型参与转向协同响应型参与的关键要素。提高公民参与公共卫生治理的水准，应主要从政党整合、制度化渠道与信息公开等路径开展。

第九章

公共卫生治理现代化背景下的医保基金监管：法治化路径*

＊赵如梦、刘蓉婕、李佳慧参与了本章的文献梳理、资料搜集和政策建议论证等工作。

第一节　问题的提出

突发公共卫生事件影响着国家乃至全球经济社会发展，自党的十八大以来，中国有效防控了H5N1禽流感、H7N9禽流感、中东呼吸综合征、埃博拉出血热和鼠疫等突发急性传染病疫情。①暴发于2019年底的新冠疫情对我国公共卫生系统造成严重冲击。在公共卫生事件的应急管理中，医疗社会保障发挥着重要作用，举例来看，在疫情防控中，我国全力保障患者救治费用，全力保障疫苗和接种费用，推动降低疫苗、核酸检测、抗原检测等价格超九成。②仅2022年一年，医疗保险基金（简称"医保基金"）就支付核酸检测费用43亿元。③显然，保障人民基本权益、兜底弱势群体、稳定社会秩序等正向功能的发挥都离不开医保基金的运转。因此，党中央和国务院一直高度重视医保基金监管，提出"构建权责明晰、严密有力、安全规范、法治高效的医保基金使用常态化监管体系"的总目标。④

目前学界对加强医保基金监管做了大量研究，一种代表性观点是从监管主体、监管内容和监管方式三个层面出发，将我国医保监管的政策发展历程划分为分散自主监管期、初步集中监管期、整合探索监管期和

---

① 《国务院办公厅关于印发国家突发事件应急体系建设"十三五"规划的通知》，载中国政府网（https://www.gov.cn/zhengce/content/2017-07/19/content_5211752.htm）。

② 《全国医疗保障工作会议在京召开》，载国家医疗保障局网（http://www.nhsa.gov.cn/art/2023/1/13/art_14_10045.html）。

③ 《2022年医疗保障事业发展统计快报》，载国家医疗保障局网（http://www.nhsa.gov.cn/art/2023/3/9/art_7_10250.html）。

④ 《国务院办公厅关于加强医疗保障基金使用常态化监管的实施意见》，载中国政府网（https://www.gov.cn/zhengce/content/202305/content_6883811.htm）。

集中多元监管期四个阶段。[1]不过当下研究主要还停留在对各个时期监管突出特征的总结，缺乏将突发公共卫生事件作为影响因素引入，未观察到其促进政策更新的特征。近年来，我国应对突发公共卫生事件的医保基金监管政策有三个重点：其一，针对具体的公共卫生危机采取专项措施。如我国以"两个确保"为原则支持新冠疫情防控，即确保患者不因费用问题影响就医、确保收治医院不因支付政策影响救治[2]，充分体现中国特色社会主义制度的优势。其二，以智能化、信息化为支撑推进"互联网+医保"。新时代的骗保行为趋向手段隐蔽化、造假专业化、欺诈技术化，这就要求国家强化智能监控和大数据监管应用，构建事前提醒、事中审核、事后监管全流程的技术防线。[3]其三，将政府监管和社会监督相结合，特别是在政府监管领域有所创新突破。国家医疗保障局副局长颜清辉表示，飞行检查是基金监管的一把利剑，强化了监管的精准性。[4]2022年，国家医疗保障局组织飞行检查24组次，检查23个省份的定点医疗机构48家、医保经办机构23家，查出涉嫌违法违规资金9.8亿元。[5]部分政策示例如图9-1所示。

---

① 王红波、元瑾、孙向谦：《我国医保监管的历史进路、演变逻辑和未来展望——基于历史制度主义的分析》，《中国卫生政策研究》2022年第6期。

② 《国家医疗保障局 财政部关于做好新型冠状病毒感染的肺炎疫情医疗保障的通知》，载国家医疗保障局网（http://www.nhsa.gov.cn/art/2020/1/23/art_104_6472.html）。

③ 《央视新闻：大数据"加持"医保基金监管 人民群众的"救命钱"这样守护》，载国家医疗保障局网（http://www.nhsa.gov.cn：8000/art/2023/5/31/art_14_10690.html）。

④ 《国新办举行加强医疗保障基金使用常态化监管国务院政策例行吹风会》，载国家医疗保障局网（http://www.nhsa.gov.cn/art/2023/6/9/art_14_10782.html）。

⑤ 《2022年医疗保障事业发展统计快报》，载国家医疗保障局网（http://www.nhsa.gov.cn/art/2023/3/9/art_7_10250.html）。

公共卫生危机应对专项措施

- 2020 年，《国家医疗保障局　财政部关于做好新型冠状病毒感染的肺炎疫情医疗保障的通知》
- 2022 年，《国家医疗保障局办公室关于切实做好当前疫情防控医疗保障工作的通知》
- 2023 年，《国家医保局　财政部　国家卫生健康委　国家疾控局关于实施"乙类乙管"后优化新型冠状病毒感染患者治疗费用医疗保障相关政策的通知》

互联网+医保

- 2019 年，《关于开展医保基金监管"两试点一示范"工作的通知》
- 2022 年，《国家医疗保障局关于进一步深化推进医保信息化标准化工作的通知》
- 2023 年，《国家医保局　最高人民检察院　公安部　财政部　国家卫生健康委关于开展医保领域打击欺诈骗保专项整治工作的通知》

政府监管+社会监督

- 2019 年，《医疗保障基金使用监管条例（征求意见稿）》公开征求意见
- 2020 年，《国务院办公厅关于推进医疗保障基金监管制度体系改革的指导意见》
- 2021 年，《医疗保障基金使用监督管理条例》
- 2022 年，《国家医保局办公室　财政部办公厅关于印发〈违法违规使用医疗保障基金举报奖励办法〉的通知》
- 2023 年，《医疗保障基金飞行检查管理暂行办法》

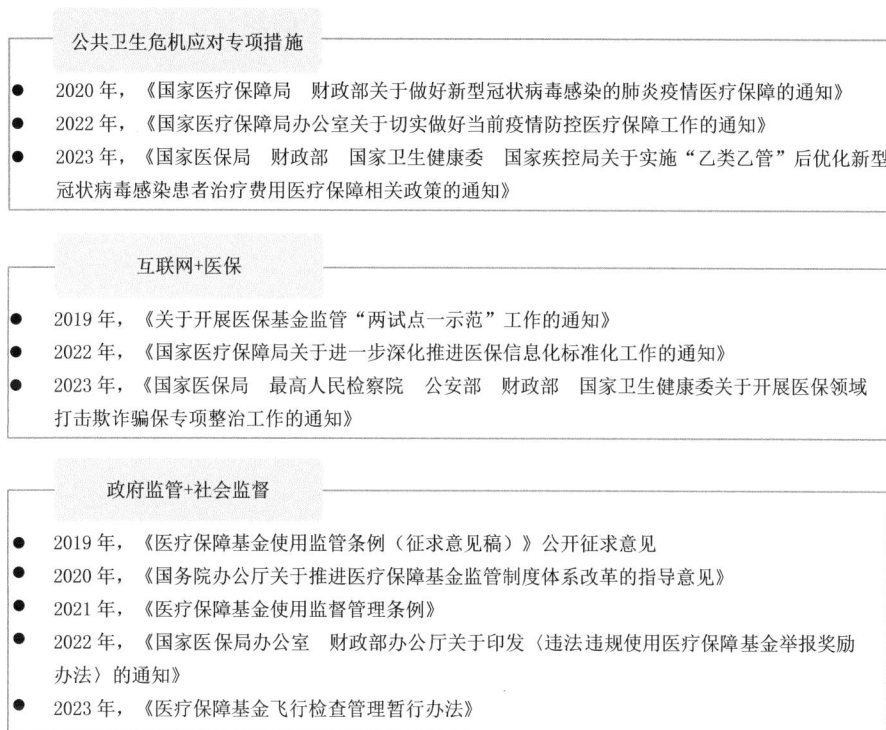

图 9-1　我国医保基金监管三类重点政策展示

我国医保基金监管政策一直处于发展和完善的过程且监管卓有成效。2022 年，全国医保系统共检查定点医药机构 76.7 万家，处理违法违规机构 39.8 万家，处理参保人员 39253 人，共追回医保资金 188.4 亿元。[①]但这并不代表医保基金监管工作可以"高枕无忧"了，事实上，正是现实中时而涌现的风险和挑战助推医保基金监管体系高质量发展。2020 年 7 月发布的《国务院办公厅关于推进医疗保障基金监管制度体系改革的指导意见》指出，我国目前受监管制度体系不健全、激励约束机制不完善等因素制约，医保基金使用效率不高，基金监管形势较为严峻。突发公共卫生事件具有演化潜伏期长、引发期突然、发展期迅速、暴发期全面、

---

① 《2022 年医疗保障事业发展统计快报》，载国家医疗保障局网（http://www.nhsa.gov.cn/art/2023/3/9/art_7_10250.html）。

消亡期漫长的特点①，使得医保基金运转过程中的薄弱环节被凸显出来，这就引发出一个基本问题：如何监管医保基金，确保其成为"救命钱"而非"唐僧肉"？党和政府指出了一条通往健康、持续、发展的路径——法治化。

第二节　医保基金监管法治化与公共卫生治理现代化

在无数古今中外先贤的论断中，法治被视为国家善治、社会良性运行最重要的保障。传染病等突发公共卫生事件，因为涉及公众安全，对其防治更需要遵循法治原则。②公共卫生治理现代化是一个国家发展的重要标志之一，它不仅关系到人民群众的健康和幸福，还影响着国家的经济发展和社会稳定。其中，医保基金监管法治化就是实现公共卫生治理现代化不可或缺的要素之一，是推进实现公共卫生治理现代化的必然要求。

一、确保医保基金合法合规使用

在公共卫生治理现代化的进程中，确保医保基金管理与使用的合法合规是实现公共卫生治理现代化的关键一步，法治化监管对于确保全民医疗服务的可及性和质量至关重要。其一，合法合规使用医保基金有助于确保资源的有效利用。全国职工基本医疗保险与城乡居民基本医疗保

---

① 席恒、张立琼：《突发公共卫生事件应急管理的基本问题与关键节点》，《学术研究》2020年第4期。

② 钟南山、曾益康、陈伟伟：《我国公共卫生治理现代化的法治保障》，《法治社会》2022年第2期。

险的年度支出增速都大于收入增速，基金支付压力逐年增大。[1]医保基金是有限的公共资源，必须被科学公平地分配，以满足医疗服务的广泛需求。医保基金被滥用或不当使用，会导致浪费和资源不足。合法合规使用的原则有助于确保每一分钱都被用于产生最大的医疗效益，从而提高医疗资源的配置效率。其二，合法合规使用有助于维护医保基金的财务健康和可持续性。医保基金必须能够支持长期的医疗需求，并为意外的医疗紧急情况做好准备。医保基金被不当使用或滥用，会导致财政的不稳定，政府会被迫采取紧急措施来弥补缺口，从而对医保系统的长期稳定性构成威胁。其三，合法合规使用医保基金有助于维护社会的公平和公众的信任。使用医保基金手续不合法或不合规，会削弱人们对医疗制度的信任，导致社会公众的不满，产生不良舆论。公众对医疗体系的信任是公共卫生治理的重要组成部分，确保医保基金的合法合规使用，可以增强社会对医疗制度的信任，促进更广泛的社会参与和支持。

二、提高医疗资源配置效率

医疗资源的高效配置是现代公共卫生治理的核心过程，直接影响医疗质量、医疗成本以及整个卫生系统的可持续性。法治化监管是提高医疗资源配置效率的重要手段。其一，资源配置效率是确保患者获得及时医疗服务的关键因素。当医疗资源得以高效配置时，患者能够更快地获得必要的医疗资源，降低疾病恶化的风险，提高康复概率，这对于急需医疗干预的患者来说尤为重要。其二，高效的资源配置可以降低医疗成本。当资源得以充分利用，可以避免浪费，降低医疗服务的成本，在减轻患者和医保系统财政负担的同时，使医疗服务更具可负担性、可及性与公平性。其三，高效的资源配置可以提升医疗体系的整体绩效。确保医疗资源的充分利用，医疗机构可以更好地满足患者需求，提高医疗服务的质量和公众满意度，吸引更多的优秀医疗专业人员，提升卫生系统

---

[1] 韦若嵌：《新时期医保基金"大监管"背景下的医院医保管理实践研究》，《现代商贸工业》2023年第11期。

的整体水平，进一步增强卫生体系的可持续性。其四，高效的医疗资源配置在疫情暴发或自然灾害等紧急情况下至关重要，可以助力迅速、精确地分配医疗资源，减轻公共卫生危机的影响，保障公共健康安全。①

三、增强风险防范和应急能力

在当今不断变化和不确定的卫生环境中，法治化监管为卫生系统的稳定性和应急性提供了关键支持，推动其增强风险防范和应急能力。其一，法治化监管确保了医保基金在紧急情况下的合法使用。当遭遇公共卫生紧急情况时，医疗资源的需求会在短时间内急剧增加，这会加大基金的不当使用或滥用风险。建立法律框架和监管机制，可以确保医保基金在卫生紧急情况下仍然按照规定用于紧急医疗需求，避免资源的浪费。其二，法治化监管为医保基金应对紧急情况提供了指导和决策支持。在卫生紧急情况下，需要迅速制定政策和采取措施，以应对疫情或其他紧急事件。法治化监管可以确保政策和措施的科学性和合法性，避免随意性或不合规的行为。其三，法治化监管强调了医疗机构及其从业人员在卫生紧急情况下的责任，为相关人员提供了明确的法律指导，确保他们在应对紧急情况时的行为符合伦理规范和法律准则，有利于保护人民的权益，使卫生系统在紧急情况下有序地运作，提高应急响应的效率和公共卫生安全。其四，法治化监管规定了卫生系统的透明性和问责制。在卫生紧急情况下，公众对于资源分配和决策过程的透明度非常关注。法治化监管确保了这种透明度，并为不当行为设立了明确的责任和惩罚机制，从而能够增强社会的信任度和参与感。

四、提高公共卫生决策质量

"大力改进公共决策系统，优化决策运行程序，努力提高决策的科学

---

① 田浩国、杨令、柳婷：《疫情防控常态化下江苏省医疗卫生资源优化效率研究》，《中国研究型医院》2021年第4期。

化、民主化和法治化"①是现代公共决策体制的内在要求。公共卫生决策作为公共决策的一个场域，同样要求达到上述目的，医保基金监管法治化是实现这些公共政策目标的重要路径。首先，提升政策的科学化水平。科学化的卫生政策应该建立在可靠的医学和卫生研究的基础上，法治化监管确保政策制定过程中遵循科学方法，准确监测和分析疫情或健康问题，依赖可验证的数据和研究结果，从而提升政策的科学化水平。其次，提升政策的民主化水平。民主是法治的前提，法治是民主的保障。法治化监管必然要求将医保基金的运作管理放在公众能够知晓的阳光空间，提升监管过程的透明度，打造政府监管、社会监督、行业自律和个人守信相结合的医保基金使用监督管理体系。民主化还要求关注政策的公平性，即政策是否平等地适用于所有社会群体，避免歧视和不平等。最后，提升政策的合法化。除了提高决策的科学合理性和民主性，法治化监管最根本的还是落脚在法治性，确保医保基金使用监督管理政策制定、执行、评估、反馈等全过程，始终处于法律法规的界限内，确保法律的严肃性，最终保障广大民众的生命安全和健康权益。

五、增强社会信任和参与度

具有法治性质的医保基金监管可以提高社会对医疗体系的信任度。社会信任和参与是公共卫生治理的基础，是建立强大卫生体系高楼的基石。其一，社会信任在卫生治理中起到了桥梁的作用。当社会信任存在时，公众会更相信政府、卫生机构和医疗专业人员的建议和指导。在传播卫生信息和应对疫情时，公众的信任可以帮助确保信息的准确传达，促使人们采取合适的防护措施，减少虚假信息的传播，提高公众的卫生素养。其二，在医疗保障体系建设的进程中，群众不仅是医保受惠的对象，更是重要的参与主体，而其参与程度和法治素养，都会影响医保体

---

① 黎民、倪星主编：《公共管理学》（第三版），北京：高等教育出版社，2020年版，第126页。

系建设成效。①社会参与鼓励民众积极参与卫生事务，当公众有机会参与卫生政策的制定和实施时，这个参与感可以提高民众的积极性，从而更好地支持和参与公共卫生项目。社会参与还可以帮助政府和卫生机构更好地了解社区的需求和问题，有针对性地提供医疗服务和卫生教育，建立更具包容性和响应更及时的卫生防护体系。其三，社会信任和参与有助于形成抗击公共卫生危机的共同体精神。在面对突发卫生事件时，社会信任和公众参与可以促使不同社会群体团结起来，共同应对挑战。这种团结可以提升资源协调、信息共享和卫生行动的效率，帮助受灾区域和群众更快地从卫生危机中恢复过来。其四，社会信任和参与有助于增强公共卫生系统运行的可持续性。当公众信任卫生体系并积极参与时，会更好地遵循卫生建议，定期接受医疗检查，采取健康的生活方式，有助于降低慢性病和传染病的发病率，减轻卫生系统的负担，促进社会的整体健康。

第三节　医保基金监管存在的问题与挑战

随着全民医保制度的推行，医保覆盖面逐步扩大，参保人数急速增长，民众对于医保服务的需求也在持续增加，而医保基金的安全关系到医疗保障制度发展的可持续性。在应对突发公共卫生事件过程中，现有医保基金监管也存在一些瑕疵，主要体现在医保基金监管法律法规、制度体系、工作力量、专业水平和信息技术等方面。

---

① 胡九英、吴娟、宋月丽等：《医保基金欺诈骗保现状及防范对策探析——以372份裁判文书为分析样本》，《南京医科大学学报》（社会科学版）2022年第4期。

一、医保基金监管法律法规的可完善空间

长期以来，由于医疗保险领域法律制度的缺失，现实中出现了一些不法利用医保基金的现象。非法使用医保基金会导致资金匮乏，降低医疗保险制度的保障功能，还会导致医疗保险待遇的不公，侵蚀良好的医疗环境和社会氛围，不利于医疗保险制度的可持续发展。而面临公共卫生突发事件时，我国也没有针对性的法律法规予以支撑。目前，与医疗保险有关的法律还是2010年颁布的《中华人民共和国社会保险法》，结合现实情况来看，该法已经不能有效防范和解决医疗保险基金在使用过程中出现的实际问题。没有全国性法律的统领，各地医保基金监管也难以形成统一的标准，降低了各地医保基金监管的效果。虽然有些地区为进行医保基金监管制定了地方性法规、地方政府规章和规范性文件，但由于它们的法律位阶不高，无法发挥更大的作用，迫切需要建立健全统一有效的全国性医疗保险相关法律体系。

二、医保基金监管制度体系的可健全空间

完善的制度体系是各项工作顺利开展的重要保障，要想最大程度保障医保基金监督管理的顺利开展，需要以完善的制度体系作为支撑。这就需要加快推进医保基金监管制度体系改革，构建全领域、全流程的基金安全防控机制，促进我国医疗保障制度健康持续发展。①现行的监管制度存在一些漏洞，比如医保基金运行时没有金额上的预定，各地区的监管制度并不统一，在医保报销、审批、异地就医等方面都面临一些问题。在面临突发公共卫生事件时，偶尔会出现骗保就医、因政策问题不予以就医等现象。虽然2021年5月施行的《医疗保障基金使用监督管理条例》完善了基金监管的规则体系，但在实际中对于如何更科学地实施医疗保

---

① 《国务院办公厅关于推进医疗保障基金监管制度体系改革的指导意见》，载中国政府网（https://www.gov.cn/zhengce/content/2020-07/09/content_5525351.htm）。

障行政处罚，还有一些需要改进的地方。[1]同时各省市对于进一步规范医保基金监管的规定较为分散，对于"欺诈骗保""基金监管"的含义、范围和处罚依据等方面存在着不同的认识。由于没有完善的制度进行引导和约束，存在部分人员"钻空子"、不履行自身职责等现象，给医保基金监管带来了负面影响。[2]

三、医保基金监管力量的可加强空间

医保作用的发挥离不开医保基金的稳定运行，为了保障医保基金的安全、促进医保基金的充分有效利用，亟须建立多主体参与的医保基金监管体系。然而医保基金监管工作涉及多个方面、多个主体部门，在运行过程中尤其是当面临突发公共卫生事件时，各级主体部门之间难以形成监管合力。一方面，当前我国已经进入全民医保时代，面对庞大的参保者数量、繁多的医药机构、多样的医疗服务，医保行政部门和经办人员压力巨大，而专业的医保基金监管人员又相对匮乏，医保基金监管力量不足，单独依靠医保行政部门和经办人员很难满足医保基金监管的现实需求。另一方面，街道、乡镇作为基层主体，并没有有效发挥其在医保基金监管方面的作用；同时，卫生部门、市场监督管理部门、审计部门、公安部门等也缺少协同合作。[3]经办机构监管力量薄弱、不同主体经办的各项业务标准和经办规程相差较大等问题的存在，迫切需要充实医保基金的主体监管力量，形成医保基金监管合力。

四、医保基金监管队伍水平的可提高空间

医保基金监管工作具有很强的专业性，管理内容多样化，对监管人

---

[1] 王斌斌、肖锦铖：《我国医疗保障基金监管现状研究》，《卫生软科学》2022年第5期。

[2] 蒋其星：《医疗保障基金监管法治体系的完善思考》，《社会法学研究》2022年第0期，第117—131页。

[3] 赵辉：《构建以信用为基础的医保基金监管长效机制：基于江苏省的实践与思考》，《中国医疗保险》2020年第9期。

员专业能力有较高要求，但网络时代的骗保等行为具有较强的隐蔽性、专业性，这导致医保基金监管人员在应对时会显得能力不足。随着医疗技术的提高，健康需求的持续攀高和医疗费用的快速增长，新的检查、服务和药品是否需要纳入医保支出？如果纳入，是否会给医保基金支出的可持续性带来风险？这些问题逐渐显露。要更好地解决这些问题，需要组建高水平的监管队伍，按照专业化标准来选择人才。

五、医保监管领域信息化技术的可创新空间

当前医保监管领域信息化技术的运用不够成熟，散落在各行业的与医保相关的数据依旧处于相互隔离状态，不能被很好地运用于医保信用和智能监测过程，而且对信息数据的保护力度也有待加强。一方面，我国医院窗口仍然主要使用人工来进行医保报销凭证审核。虽然医保智能审核系统已初步投入试点，但系统也需要人工操作，智能审核只是辅助，审核的人则是主要的[1]，这不能适应医疗服务需求不断增加的现实情况。另一方面，由于监管机构职能交叉，易导致监管部门之间信息共享机制不健全、不完善等问题[2]。虽然我国监管信息系统已经覆盖了90%的医保统筹地区，但仍未实现全部覆盖[3]；而且已经建立信息系统的地区之间监管水平存在差距，有的难以实现对医保信息的有效监测，难以对违法违规行为进行监控。医疗信息整合程度低，医保报销审核效率低等都降低了医保基金的监管实效，这就迫切需要提升我国医保基金监管信息化水平，搭建智能监控系统。

---

① 杨瑞青、邢瑞芳:《医保智能审核与监控平台在医院信息化建设中的应用研究》，《中国卫生标准管理》2023年第5期。

② 邓勇、毛云鹏:《四川省互联网医疗服务监管平台建设及思考》，《中国卫生质量管理》2020年第3期。

③ 郑功成:《全面深化医保改革:进展、挑战与纵深推进》，《行政管理改革》2021年第10期。

第四节　法治化：突发公共卫生事件下
医保基金监管的核心路径

医疗保障是一项民生大工程，也是覆盖全民的社会保障制度，因其涉及的医保、医疗、医药关系异常复杂，制度运行的链条相较于其他社会保障更长，特别需要法治保障。医疗保险基金是否安全使用关系到每位参保人的利益，尤其是在遭遇突发公共卫生事件时，医保基金监管面临着愈加严峻的形势，迫切需要改善医保领域存在的法律体系、主体、能力、技术、意识等方面的缺陷，从而构建更加科学合理的医保基金监管法治体系。

一、健全医保基金监管法律法规，实现有法可依

"没有规矩，不成方圆。"只有建立健全医疗保障基金监管法律体系，才能够真正切实地做到有法可依。迄今为止，各国医保制度均奉行立法先行、以法定制、依法实施的普遍规则。①从国家层面来看，应当持续补充并完善现有的法律法规，针对医保基金监管制定专门的法律和政策，同时各省市地区、基层单位积极推动该工作的法治化运行实施。有了法律的支持，各地区可根据实际情况适当做出调整，明确监管主体与客体的责任，从而保证医保基金下发的真实性与准确性。与此同时，在法律的约束和管理下，制度体系的制定会更加科学、权威，能够对监督管理各项工作的开展起到引导作用。《医疗保障基金使用监督管理条例》已于2021年5月1日起施行，标志着医保基金监管工作迈入法治化、专业化、

---

① 郑功成：《法治是保障医保基金安全的治本之道》，《中国医疗保险》2021年第3期。

规范化的新时代。①然而，有法可依是医疗保障法治化的基本前提②，未来仍需要持续推进医保基金监管立法工作，为医保基金监管提供法律依据和明确的程序指引。

二、优化医保基金监管规范，健全监管体系

完善的医保基金监管规范体系是医保基金正确使用的依据。一方面，在外部规范体系上，要理顺原社会保险监管下的基金监管与国家医疗保障局成立后的基金监管规定的关系、协调好中央顶层设计与地方特色规定的关系、处理好基本规定与配套规定的关系。③另一方面，在内容规范体系上，要明晰医保基金监管的范围，即医保基金监管应定位于"大监管"，而非"中监管"或"小监管"。医保基金监管应是全方位、全流程的监管，既包括基金管理环节的监管，也应包括基金征缴、待遇支付、医药服务等环节的监管。同时还要明晰行政监管、协议监管、信用监管三者之间的关系，明确各自的适用范围。根据系统性思维，无论行政监管、协议监管还是信用监管，不同的监管形式追求的都是同一个目标终点，三者之间的关系应该是层次递进、相互补位、无缝衔接、协同高效的关系。另外，还要健全对医保基金违法违规行为民事责任、行政责任、刑事责任之间的链接机制，明确各自的适用情形、责任形式、惩罚力度以及相互间的转化机制。

三、构建多主体参与医保监管新模式，形成监管合力

医保基金监管工作复杂且难度很大，需要各部门共同参与，充实监管力量，形成监管合力。首先，针对医保经办机构人员不足的情况，可探索通过政府购买服务，引入会计师事务所、商业保险机构、信息技术

---

① 葛斯庆：《当好医保基金基层"守门人"》，《中国社会保障》2021年第9期。

② 郑功成：《从政策性文件主导走向法治化：中国特色医疗保障制度建设的必由之路》，《学术研究》2021年第6期。

③ 蒋其星：《医疗保障基金监管法治体系的完善思考》，《社会法学研究》2022年第0期，第117—131页。

机构等第三方力量，充实基金监管力量。①其次，要充分发挥基层监督力量，将街道、乡镇设置的网格员、协理员设为社会监督员，并定期对他们开展专业教育培训，以此延伸监督边界，拓宽管理范围。要认真贯彻落实《欺诈骗取医疗保障基金行为举报奖励暂行办法》中的各项举措，鼓励群众揭露欺诈骗保行为，以此营造全员参与监督的社会风气，充分发挥基层监督的力量。最后，要形成由医疗保障行政部门作为监管主体，卫生、中医药、市场监督、审计、公安等部门协同合作的局面，各单位、部门之间做到相互协同、相互配合，打造高效的沟通协同机制，共同形成医保基金监管新合力。②

四、提高医保基金监管队伍专业性，提升监管水平

基层监管人员的业务素质和工作能力关系着医保基金监管工作质量。应新形势要求做好队伍建设，是确保医保基金安全高效、合理使用的前提和基础。③当前时代背景下，高水平、复合型人才是各行业实现发展突破的重要驱动力量，从医保基金监管的现状来看，急需组建一支综合能力较高的专业团队，以提升监督管理成效。提升人员聘用门槛，选择工作经验丰富、专业能力突出的人员进入团队，从源头上为管理队伍注入活力，并确保其拥有足够的岗位胜任能力。要定期开展专业培训，了解国家最新政策，以及医保基金监督管理的基本内容和要求，推动员工在岗位上敢于创新、实事求是。要做好员工能力的考核工作，出台奖惩制度，强化责任意识，端正工作态度，做好本职工作。

五、完善医保监管智能信息系统，提高监管效率

信息化在推动医保事业高质量发展、提高医保治理体系和治理能力

---

① 田梦、肖婧琦、郝珺等：《完善第三方机构参与医保飞行检查工作机制的思考与建议》，《中国医疗保险》2023第4期。

② 解飞：《医保监管，路在何方——基层医保基金监管可行性建议》，《中国管理信息化》2022第13期。

③ 葛斯庆：《当好医保基金基层"守门人"》，《中国社会保障》2021年第9期。

现代化水平的过程中起着重要作用。加快智能化医保监管体系的构建，推进大数据监管模式刻不容缓。①医疗费用监管是一项信息密集程度较高的工作，要利用大数据来构建高效的信息处理平台，借此推动医疗保险机构费用审核和审计等功能的完善。此外，智能化的医保监控系统还可以降低成本，提高监控的效率。但是从国家层面来看，智能监控信息系统至今还未实现全国各地区的全覆盖，因此必须加快建设未覆盖地区的智能信息监控系统。在区域层面，各地要建立相对统一的医保信息监控系统，优化相应的运行规则、评价标准、检测指标，不断对系统的数据库进行更新和维护，推动大数据分析在医保监管中的运用。以"大数据"理念为驱动，通过对医疗保险数据的详细挖掘和分析，提高医疗保险基金的监管能力。②

六、塑造医保监管法治理念，实现有法必依

风险社会的背景下，原有的医保基金监管理念已经不合时宜，我们要建立以医保行政部门为主导，多主体参与的医保基金监管体系，同时大力开展医保宣传，培育基金监管新观念。③从治理理念上转变思维，强调依法治理，将法治理念全方位贯穿于医保基金监管的全过程。一方面，要大力提升医疗保障制度各参与主体的法律意识，推动各责任主体真正做到有法必依，使合法合规使用医保基金成为他们的自觉意识和自觉行为。另一方面，利用舆论力量，营造全民守法的社会氛围，对全民进行医保监管使用的法治教育，进一步强化民众的法律意识和法治信仰。

---

① 李航:《基于数字化的浙江省苍南县"三位一体"医保基金监管对策研究》，《经济师》2022年第5期。

② 王彦予、孟兆敏:《大数据驱动下的医保智能监管——基于成都市医保监管实践》，《中国卫生法制》2021年第5期。

③ 李晓:《医保基金监管存在的问题与对策分析》，《财经界》2023年第12期。

第五节　本章小结

习近平总书记多次强调，突发重大公共卫生事件的应对，实际上是对国家治理体系和治理能力的一次大考。党的二十大报告从全局高度回答了如何"赶考"的问题——现代化，公共卫生治理现代化对医保基金监管法治化提出了更高要求，在法治轨道上全面构建医保基金监管体系更是实现公共卫生治理现代化的必然选择。当前，我国医保法治化建设不断取得新进展，医疗保障法立法持续推进，《社会保险经办条例》《医疗保障基金使用监督管理条例》《医疗保障行政处罚程序暂行规定》等多项医保基金监管法规规章出台。当然，突发公共卫生事件对整个社会的重大冲击又使得医保基金监管暴露出了一些缺漏，主要是法律法规不够健全，制度体系不够完善，监管力量不够充足，队伍水平不够达标，信息技术不够发达，法治理念不够深厚等。在全面建设社会主义现代化国家的新征程中，必须坚持以习近平新时代中国特色社会主义思想为理论武器，走中国特色社会主义法治道路。本章基于法治化视角，从法律、体系、主体、能力、技术、意识等多个方面聚焦医保基金监管过程中存在的问题和不足，提出一些对策建议。总而言之，我们必须以法治化为"刃"对医保基金监管进行一场深刻革命，把医保基金监管的法治化工作放到法治中国的大局中谋划和推动，为医保基金高水平监管提供有力法治保障，守好群众"救命钱"，不断提高人民群众的医疗保障水平。

第十章 智慧中国视域下的公共卫生应急管理：效能、风险与政策

第一节　应急管理智能化：智慧中国的时代导向

二十多年来，为释放互联网的科技效能，中共中央、国务院及各部委（办、局）出台了170余项政策文件，我国政府上网经历了初步摸索、积极探索和追求普惠三大阶段。① 在此过程中，党的十八届三中全会首次提出了"社会治理"的概念，这标志着我们党的施政理念由"社会管理"升级为"社会治理"。随后，科学技术开始逐步融入党与政府的社会治理规划中，成为社会治理体系中的重要一极。例如，国务院在《促进大数据发展行动纲要》中提出将大数据应用于社会治理创新，以推动社会治理模式的进步。党的十九大报告指出要"打造共建共治共享的社会治理格局""提高社会治理社会化、法治化、智能化、专业化水平"。党的十九届四中全会则进一步突出了科技在社会治理中的地位，强调"必须加强和创新社会治理，完善党委领导、政府负责、民主协商、社会协同、公众参与、法治保障、科技支撑的社会治理体系"。《中华人民共和国国民经济和社会发展第十四个五年规划和二〇三五年远景目标纲要》明确提出应"不断提升城市治理科学化精细化智能化水平"，"完善突发公共卫生事件监测预警处置机制，加强实验室检测网络建设，健全医疗救治、科技支撑、物资保障体系，提高应对突发公共卫生事件能力"。

在持续且密集的政策引导下，我国的信息环境已发生了巨大转变。一方面，高新技术与智能设备蓬勃发展，大数据、云计算、物联网与人工智能等技术不断发展并实现生活化，智能手机、社交媒体、电子支付、物联网、5G移动互联网广泛普及，使得人们在获取资讯等方面得以超越

---

① 张锐昕、王玉荣:《中国政府上网20年：发展历程、成就及反思》,《福建师范大学学报》（哲学社会科学版）2019年第5期。

时空界限。另一方面，技术治理成为全球范围内政治活动和公共治理领域最显著的基本趋势和普遍现象，而"智能治理是当代技术治理的最新形式"①，智能技术对社会治理产生了革命性影响。所谓社会治理智能化，是指"利用大数据强大的数据采集和分析能力，结合社会治理理论和互联网技术，将复杂的社会运行体系映射在多维、动态的数据体系之中，实现对社会运行规律、社会偏好（诉求）变化趋势及规律、政府回应机制及效果差异等实时的、数量化的、可视化的观测，不断积累社会运行的数据特征以应对各类社会风险，提升社会治理的有效性"②。智慧城市、智慧社区、智慧交通等智慧治理模式层出不穷。例如，在社区层面，不少社区将网格信息录入到电子地图中，网格员则通过网格手机主动上报问题，实现社区治理可视化。又比如，在企业层面，大数据企业通过掌握技术，获得了科技权力与数据权力，对虚拟世界与客观世界都产生了影响③，并向其他社会治理主体提供技术服务。

鲜明的政策导向与良好的信息技术基础让中国在应对新冠疫情这场突发性公共卫生事件的过程中脱颖而出。在这场严峻的公共危机考验中，中国人民仅用3个月左右的时间便取得了决定性成果，向世界展现了中国抗疫的速度和奇迹。在抗疫过程中，习近平总书记作出了"鼓励运用大数据、人工智能、云计算等数字技术，在疫情监测分析、病毒溯源、防控救治、资源调配等方面更好发挥支撑作用"的重要指示④。另外，《国家卫生健康委办公厅关于加强信息化支撑新型冠状病毒感染的肺炎疫情防控工作的通知》《新冠肺炎疫情社区防控工作信息化建设和应用指

---

① 刘永谋：《技术治理、反治理与再治理：以智能治理为例》，《云南社会科学》2019年第2期。

② 樊鹏等：《新技术革命与国家治理现代化》，北京：中国社会科学出版社，2021年版，第153—154页。

③ 吴楠：《大数据企业参与社会治理的自律与他律》，《湖北行政学院学报》2020年第4期。

④ 习近平：《全面提高依法防控依法治理能力 健全国家公共卫生应急管理体系》，《求是》2020年第5期。

引》《工业和信息化部办公厅关于运用新一代信息技术支撑服务疫情防控和复工复产工作的通知》等均是疫情智能化治理的重要配套政策。可见，数字技术已成为疫情防控、救治战场与复工复产复学中的"神器"和"利剑"。回顾抗疫行动中的智能治理情况，对打造共建共治共享的社会治理智能化新格局，加快推进应急管理体系与能力现代化建设，具有重要意义。本章的主要结构为：首先，剖析公共卫生安全领域中的代表性技术产品及其效能；其次，客观分析疫情智能治理中可能存在的风险；最后，为智能治理体系提出优化路径，以助推应急管理数字化进程。

第二节 公共卫生之治中的智能治理及其效能

面对公共卫生危机造成的外在强烈冲击，各地将技术创新导入社会治理，大量代表性技术产品应运而生，甚至迅速推广到全国，释放出强大的抗疫效能，其具体应用情况如下（见表10-1）。

表10-1 重大公共卫生风险防控下的代表性技术产品情况汇总

应用领域		产品名称	开发主体	主要使用场合或主体	产品主要功能
精准防控	风险监测	新冠肺炎疫情风险监测与防控大数据平台	科大讯飞股份有限公司	公安机关	监测预警
	人员管理	杭州健康码	"码全科技"、阿里巴巴	公众	快速鉴别人群健康状况；管控通行
		通信大数据行程卡	中国信息通信研究院与中国电信、中国移动、中国联通三家基础电信运营商	手机用户	免费查询包括国际行程在内的过去14天停留4小时以上的到访地，识别出行轨迹

应用领域		产品名称	开发主体	主要使用场合或主体	产品主要功能
精准防控	人员管理	明骥AI智能测温系统综合解决方案	北京旷视科技有限公司	政务服务大厅、医院、社区等	人体识别、人像识别、红外测温
		智能电子封条监控系统	长沙七真网络科技有限公司	社区工作人员	监管居家隔离居民
医疗救治	助力科研	全基因组检测分析平台	阿里达摩院	地方疾控中心、医院临检中心等	检测病毒、研发疫苗
	远程医疗	国家远程医疗中心会诊平台	国家远程医疗与互联网医学中心	专家与定点救治医院	提供远程视频会诊等服务
	医疗配送	递送机器人"豹小递"	北京猎户星空科技有限公司	武汉火神山医院等	定点配送药品，医疗物资等
	心理援助	健康中国政务新媒体平台联合国务院客户端	国家卫生健康委员会、国务院	公众	提供全国心理援助热线查询服务
物资管理	密集物资	京东物流应急物资供应链大数据管理平台	北京京邦达贸易有限公司（京东物流）	各级政府	在物资需求、采购、调配、送达、捐赠全场景中协助政府，接受社会监督
	零散物资	厦门市口罩预约登记服务系统	厦门市民数据服务股份有限公司	公众	引导居民网上登记、公证摇号、结果公开、现场购买
信息管理	信息采集	甘肃省新型冠状病毒肺炎自查上报平台	甘肃省卫生健康委员会	公众	方便疑似患者上报病情，相关工作人员做出应急处置
		电力用户信息采集系统平台	武汉东新供电公司	社区工作人员	导出住户日用电量数据，并结合街道办的综合评估，对居民进行分类

续　表

应用领域		产品名称	开发主体	主要使用场合或主体	产品主要功能
信息管理	信息共享	"一网统管"上海城市网格化综合管理平台（增设防疫专页）	由上海市住房和城乡建设委员会牵头，上海建坤信息技术有限责任公司、上海数据交易中心等多家单位联合建设	市、区、街镇三级政府部门	汇集大量小区、城管人员信息等，并通过政务外网实现调用和共享
		新型冠状病毒肺炎疫情地图	百度在线网络技术（北京）有限公司	公众	让公众及时了解疫情信息、动态数据
区域管理	社区管理	武汉"微邻里"	武汉腾青科技有限公司	居民、网格员、社区干部、街道干部等	居民能议事、报事、网上办事；网格员处理居民报事、发布公告、重要通知等；社区干部可查看社区所有网格的议事会，审核公告、微心愿、党员报到信息；街道干部每日可以接收到街道数据报告
稳定秩序	市场监管	电商平台（涉疫跨平台联防联控工作机制）	北京市市场监督管理局联合京东、阿里等电商平台企业	商户	联合防范疫情期间哄抬价格、虚假宣传、销售假冒伪劣防疫用品等严重违法行为
复工复产复学	企业	飞书办公套件	北京字节跳动科技有限公司	中小企业	视频会议、在线文档与表格创作、实时语音沟通等
	政府	华为云 WeLink 协同办公平台	华为技术服务有限公司	各级政府	视频会议、健康打卡、远程审批、待办提醒等
	学校	钉钉平台	钉钉科技有限公司	教育局和学校	在线教学、假期安全打卡等

　　资料来源：根据工业和信息化部、国家卫生健康委员会、甘肃省卫生健康委员会、安徽省经济和信息化厅、国家市场监督管理总局网络交易监督管理司等官网，以及人民网、新华网、中国建设新闻网等网站上的相关资料整理而成。

纵观数字化抗疫历程可知，公共卫生治理中的技术产品总体上被应用到精准防控、医疗救治、物资管理、信息管理、区域管理、稳定秩序、复工复产复学等七大领域。在精准防控方面，治理主体主要运用技术产品监测疫情潜在风险、规范人员通行。在医疗救治方面，智能技术能协助攻克科研难关、远程救治患者、配送医疗物资等。同时，政府、企业等主体充分运用技术产品，完成物资与信息管理、社区防控、监管市场等各项工作。在各类信息平台的支撑下，政府、企业和学校进行了非接触式的工作运转，实现了复工复产复学，恢复了社会秩序。可见，在重大突发公共卫生事件应急管理中，代表性技术产品渗透到了危机应对的方方面面，并展现出了多重治理效能（见图10-1）。

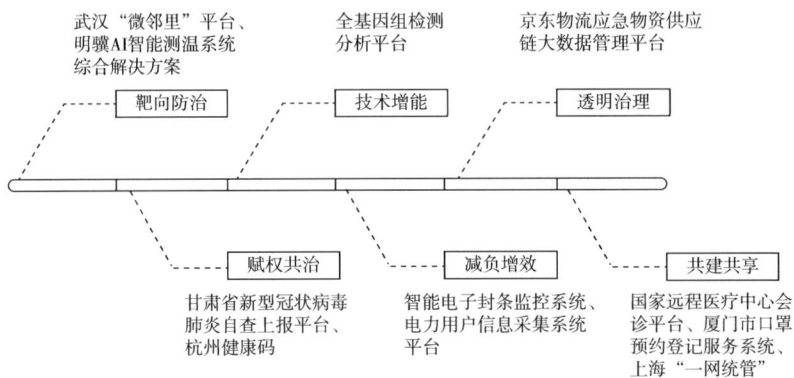

图 10-1　抗疫代表性智能技术产品及其治理效能

一、靶向防治

相比于传统人海战术、粗放式的社会治理模式，社会治理智能化更能提高应急管理的精准性和靶向性，进而促进社会治理与应急管理的精确度。在抗击新冠疫情伟大实践中，这种靶向防治特别体现在网格管理与专业技术上。其一，网格化平台助力社区防控。城乡社区作为国家治理的基础单元，是疫情防控的一线战场，配备信息技术的网格化管理成为社区防控的重要支撑。以武汉腾青科技有限公司开发的武汉"微邻里"平台为例，居民、网格员、社区干部、街道干部加入所在的社区网格，居民上报后，网格员迅速响应，以实现需求与服务精准对接。抗疫期间武汉"微邻里"经历了两次"爆表"，至 2020 年 3 月，已积累 292 万用户，累计完成 22989 人的 30610 次求助帮扶，有效降低了街道和社区基层人员日常工作量，成为"网格信息化"应用到疫情防控的典型代表。[①]其二，专业化技术精准识别人群。在统筹推进疫情防控和经济社会发展过程中，为化解大规模的人群流动可能滋生的风险，专业化技术被广泛运用到了社区等人群密集场所。例如，2020 年春节，旷视团队争分夺秒、历时 13 天研发的"明骥 AI 智能测温系统综合解决方案"正式上线，它采用"人体识别+人像识别+红外/可见光双传感"的技术方案，"将智能测温带宽提高到每秒 15 人，且一套系统可以部署 16 个通道，基本保证一个地铁口管控，能够应对火车站、汽车站、地铁站等公共场所海量人流通行，不仅可以实现准确高效测温，也避免了工作人员和被测人员的感染风险"[②]。

二、技术增能

现代化信息科学技术的重大优势是能够迅速为国家与社会治理增能，"在国家治理过程中能够增强经济转型升级能力、政府'便民利企'能力和政府自身治理能力，从整体上提升国家治理效能"[③]。在这场传播速度快、感染范围广、防控难度大的突发公共卫生危机中，人工智能等技术成为高效遏制病毒传播的武器。例如，由阿里达摩院开发的全基因组检测分析平台能快速精确筛查诊断病毒，将疑似病例的基因分析时间压缩在半小时内。此外，在技术的保障和支撑下，各治理主体能在做好安全防控的同时，快速复工复产，投入到疫情防控与恢复经济社会发展中。

---

① 刘艳：《智慧下沉社区，信息技术全面渗透疫情防控》，《科技日报》，2020 年 3 月 9 日。

② 《旷视研发团队讲述 AI 测温系统"火线上岗"》，载新浪网（http://k.sina.com.cn/article_1686546714_6486a91a020010h37.html#）。

③ 李茂春、罗家为、李志强：《大数据促进国家治理现代化的运作逻辑——基于技术治理的解释》，《江西社会科学》2022 年第 10 期。

例如，在疫情暴发期间，地方各级防控工作领导小组等通过视频会议全面部署疫情防控工作。

三、透明治理

大数据支撑下的透明治理是借助互联网等新技术，社会治理主体将治理过程与治理结果透明化、公开化的过程。疫情暴发初期，由于信息披露不及时不准确、能力不足等，一定程度上引发了公众对慈善机构的信任危机。可见，疫情下的透明治理更有利于降低社会舆情的监管成本，提高社会治理主体的公信力，防止"塔西佗陷阱"。例如，在抗击疫情斗争中，部分政府及时引入京东物流应急物资供应链大数据管理平台，在该平台的智能协同下，地方应急指挥部门能对应急物资进行全生命周期的可视化追踪与实时监控。又比如，与早期病例信息公开迟疑形成鲜明对比的是，国家卫生健康委员会官网每日实时公布疫情信息，既有利于科普辟谣、降低恐慌，又有利于公众加强安全防护。

四、赋权共治

"重构式"治理逻辑在这场高度紧急、复杂、不确定的公共卫生危机事件中得到了强化，即在数据治理中"凝聚共识、推动协同行动"[①]。一方面，科技释放了公众的参与效能。科技赋能是解决公众参与松弛困境的重要途径，以甘肃省新冠疫情自查上报平台为例，居民可以通过此平台主动上报异常症状，专业人员咨询其病情后，如需就医，再由社区或医院安排专业车辆将其送往定点医院，有效弥补了自上而下排查可能出现的遗漏问题。另一方面，多元主体协同下的技术创新。在抗击新冠疫情实践中，地方政府、社区和企业等共同构成了良好的数字治理生态系统，涌现了不少创新性技术产品。以健康码为例，"码全科技"等企业为政府开发了健康码，保证了千万级的并发访问；与此同时，数据资源管

---

① 王超、赵发珍、曲宗希：《从赋能到重构：大数据驱动政府风险治理的逻辑理路与价值趋向》，《电子政务》2020年第7期。

理局则调用、整合了各部门的数据信息，并为健康码赋予了"申诉和救济功能"[①]。

五、减负增效

作为国家应急治理的末梢，城乡社区承担着防控重任与巨大的工作压力。对此，民政部办公厅、中央网信办秘书局、工业和信息化部办公厅、国家卫生健康委办公厅在《新冠肺炎疫情社区防控工作信息化建设和应用指引（第一版）》中明确提出，"构筑起人防、物防、技防、智防相结合的社区防线"。可见，技术赋能成为社区治理的重要方向，是实现基层减负增效的重要途径。对此，长沙七真网络科技有限公司为化解社区防控痛点，开发了智能电子封条监控系统，社区工作人员借助该系统能对居家隔离人员实时远程监管，节省了大量人力物力。又比如，在社区摸底排查方面，通过电力用户信息采集系统平台导出的住户日用电量数据，再结合街道办的综合评估，社区工作者能精准辨别异常群体、重点防控群体等，非常灵巧地减轻了社区摸排工作量。

六、共建共享

疫情应对过程中，政府借用或开发各类技术平台，既实现了共建共享的目标，又避免了人员大流动与交叉感染，这种共建共享机制主要体现在医疗、物资和信息三个层面。在医疗层面，依托各类远程医疗平台或互联网义诊平台，各地医疗资源得到了有效共享，打破了时空界限。例如，呼吸科、感染科等临床专家通过国家远程医疗中心会诊平台，为湖北省定点医疗机构提供远程视频会诊、远程影像诊断等服务。在物资层面，各地口罩预约登记服务系统纷纷上线，以公平公正满足公众的口罩需求，并避免了人群聚集。例如，厦门市政府借助厦门市口罩预约登记服务系统，引导居民网上登记、公证摇号、结果公开、现场购买，为

[①] 史晨、马亮：《协同治理、技术创新与智慧防疫——基于"健康码"的案例研究》，《党政研究》2020年第4期。

居民提供平价口罩。在信息层面，重大公共卫生风险防控加快了部门之间数据"壁垒"的破解。例如，上海"一网统管"汇集大量小区、城管人员信息等，并通过政务外网实现了调用和共享，提升了部门之间的联动效率。

第三节　智能治理嵌入公共卫生应急的风险前瞻

在风险社会中，"未知的、意图之外的后果成了历史和社会的主宰力量"[①]。当前，尚未被人类准确把握的智能技术不仅已相对全面地渗透到常态化社会治理中，也被积极运用到突发公共事件应急管理中，但其风险却未显露全貌，因而也很少引起人们的警觉。因此，在技术风险处在可控状态时期，应当曲突徙薪，以应对重大公共卫生风险为契机，进一步深思应急管理领域社会治理智能化的若干风险及其规避。

一、智能技术"绑架"治理主体

风险社会中，人类社会更倾向于借用一切可用资源抗击疫情。其中，"具有冲破羁绊与制约而'野蛮发展'的自我扩张本性"的政治权力，为实现非常态化时期的全能主义统治，更趋于把决策判断交给智能技术[②]，造成"数字利维坦"危机[③]，腐蚀协同共治的理念[④]，违背了人本主义的

---

①[德]乌尔里希·贝克：《风险社会：新的现代性之路》，张文杰、何博闻译，南京：译林出版社，2018年版，第8页。

②肖唐镖：《中国技术型治理的形成及其风险》，《学海》2020年第2期。

③唐皇凤：《数字利维坦的内在风险与数据治理》，《探索与争鸣》2018年第5期。

④韩瑞波、唐鸣：《基层社会治理智能化的潜在风险与化解防范——基于Y市Z区的案例研究》，《宁夏社会科学》2021年第1期。

公共价值①。具体到突发性公共卫生事件中，智能技术能减少交叉感染，也可能成为传播疫情或侵犯公民权利的因素。原因如下：一方面，部分技术本身并未成熟。例如，在抗疫中，一名手持湖北健康码绿码的复工人员在集中隔离时，经核酸检测就被确诊为新冠感染者。②另一方面，反向的技术模仿成为一种新型风险。其不仅降低疫情防控的效果，而且可能成为谋利的技术手段。③例如，一些外企通过使用精密制作的3D面具攻破支付平台的人脸识别系统，引发了不少消费者的恐慌，也让公众产生生物识别技术导致个人信息和数据泄露等网络安全问题的担忧。④

二、数字监管能力存在短板

在新异技术迅猛发展的态势下，技术人员已跻身政治决策圈内，相比之下，政治权力的管理节奏显得过于缓慢，在"供给技术政策、推进技术发展、控制技术应用的社会后果"方面往往显得心有无力⑤，留下了一些监管漏洞。公共卫生应急管理过程中，在制度筹划未完备、数字治理能力不足的情况下，少数政府部门大力借助科技企业力量，将技术产品广泛运用到应急管理中，以快速、全面管控风险。例如，健康码由科技龙头企业负责运营，国民健康数据落入企业手中，但关于平台权力的边界、民众数据的所有权与使用权等规定却模糊不清，难以防止企业披上科技防疫的外衣追求商业利益，这就会造成一种政府部门"被动监管

---

① 陈剩勇、卢志朋：《信息技术革命、公共治理转型与治道变革》，《公共管理与政策评论》2019年第1期。

② 罗志华：《别让"持绿码者确诊"打乱复工节奏》，《工人日报》，2020年4月2日。

③ 任剑涛：《人工智能与社会控制》，《人文杂志》2020年第1期。

④ 《支付宝、微信人脸识别被美国AI公司破解，信息安全再引深思》，载知乎网（https://zhuanlan.zhihu.com/p/97874386）。

⑤ 任剑涛：《政治管控技术：主控权、博弈与划界而治》，《中央社会主义学院学报》2020年第5期。

俘获"①的局面。

三、数据壁垒影响协同治理

大数据在各类应用场景中发挥多重优势和效能，但其局限性也可能促使抗疫主体做出错误决策，贻误疫情防控时机，其中，数据壁垒属于较为典型的缺陷。这一缺陷不仅存在于政府部门，也出现在互联网企业中。其一，各部门难以实现信息共享。虽然有的地方建立了高度整合的数据平台，然而以地域或部门为单位设立智能平台更为常见。②在抗疫实践中出现了这种困境，比如各省或各市健康码各自为战，其管理模式也具有差异性，出现了"各行其码""一码归一码"等现象。③其二，行业竞争加剧了企业之间大数据的碎片化，数据分析的具体操作过程也不透明。用于大数据分析的算法和模型常常是不透明的"黑箱"，存在企业篡改数据的可能，给疫情防控治理埋下隐患。④

四、弱势群体面临"数字鸿沟"

截至2020年6月，我国非网民规模为4.63亿，以农村地区人群为主，非网民不上网的主因是"使用技能缺乏、文化程度限制和设备不足"，60岁及以上的网民仅占总体的10.3%。⑤在疫情防控救治、复工复产等场景中，新异技术给人们带来高效便利的同时，也给特殊弱势群体带来了烦恼。"数字鸿沟"使得弱势群体无法及时获得防疫信息，无法享受互联网医疗、网上购物等服务，更为严重的是，由于不会使用智能手机和健康

---

① 方兴东、严峰：《"健康码"背后的数字社会治理挑战研究》，《人民论坛·学术前沿》2020年第16期。

② 罗新忠编著：《社区治理智能化——基于上海浦东新区的实践探索》，上海：上海交通大学出版社，2020年版，第25页。

③ 关末：《"健康码"不应该"一码归一码"》，《北京日报》，2020年5月14日。

④ 杨开峰等：《统筹施策：疫情之后的公共卫生之治》，北京：中国人民大学出版社，2020年版，第61页。

⑤《第46次中国互联网络发展状况统计报告》，载中华人民共和国国家互联网信息办公室网（http://www.cac.gov.cn/2020-09/29/c_1602939918747816.htm）。

码，老年人出行严重受阻。除此之外，"数字鸿沟"还会降低大数据的代表性，使得样本的性别、地域、学历、年龄、收入等与总体人口有较大差异，最终可能导致基于大数据分析的公共决策出现偏差。

五、公民个体隐私权易受侵犯

公共权力部门可能会减少"技术手段引入社会经济发展与国家管制过程的正当性与合法性审查"[1]，以享受技术革命所带来的效益。这会使得公民的信息安全特别是个人隐私面临更大的威胁。例如，一旦有黑客或网络病毒攻击医院的网络服务器，确诊患者的诊断记录、病史甚至遗传信息等个人信息就可能遭到泄露，进而被违法分子用于不正当途径。[2]另外，疫情背景下，公开确诊患者的信息与保护其隐私存在着冲突。比如，配合疫情防控工作的确诊患者成都女孩赵某，因活动轨迹涉及多家酒吧而遭受网络暴力，其姓名、身份证号码、家庭住址、照片等个人信息均被泄漏出来，遭受网络恶意言论的二次伤害。[3]

第四节　完善公共卫生安全领域的智能治理体系

为建设更高水平的平安中国，社会治理联动主体应汲取疫情防控经验、依托科学技术积累的比较治理优势，不断助推国家安全治理体系和能力建设。具体而言，可以从以下五个方面筑牢公共卫生应急管理防护网，防范智能科技异化为健康中国行动中的风险源。

---

[1] 任剑涛：《曲突徙薪：技术革命与国家治理大变局》，《江苏社会科学》2020年第5期。

[2] 闫立、吴何奇：《重大疫情治理中人工智能的价值属性与隐私风险——兼谈隐私保护的刑法路径》，《南京师大学报》（社会科学版）2020年第2期。

[3]《成都确诊女孩被网暴？严肃的疫情防控不容添乱！》，载新华网（http://www.xinhuanet.com/2020-12/09/c_1126838254.htm）。

一、坚持以人民为中心的理念

早在 2016 年的网络安全和信息化工作座谈会上，习近平总书记便提出了网信事业必须贯彻以人民为中心的发展思想和治理理念。①为了切实把人民生命安全置于首位，应从以下三点进行改进：其一，应由人类智能来决定社会治理引入智能技术的方式、范围和程度，而不能全权交给人工智能。由于重大公共卫生事件的应急管理关乎人民群众的生命安全和身体健康，要推动实现人类智能与人工智能技术的恰切互动。②其二，坚持智能技术与"线下分层分级的分析诊断"③相结合，定期组织政府各级不同部门、社区、社会组织和居民等对大数据的分析结果进行开放式研讨，将线上与线下分析相结合。其三，构建以人民为中心的数字决策模式，推动把数字决策权力掌握在人民群众手中。以人民为中心的民主决策与民主协商机制能阻止智能技术公司肆意妄为，解除智能技术对治理主体的"绑架"，最终有效规范与驾驭智能技术。具体而言，国家可以借助居民需求表达、组织化参与、满意度评估等方式守卫社会主体性与公共价值。④

二、加强政府的技术规制

高歌猛进的技术发展态势超出了政府的控制意愿与能力，并"崭露出与政治和资本鼎足而立的能量"⑤。然而，"公共管理过程是个政治过程"，技术理性常常与其他公共价值冲突与对立。⑥为维持应急管理中多

---

① 习近平：《在网络安全和信息化工作座谈会上的讲话》，载中国政府网（https://www.gov.cn/xinwen/2016-04/25/content_5067705.htm?cid=303）。

② 任剑涛：《人工智能与社会控制》，《人文杂志》2020 年第 1 期。

③ 唐有财、张燕、于健宁：《社会治理智能化：价值、实践形态与实现路径》，《上海行政学院学报》2019 年第 4 期。

④ 韩瑞波、唐鸣：《基层社会治理智能化的潜在风险与化解防范——基于 Y 市 Z 区的案例研究》，《宁夏社会科学》2021 年第 1 期。

⑤ 任剑涛：《政治管控技术：主控权、博弈与划界而治》，《中央社会主义学院学报》2020 年第 5 期。

⑥ 于文轩：《人工智能与公共管理：机遇与挑战》，《北京航空航天大学学报》（社会科学版）2020 年第 4 期。

元价值的平衡，国家需要对人工智能进行合理规制。第一，要树立合理的引导理念。在规制中，要"让政治权力规范作为"，以保证技术权力能"自主决定技术范围内的发展事务"①。第二，要以协商促进规制方式灵活化。政府应当积极主动与科技前沿人员对话，缩小技术鸿沟，制定出具有实践指导意义的政策规划，同时在协商过程中，加深科技人员对政策监管的理解。第三，要界定规制内容。政府应加强对"信息采集权、集成权、运用权的合法性的审视"，同时明确规定各治理主体的权力边界与范围。②第四，要完善监督与惩戒措施。通过社会舆论督导机制、法定赔偿制度和市场禁入机制等，促使智能技术企业在法律框架内运作。

三、促进大数据开放共享

抗击疫情初期，手工填表与层层报送成为基层工作人员的巨大负担，暴露了粗放式、碎片化信息管理模式的弊病，让中央多次提出的规避形式主义指示陷入内卷化困境。对此，第一，打造大数据治理平台。各政府部门应当成立智慧中心，将"部门数据、治理逻辑、治理需求、治理边界"等纳入大数据治理平台③，特别应当优化社区数据采集使用模式，将各个部门部署在社区内的多个信息系统整合到一个社区治理智能化平台④。第二，应当加快建设社会治理数据库，建立健全特殊时期的数据共享机制。根据公共安全治理的需求，各级部门的医疗数据、交通数据、公安数据和社区管理数据等应融合到此平台，政府还应协同企业"打通政务数据与互联网用户行为数据、运营商数据的整合渠道"，以获取完整

① 任剑涛：《政治管控技术：主控权、博弈与划界而治》，《中央社会主义学院学报》2020年第5期。

② 王海明：《杭州健康码：风险治理的地方创新及其扩面推广之完善》，《浙江学刊》2020年第3期。

③ 张志华、季凯、赵波：《人工智能促进公共卫生安全风险治理：何以可能，何以可为——以新冠肺炎重大疫情为例》，《江海学刊》2020年第3期。

④ 罗新忠编著：《社区治理智能化——基于上海浦东新区的实践探索》，上海：上海交通大学出版社，2020年版，第28页。

的海量数据。①第三，有序推动大数据开放共享。政府应当成为数据共享平台的搭建者、规则的制定者与基础服务的提供者②，为市场主体、社会组织提供海量的、完整的大数据，激活多元主体参与社会治理的活力。

四、弥合群体间"数字鸿沟"

弱势群体面临"数字鸿沟"问题在疫情时期尤为突出，但缩小这道"鸿沟"不能仅仅靠应急帮扶措施，更依赖于常态化时期的持续行动。一方面，在公共卫生危机应对过程中，要为弱势群体保留传统的办事渠道。例如，在出入管理方面，相关部门人员应引导老年人等群体用身份证、纸质证明、"通信行程卡"作为出行凭证，或为其设立"无健康码通道"③。另一方面，引导社会组织提供技术培训服务，辅助弱势群体融入技术时代。加大政府购买社会组织服务的力度，鼓励有资质的社会组织承接相关技术培训。依托各镇街、城乡社区综合服务设施和社区社工室等，为社区社会组织提供场地支持。还应培养一批懂技术、有耐心、善服务的社工人才，吸引青年大学生加入到为老服务中。

五、筑固信息安全防护墙

在疫情应急管理中，有的确诊患者的隐私被泄露，使其遭受网络暴力或在现实生活中遭到排斥，显示了信息安全保护的紧迫性。可以从以下三个方面保护公民的信息安全：一是健全完善相关的法律体系。可以通过"民法为人工智能的开发而利用个人信息的行为提供正当性的补充，依靠行政法与刑法的禁止性规定则更多基于个人隐私的立场予以底线的设置"，明确刑法、行政法和民法的处罚范围，建立起"赔偿—处罚—刑

---

① 赵杨、曹文航：《人工智能技术在新冠病毒疫情防控中的应用与思考》，《信息资源管理学报》2020年第6期。

② 陈涛、董艳哲、马亮等：《推进"互联网+政务服务"提升政府服务与社会治理能力》，《电子政务》2016年第8期。

③ 《国务院办公厅印发关于切实解决老年人运用智能技术困难实施方案的通知》，载中国政府网（https://www.gov.cn/zhengce/zhengceku/2020-11-24/content_5563804.htm）。

罚"的阶梯式的制裁体系。[1]二是深入贯彻落实《中华人民共和国数据安全法》《中华人民共和国个人信息保护法》《中华人民共和国政府信息公开条例》等法律法规，细化保护个人信息安全的制度机制，强化部门间在不同层面的执法监管合力，持续开展违法违规搜集或泄露个人信息行为专项治理。三是严格监管收集与利用信息的技术主体，严厉处置其违法行为，对散播确诊患者个人信息的主体，依法公开予以行政处罚，对构成犯罪的，依法追究其刑事责任。

第五节　本章小结

智能科技手段对突发公共卫生事件应急治理具有重要的支撑作用，是基层社会应急治理体系的重要组成部分。本章以应对新冠疫情这一重大突发公共卫生事件为例，探讨了在抗疫过程中被开发和挖掘出来的大量智能治理技术。智能抗疫主要被应用于精准防控、医疗救治、物资管理、信息管理、区域管理、稳定秩序和复工复产复学等多个领域，并在这一过程中释放出靶向防治、技术增能、透明治理、赋权共治、减负增效、共建共享等六重治理效能。当然，我们在挖掘技术治理优势、享受技术治理红利的同时，要对智能治理中的技术"绑架"、数字壁垒等潜在风险予以警惕和反思，要在充分挖掘技术治理优势、巩固治理效能的基础上，坚持以人民为中心的理念、加强政府的技术规制、推动大数据开放共享、弥合群体间"数字鸿沟"以及筑固信息安全防护墙，从而让智能技术成为国家应急治理的安全支撑，让技术发展更好地服务于人类社会。

---

[1] 闫立、吴何奇：《重大疫情治理中人工智能的价值属性与隐私风险——兼谈隐私保护的刑法路径》，《南京师大学报》（社会科学版）2020年第2期。

参考文献

一、中文著作

[1]马克思恩格斯文集（第二卷）[M].北京：人民出版社，2009.

[2]习近平谈治国理政（第一卷）[M].北京：外文出版社，2018.

[3]习近平谈治国理政（第二卷）[M].北京：外文出版社，2017.

[4]习近平谈治国理政（第三卷）[M].北京：外文出版社，2020.

[5]习近平谈治国理政（第四卷）[M].北京：外文出版社，2022.

[6]习近平著作选读（第一卷）[M].北京：人民出版社，2023.

[7]习近平著作选读（第二卷）[M].北京：人民出版社，2023.

[8]樊鹏，等.新技术革命与国家治理现代化[M].北京：中国社会科学出版社，2021.

[9]高小平，刘一弘.中国应急管理制度创新：国家治理现代化视角[M].北京：中国人民大学出版社，2020.

[10]龚维斌.中国特色社会主义社会治理体制[M].北京：经济管理出版社，2016.

[11]何水.社会组织参与服务型政府建设：作用、条件与路径[M].北京：中国社会科学出版社，2015.

[12]景跃进，陈明明，肖滨.当代中国政府与政治[M].北京：中国人民大学出版社，2016.

[13]孔卫拿，安建增，徐彬.芜湖市三潭社区基层协商民主建设：理论、实践与政策[M].芜湖：安徽师范大学出版社，2016.

[14]孔卫拿.社会组织党建研究[M].芜湖：安徽师范大学出版社，2018.

[15]孔卫拿.乡村治理研究[M].上海：学林出版社，2018.

[16]李雪峰，等.应急管理通论[M].北京：中国人民大学出版社，2018.

[17]刘世军，等.中国之治：国家治理体系与治理能力现代化[M].上海：上海人民出版社，2020.

[18]罗荣渠.现代化新论：中国的现代化之路[M].上海：华东师范大学出版社，2013.

[19]彭华民，等.西方社会福利理论前沿：论国家、社会、体制与政策[M].北京：中国社会出版社，2009.

[20]钱穆.中国历代政治得失[M].北京：生活·读书·新知三联书店，2001.

[21]闪淳昌，薛澜.应急管理概论：理论与实践[M].2版.北京：高等教育出版社，2020.

[22]王健锋.国家与社会关系研究导论：以中国城市社区居民委员会为例[M].北京：中国民主法制出版社，2016.

[23]王名.社会组织概论[M].北京：中国社会出版社，2010.

[24]王名.社会组织论纲[M].北京：社会科学文献出版社，2013.

[25]王绍光.中国·政道[M].北京：中国人民大学出版社，2014.

[26]王有强，叶岚，吴国庆.协同治理：杭州"上城经验"[M].北京：清华大学出版社，2015.

[27]魏钦恭，等.化危为机：重大公共卫生事件与社会治理[M].北京：中国人民大学出版社，2020.

[28]徐勇.国家治理的中国底色与路径[M].北京：中国社会科学出版社，2018.

[29]杨开峰，等.统筹施策：疫情之后的公共卫生之治[M].北京：中国人民大学出版社，2020.

[30]杨月巧.新应急管理概论[M].北京：北京大学出版社，2020.

[31]俞可平.论国家治理现代化[M].北京：社会科学文献出版社，2014.

[32]俞可平.治理与善治[M].北京：社会科学文献出版社，2000.

[33]袁方成.国家治理与社会成长——中国城市社区治理40年[M].上海：上海交通大学出版社，2018.

[34]张康之.为了人的共生共在[M].北京：人民出版社，2016.

[35]张林江.社会治理十二讲[M].北京：社会科学文献出版社，2015.

[36]张小明.突发事件风险管理[M].北京：中国人民大学出版社，2018.

[37]赵鼎新.社会与政治运动讲义[M].北京：社会科学文献出版社，2012.

[38]郑建君.公众心理状况与公共危机治理效能[M].北京：中国社会科学出版社，2022.

[39]中华人民共和国国务院新闻办公室.抗击新冠肺炎疫情的中国行动[M].北京：人民出版社，2020.

[40]钟开斌.应急管理十二讲[M].北京：人民出版社，2020.

[41]周红云.社会治理[M].北京：中央编译出版社，2015.

[42]周绿林，陶红兵.新冠肺炎突发疫情的社区防控：组织与管理[M].镇江：江苏大学出版社，2020.

[43]周雪光.中国国家治理的制度逻辑：一个组织学研究[M].北京：生活·读书·新知三联书店，2017.

二、中文译著

[1]埃莉诺·奥斯特罗姆，帕克斯，惠特克.公共服务的制度建构[M].宋全喜，任睿，译.上海：上海三联书店，2000.

[2]艾尔·巴比.社会研究方法[M].邱泽奇，译.北京：华夏出版社，2009.

[3]安德鲁·海伍德.政治的密码[M].吴勇，译.北京：中国人民大学出版社，2016.

[4]安东尼·吉登斯.超越左与右：激进政治的未来[M].李惠斌，杨雪冬，译.北京：社会科学文献出版社，2000.

[5]安东尼·吉登斯.第三条道路：社会民主主义的复兴[M].郑戈，译.北京：北京大学出版社，2000.

[6]安东尼·吉登斯.失控的世界——全球化如何重塑我们的生活[M].周红云，译.南昌：江西人民出版社，2001.

[7]安东尼·吉登斯.现代性的后果[M].田禾，译.南京：译林出版社，2011.

[8]安东尼·吉登斯.现代性与自我认同：现代晚期的自我与社会[M].赵旭东，方文，译.北京：生活·读书·新知三联书店，1998.

[9]本尼迪克特·安德森.想象的共同体：民族主义的起源与散布[M].吴叡人，译.上海：上海人民出版社，2005.

[10]彼得·埃文斯，迪特里希·鲁施迈耶，西达·斯考克波.找回国家[M].方力维，莫宜端，黄琪轩，等译.北京：生活·读书·新知三联书店，2009.

[11]丹尼尔·贝尔.后工业社会的来临[M].高铦，王宏周，魏章玲，译.南昌：江西人民出版社，2018.

[12]道格拉斯·诺斯，罗伯斯·托马斯.西方世界的兴起[M].厉以平，蔡磊，译.北京：华夏出版社，2009.

[13]道格拉斯·诺斯.经济史上的结构和变革[M].厉以平，译.北京：商务印书，1992.

[14]斐迪南·滕尼斯.共同体与社会——纯粹社会学的基本概念[M].张巍卓，译.北京：商务印书馆，2019.

[15]弗朗西斯·福山.国家建构：21世纪的国家治理与世界秩序[M].黄胜强，许铭原，译.北京：中国社会科学出版社，2007.

[16]弗朗西斯·福山.历史的终结与最后的人[M].陈高华，译.桂林：

广西师范大学出版社，2014.

[17]弗朗西斯·福山.政治秩序的起源：从前人类时代到法国大革命[M].毛俊杰，译.桂林：广西师范大学出版社，2014.

[18]弗朗西斯·福山.政治秩序与政治衰败：从工业革命到民主全球化[M].毛俊杰，译.桂林：广西师范大学出版社，2015.

[19]弗雷德里克·F.卡特赖特，迈克尔·比迪斯.疾病改变历史[M].陈仲丹，译.北京：华夏出版社有限公司，2020.

[20]哈贝马斯.在事实与规范之间：关于法律和民主法治国的商谈理论[M].童世骏，译.北京：生活·读书·新知三联书店，2014.

[21]韩博天.红天鹅：中国独特的治理和制度创新[M].石磊，译.北京：中信出版社，2018.

[22]河连燮.制度分析：理论与争议[M].李秀峰，柴宝勇，译.北京：中国人民大学出版社，2014.

[23]加布里埃尔·A.阿尔蒙德，小G·宾厄姆·鲍威尔.比较政治学——体系、过程和政策[M].曹沛霖，等译.北京：东方出版社，2007.

[24]杰弗里·庞顿，彼得·吉尔.政治学导论[M].张定淮，等译.北京：社会科学文献出版社，2003.

[25]卡罗尔·帕特曼.参与和民主理论[M].陈尧，译.上海：上海人民出版社，2006.

[26]莱斯特·M.萨拉蒙.公共服务中的伙伴——现代福利国家中政府与非营利组织的关系[M].田凯，译.北京：商务印书馆，2008.

[27]琳达·维斯，约翰·M.霍布森.国家与经济发展：一个比较及历史性的分析[M].黄兆辉，廖志强，译.长春：吉林出版集团有限责任公司，2009.

[28]罗伯特 D·帕特南.使民主运转起来[M].王列，赖海榕，译.南昌：江西人民出版社，2001.

[29]罗伯特·希斯.危机管理[M].王成，宋炳辉，金瑛，译.北京：中信出版社，2004.

[30]马克·扎克，塔尼亚·科菲.因病相连：卫生治理与全球政治[M].晋继勇，译.杭州：浙江大学出版社，2011.

[31]马克斯·韦伯.学术与政治[M].钱永祥，等译.桂林：广西师范大学出版社，2010.

[32]齐格蒙特·鲍曼.被围困的社会[M].郇建立，译.南京：江苏人民出版社，2005.

[33]乔尔·S.米格代尔.强社会与弱国家：第三世界的国家社会关系及国家能力[M].张长东，朱海雷，隋春波，等译.南京：江苏人民出版社，2009.

[34]乔尔·S.米格代尔.社会中的国家：国家与社会如何相互改变与相互构成[M].李杨，郭一聪，译.南京：江苏人民出版社，2013.

[35]塞缪尔·P.亨廷顿，琼·纳尔逊.难以抉择——发展中国家的政治参与[M].汪晓寿，吴志华，项继权，译.北京：华夏出版社，1989.

[36]塞缪尔·P.亨廷顿.变化社会中的政治秩序[M].王冠华，等译.上海：上海人民出版社，2008.

[37]乌尔里希·贝克，等.自反性现代化：现代社会秩序中的政治、传统与美学[M].赵文书，译.北京：商务印书馆，2014.

[38]乌尔里希·贝克.风险社会：新的现代性之路[M].张文杰，何博闻，译.南京：译林出版社，2018.

[39]乌尔里希·贝克.世界风险社会[M].吴英姿，孙淑敏，译.南京：南京大学出版社，2004.

[40]詹姆斯·G.马奇，约翰·P.奥尔森.重新发现制度：政治的组织基础[M].张伟，译.北京：生活·读书·新知三联书店，2011.

三、论文

[1]包涵川."属地动员"：一个理解中国疫情防控模式的分析视角[J].理论月刊，2020（6）：80-86.

[2]陈进华.治理体系现代化的国家逻辑[J].中国社会科学，2019（5）：

23-39，205.

[3]陈培永.国家制度、国家能力与民众信任的关系考量——驳福山的"应对新冠肺炎疫情成效决定因素论"[J].北京行政学院学报，2020（6）：57-63.

[4]陈潭，梁世杰.组织动员、社区学习与应急治理——社区公共卫生应急治理的响应范式与实践逻辑[J].社会科学，2021（12）：37-44.

[5]陈振明.关注高风险社会下的公共治理研究[J].中国社会科学评价，2021（2）：153-156.

[6]邓正来，丁轶.监护型控制逻辑下的有效治理——对近三十年国家社团管理政策演变的考察[J].学术界，2012（3）：5-26，257-265.

[7]董幼鸿.精细化治理与特大城市社区疫情防控机制建设——以上海基层社区疫情防控为例[J].社会科学辑刊，2020（3）：192-200.

[8]冯仕政.社会治理与公共生活：从连结到团结[J].社会学研究，2021（1）：1-22，226.

[9]高其才.自我卫护：习惯法视野下非常时期的城市社区管控规范——以2020年初防控新冠肺炎疫情为对象[J].法学杂志，2020（4）：1-11，21.

[10]高小平.中国特色应急管理体系建设的成就和发展[J].中国行政管理，2008（11）：18-24.

[11]龚维斌.应急管理的中国模式——基于结构、过程与功能的视角[J].社会学研究，2020（4）：1-24，241.

[12]古洪能.论基于国家治理体系的国家治理能力观[J].理论与改革，2020（5）：143-155.

[13]顾昕.走向互动式治理：国家治理体系创新中"国家-市场-社会关系"的变革[J].学术月刊，2019（1）：77-86.

[14]韩文龙，周文.国家治理体系与治理能力现代化视角下构建公共卫生应急管理协同治理体系的思考[J].政治经济学评论，2020（6）：75-94.

[15]何海兵.我国城市基层社会管理体制的变迁：从单位制、街居制到社区制[J].管理世界，2003（6）：52-62.

[16]何雪松，李佳薇.数据化时代社区信息治理体系的重构——基于新冠肺炎疫情社区防控的反思[J].湖北大学学报（哲学社会科学版），2020（3）：14-20，172.

[17]胡宗仁.危机领导力：概念界定与要素分析[J].江苏行政学院学报，2023（1）：102-110.

[18]黄建洪，高云天.构筑"中国之治"的社会之基：新时代社会治理共同体建设[J].新疆师范大学学报（哲学社会科学版），2020（3）：7-17，2.

[19]姜晓萍，田昭.授权赋能：党建引领城市社区治理的新样本[J].中共中央党校（国家行政学院）学报，2019（5）：64-71.

[20]孔娜娜，王超兴.社会组织参与突发事件治理的边界及其实现：基于类型和阶段的分析[J].社会主义研究，2016（4）：98-105.

[21]雷晓康.突发公共事件应急管理的社会动员机制构建研究[J].四川大学学报（哲学社会科学版），2020（4）：37-42.

[22]李汉林.中国单位现象与城市社区的整合机制[J].社会学研究，1993（5）：23-32.

[23]李瑞昌.社会变迁中的风险话语：发展的视角[J].人文杂志，2005（5）：153-157.

[24]林尚立.两种社会建构：中国共产党与非政府组织[J].中国非营利评论，2007（1）：1-14.

[25]刘建军.体系与能力：国家治理现代化的二重维度[J].行政论坛，2020，27（4）：25-33，2.

[26]吕德文.社区疫情防控模式及其运作机制[J].暨南学报（哲学社会科学版），2020（11）：90-99.

[27]马福运，段婧婧.论新冠肺炎疫情防控与我国制度优势的彰显和完善[J].河南师范大学学报（哲学社会科学版），2020（5）：1-8.

[28]孟天广.政府数字化转型的要素、机制与路径——兼论"技术赋能"与"技术赋权"的双向驱动[J].治理研究，2021（1）：5-14，2.

[29]渠敬东，周飞舟，应星.从总体支配到技术治理——基于中国30年改革经验的社会学分析[J].中国社会科学，2009（6）：104-127，207.

[30]任剑涛.曲突徙薪：技术革命与国家治理大变局[J].江苏社会科学，2020（5）：72-85，238.

[31]容志，秦浩.再组织化与社会治理现代化：重大公共卫生事件中社区"整体网格"的运行逻辑及其启示[J].上海行政学院学报，2020（6）：66-77.

[32]史晨，马亮.协同治理、技术创新与智慧防疫——基于"健康码"的案例研究[J].党政研究，2020（4）：107-116.

[33]孙立平，王汉生，王思斌，等.改革以来中国社会结构的变迁[J].中国社会科学，1994（2）：47-62.

[34]唐皇凤.协商治理的中国实践：经验、问题与展望[J].中共中央党校（国家行政学院）学报，2020（1）：79-86.

[35]唐文玉.政党整合治理：当代中国基层治理的模式诠释——兼论与总体性治理和多中心治理的比较[J].浙江社会科学，2020（3）：21-27，156-157.

[36]陶振.重大突发事件防控中的应急组织动员何以实现？——以党员干部下沉为例[J].理论与改革，2023（2）：135-149，152.

[37]田毅鹏.治理视域下城市社区抗击疫情体系构建[J].社会科学辑刊，2020（1）：19-27，2.

[38]王家峰.制度如何治理：国家治理的机制问题思考[J].江苏行政学院学报，2020（2）：86-93.

[39]王浦劬，季程远.新时代国家治理的良政基准与善治标尺——人民获得感的意蕴和量度[J].中国行政管理，2018（1）：6-12.

[40]王浦劬，汤彬.论国家治理能力生产机制的三重维度[J].学术月刊，2019（4）：65-72，120.

[41]王浦劬.国家治理、政府治理和社会治理的含义及其相互关系[J].国家行政学院学报，2014（3）：11-17.

[42]王义桅，张鹏飞.论"中国之治"的内涵、特点及进路[J].新疆师范大学学报（哲学社会科学版），2020（2）：7-15.

[43]王郅强，彭睿.我国应急管理体系建设的演进逻辑：溯源与优化[J].江淮论坛，2020（2）：12-18.

[44]王中汝.利益表达与当代中国的政治发展[J].科学社会主义，2004（5）：39-42.

[45]文军，刘雨婷.从被动工具型到积极自主型：突发公共卫生事件社区防控模式的转变及其反思[J].学术月刊，2020（11）：75-86.

[46]吴晓林，岳庆磊.皇权如何下县：中国社区治理的"古代样本"[J].学术界，2020（10）：120-129.

[47]夏建中.从街居制到社区制：我国城市社区30年的变迁[J].黑龙江社会科学，2008（5）：14-19.

[48]肖唐镖.当代中国的"维稳政治"：沿革与特点——以抗争政治中的政府回应为视角[J].学海，2015（1）：138-152.

[49]肖唐镖.中国技术型治理的形成及其风险[J].学海，2020（2）：76-82.

[50]徐猛.社会治理现代化的科学内涵、价值取向及实现路径[J].学术探索，2014（5）：9-17.

[51]薛澜，张帆，武沐瑶.国家治理体系与治理能力研究：回顾与前瞻[J].公共管理学报，2015（3）：1-12，155.

[52]鄢一龙.中美政治体制比较："七权分工"vs."三权分立"[J].东方学刊，2020（3）：73-83，127.

[53]颜德如，张树吉.基层党组织统筹社区应急治理的组织化整合路径[J].探索，2021（1）：125-138.

[54]燕继荣.现代国家治理与制度建设[J].中国行政管理，2014（5）：58-63.

[55]杨敏.作为国家治理单元的社区——对城市社区建设运动过程中居民社区参与和社区认知的个案研究[J].社会学研究，2007（4）：137-164，245.

[56]姚靖，唐皇凤.新冠肺炎疫情防控中的政治动员：实践策略与成功经验[J].湖北社会科学，2021（3）：38-48.

[57]郁建兴，王诗宗.治理理论的中国适用性[J].哲学研究，2010（11）：114-120，129.

[58]张成岗.灾害情境下的风险治理：问题、挑战及趋向——关于后疫情时代社会治理的探索[J].武汉大学学报（哲学社会科学版），2020（5）：137-145.

[59]张国祚.中国制度在抗击疫情中彰显优势[J].红旗文稿，2020（17）：15-16.

[60]张海波，童星.中国应急管理结构变化及其理论概化[J].中国社会科学，2015（3）：58-84，206.

[61]张海波.应急管理的全过程均衡：一个新议题[J].中国行政管理，2020（3）：123-130.

[62]张静.案例分析的目标：从故事到知识[J].中国社会科学，2018（8）：126-142，207.

[63]张康之.论风险社会中的政治[J].江苏行政学院学报，2020（4）：71-80.

[64]张明军，杨帆.把中国特色社会主义制度优势转化为治理效能的实现逻辑[J].思想理论教育，2020（7）：4-10.

[65]赵黎.政党整合型社会治理：后疫情时代社会治理的中国范式[J].中国农村观察，2020（6）：18-34.

[66]钟开斌."一案三制"：中国应急管理体系建设的基本框架[J].南京社会科学，2009（11）：77-83.

[67]钟开斌.国家应急管理体系：框架构建、演进历程与完善策略[J].改革，2020（6）：5-18.

[68]钟开斌.国家应急指挥体制的"变"与"不变"——基于"非典"、甲流感、新冠肺炎疫情的案例比较研究[J].行政法学研究，2020（3）：11-23.

[69]钟开斌.中国应急管理体制的演化轨迹：一个分析框架[J].新疆师范大学学报（哲学社会科学版），2020（6）：73-89，2.

[70]钟爽，朱侃，王清.公共危机中政治动员运行机制研究——基于2015年以来38个重大公共危机案例的分析[J].政治学研究，2021（2）：79-96，189-190.

[71]朱健刚.疫情催生韧性的社会治理共同体[J].探索与争鸣，2020（4）：216-223，291.

[72]朱正威，刘莹莹.韧性治理：风险与应急管理的新路径[J].行政论坛，2020（5）：81-87.

[73]朱正威，吴佳.适应风险社会的治理文明：观念、制度与技术[J].暨南学报（哲学社会科学版），2020（10）：67-77.

[74]竺乾威.公共服务的流程再造：从"无缝隙政府"到"网格化管理"[J].公共行政评论，2012（2）：1-21，178.

后　记

　　将国家治理置于百年未有之大变局的历史背景下来看，全面建设社会主义现代化国家的确是一项伟大而又艰巨的事业，新征程上我们会遭遇各种风险挑战，对国家应对各类风险的应急管理体系与能力建设提出了严峻考验。抗击新冠疫情的伟大斗争实践，就是对我国公共卫生危机应急管理的一次大考，在这次大考中，以习近平同志为核心的党中央坚持把人民生命安全和身体健康放在第一位，统揽全局、果断决策，领导全党全国各族人民打响疫情防控的人民战争、总体战、阻击战，全国各族人民勠力同心、齐心战疫，经受住了这场艰苦卓绝的考验，取得了抗击疫情斗争的伟大胜利，充分展现了中国精神、中国力量、中国担当，书写了人类同传染病斗争史上的奇迹！在迈入全面建设社会主义现代化国家新征程的当下，回顾这场惊心动魄、艰苦卓绝的伟大抗疫斗争，我们越发能够体悟到中国特色社会主义制度的优越性，越发能够感受到中国社会治理在经历重大风险考验中的强大韧性。本书以中国社会治理体系及其在实践中展现的中国之治为视角，从党的领导、政府应急体系、基层应急动员、社区应急形态、社会组织协同、社会组织协商、公民参与、法治保障、智能治理支撑等多个维度，分析中国社会治理对于重大突发公共卫生事件应急管理的作用及过程，从而推进对中国特色社会主义制度、国家治理体系特别是社会治理制度显著优势的更深入理解。

　　本书的问题意识、理论框架、体系设计、核心观点等出自笔者的思考，从2020年初着手这项研究到现在，历时已近四年，其间因教学工作和其他科研项目等任务耽搁，致使最终成果产出一拖再拖，内心一直十分焦虑。所幸的是，在这个过程中，本书前期部分相关成果已发表在《中国卫生事业管理》《学会》《求知》等期刊上，收入本书时笔者对这些成果重新做了修订。社会科学研究往往需要团队合作，笔者在这一探索过程中得到了不少研究生的支持，他们是郭淑云、黄晓媛、赵如梦、刘蓉婕、李佳慧、邓欢，他们的参与工作情况笔者在有关章节做了必要的说明。此外，笔者指导过的张倩、刘鋆博、唐丽丽等几位硕士研究生曾在资料搜集、数据整理等方面给笔者提供过帮助。借这个机会，特对上述所有支持和参与这项研究的学生表示衷心的感谢！当然，全书产生的任何问题，概由本人负责。

本书系安徽省哲学社会科学规划一般项目（AHSKY2020D94）和安徽省高等学校高峰学科安徽师范大学马克思主义理论学科资助成果。在研究过程中，笔者从本校历史学院转入马克思主义学院工作，感谢马克思主义学院营造的包容、和谐、奋进、求实的工作氛围，让笔者能够很快融入新的大家庭。非常感谢学院领导的肯定和大力支持，使本书得以顺利地进入出版流程。

感谢安徽师范大学出版社各位领导的支持，向本书责任编辑致以敬意，感谢他们为本书插上了翅膀、实现了"蝶变"。

要向社会治理、应急管理研究领域各位前辈和专家学者致敬，他们的成果启发了笔者的研究。本书侧重以现代社会治理体系的逻辑来探讨我国重大突发公共卫生事件应急管理的实践经验，这一交叉领域的内容相当丰富，尚有较多细节无法在这里一一展开，限于学识和能力，书中肯定有研究不深入以及错漏之处，敬请有关领域专家学者、实务工作者和广大读者批评指正。

孔卫拿

2024 年 8 月 5 日于芜湖